财经商贸类系列教材

“互联网+”新形态一体化教材

会计基础

KUAIJI JICHU

主　编◎王文冠　杜　丽

副主编◎李海花

内容提要

会计基础是财会专业的基础课程，主要讲述了会计的基本原理、方法。本书紧扣我国教育发展规律，理论联系实际，突出实践性，充分利用互联网技术，形成完整的立体化教材。本书共九部分：初识会计，会计六要素与会计恒等式，会计科目与账户、会计凭证和会计分录，企业主要经济业务的会计处理，填制和审核会计凭证，登记账簿，财产清查，编制会计报表，账务处理程序。本书既可作为高等院校相关专业教材，也可作为相关人员学习会计基础知识的参考读物。

图书在版编目（CIP）数据

会计基础 / 王文冠，杜丽主编 .— 上海：上海交通大学出版社，2021.5（2024.7 重印）

ISBN 978-7-313-23106-2

Ⅰ. ①会… Ⅱ. ①王… ②杜… Ⅲ. ①会计学 Ⅳ. ① F230

中国版本图书馆 CIP 数据核字（2020）第 049215 号

会计基础

KUAIJI JICHU

主　　编：王文冠　杜　丽

出版发行：上海交通大学出版社

邮政编码：200030

印　　制：北京荣玉印刷有限公司

开　　本：787mm × 1092mm　1/16

字　　数：381 千字

版　　次：2021 年 5 月第 1 版

书　　号：ISBN 978-7-313-23106-2

定　　价：59.80 元

地　　址：上海市番禺路 951 号

电　　话：6407 1208

经　　销：全国新华书店

印　　张：17

印　　次：2024 年 7 月第 5 次印刷

前言 Preface

互联网，尤其是移动端的迅猛发展，使教材进入了“互联网+”的时代。本系列教材从培养高素质、应用型人才的目标出发，建设“主体教材+实训教程+教学资源”的立体化赋能教材。在夯实理论的基础上，突出岗位职业技能训练，凸显视频、动画等任务演示性教学资源在基础教学中的作用。电脑端和移动手机端数据同步，不受教学场地限制，教师在课堂上可以省时省力地高效授课，学生课下可以随时随地登录平台自学、练习。

本教材的特色如下：

1. 编写理念

本教材根据高校应用型人才培养理念，重点打造实操实务技能，做到“所学即所用”，提高学生专业水平和应用技能，做到让学生在就业和择业选择上更有竞争力。

2. 编写内容

本教材根据最新修订的《企业会计准则》和营改增相关法律法规，结合会计研究前沿成果编写而成，使学生掌握最新的会计理论和技能。本教材打破传统教材的陈旧票据范式，应用最新政策下的准则和标准，让教材内容更加贴近实际，以实现和企业所需更好地接轨。

3. 编写形式

本教材力求克服专业教材僵硬枯燥的传统形式，将教材内容要点化、步骤化、图表化和案例化，增强启发性。本教材在体例上设计了应知应会、关键词、情景和项目训练等辅助环节，并力求将各环节结合实际，增强学生的感性认识，让学生达到便于理解、快速掌握的目的。

4. 资源配置

本教材提供配套的学习平台，包括视频学习、模拟实训、课后练习等内容，同学们可通过手机扫码随时进行学习和练习。此外，作者还为广大一线教师提供了服务于本教材的教学资源库，有需要者可致电 13810412048 或发邮件至 2393867076@qq.com。

本教材是全体编写教师集体智慧的结晶，尽管在教材特色建设方面做出了许多努力，但由于编者经验和水平有限，书中存在的疏漏之处，恳请相关院校师生和广大读者批评指正，以便进一步修订和完善。

数字学习平台说明

本系列教材配套数字学习平台，实现教、学、练、测、评一体化教学。读者可通过微信扫描封面二维码进行注册。注册后需要扫描激活码激活账号才可以学习本书的配套资源。相关激活码可致电 13810412048 或发邮件至 2393867076@qq.com 领取。

平台操作提示

❶ 教师端操作

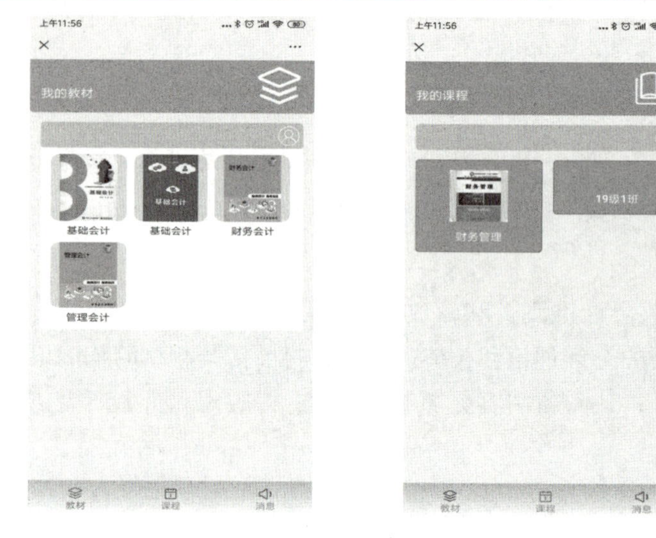

①查看教材列表 ②班级管理 ③进行课程管理

❷ 学生端操作

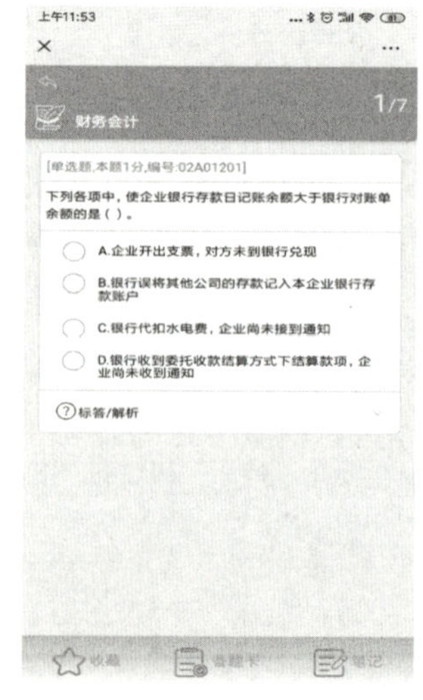

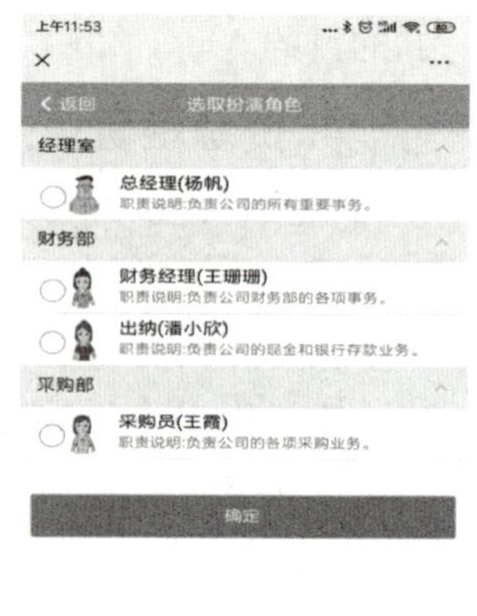

①查看资源列表 ②选择资源在线学习 / 练习 ③选择身份进行实际操作练习

目录 Contents

项目 1 初识会计

应知应会

- 了解什么是会计。
- 知晓会计核算的对象。
- 掌握会计核算的职能。
- 了解会计假设与会计基础。
- 知晓会计信息质量要求。
- 了解会计准则体系。

关键词

- 会计（accounting）;
- 会计核算方法（financial accounting method）;
- 会计对象（accounting object）;
- 会计的职能（accounting function）;
- 会计核算（financial accounting）;
- 会计监督（accounting supervision）。

本项目在本书中的地位

本项目是本教材比较重要的一部分，是学习后面会计知识的基础章节，也是会计入门的关键部分。

业务综述

会计六要素决定了“经济越发展，会计越重要”。作为一名会计人员，应该掌握的理论知识包括：

- 会计的概念（包括会计核算方法、会计对象、会计职能、会计目标）；
- 会计的四大假设；
- 会计基础；
- 会计信息质量要求；
- 会计机构和会计岗位；
- 会计准则体系。

项目导图

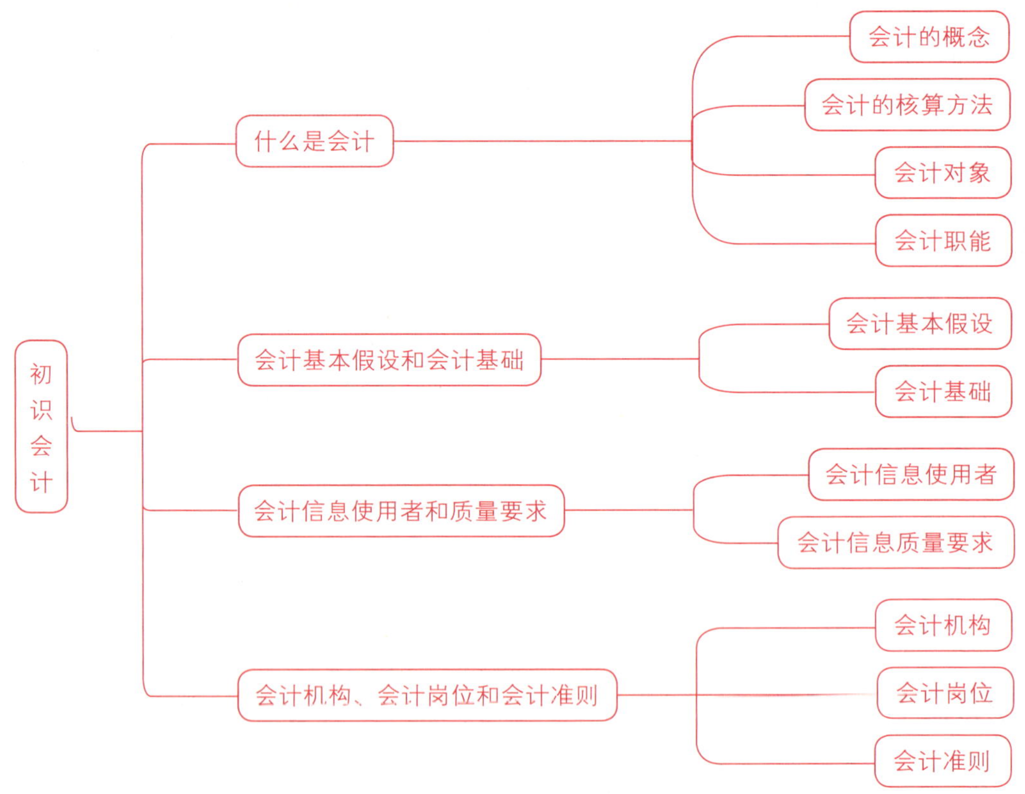

任务 1.1 什么是会计

情景列表	情　景　实　例
会计的概念	北京市鼎盛股份有限公司对本企业发生的经济业务活动进行管理，并提供会计信息
会计核算方法	北京市鼎盛股份有限公司采用一系列方法对采购业务进行连续、系统、全面的反映和监督
会计对象	北京市鼎盛股份有限公司采购部门以 150 000 元购入 50m^2 木料，反映和监督的对象是 150 000 元资金的运用
会计职能	北京市鼎盛股份有限公司采购部购入 50m^2 木料，3 000 元 /m^2，共 150 000 元，运费 600 元。用“原材料”账户（确认），计算购入成本 150 600 元（计量），报表使用者了解购入信息（报告）这一过程体现为会计核算职能

子任务 1.1.1 会计的概念

会计是以货币为主要计量单位，采用专门的方法和程序，对一个单位的经济活动过程进行连续、系统、综合和全面的核算与监督，并向有关方面提供会计信息的一种经济管理活动。

“专门的方法和程序”指会计核算方法；“一个单位的经济活动”指会计对象；“连续、系统、综合和全面的核算与监督”指会计职能；“向有关方面提供会计信息”指会计目标。

单位是国家机关、社会团体、公司、企业、事业单位和其他组织的统称。

子任务 1.1.2 会计的核算方法

会计核算方法是指会计对企业、事业、行政单位已经发生的经济活动进行连续、系统、全面反映和监督所采用的方法。

会计核算方法的内容包括：

（1）设置会计科目及账户：根据会计科目和管理要求在账簿中开设账户。

设置会计科目及账户的核心内容是业务分类，解决业务在什么地方登记的问题。

（2）复式记账：运用复式记账法编制会计分录。

提示

复式记账的核心内容是采用恰当的方式表示业务增减变化，解决记账方式的问题。

（3）填制和审核凭证：经济业务发生后，根据业务内容取得或填制会计凭证并加以审核。只有经过审核并认为正确无误的会计凭证，才能作为登记账簿的依据。

提示

填制和审核凭证的核心内容是根据业务编制会计分录，解决根据什么登记账簿的问题。

（4）登记账簿：根据审核后的凭证，运用复式记账法登记账簿。

提示

登记账簿的核心内容是如何在账户中登记业务，以解决财务信息储存的问题。

（5）成本计算：对生产经营过程中发生的各种费用按成本计算对象进行归集和分配，计算各对象的成本。

提示

成本计算的核心内容是如何分配和归集业务成本费用，以解决成本计算的问题。

（6）财产清查：通过财产清查对账簿记录加以核实，保证账实相符。

提示

财产清查的核心内容是检查账簿记录与实物资产是否一致，以解决是否正确登记账簿的问题。

（7）财务会计报告：期末，根据账簿记录资料和其他资料编制会计报表。

提示

财务会计报告的核心内容是根据账簿数据综合反映企业财务状况和经营成果，解决财务信息披露的问题。

会计核算方法如图 1-1 所示。

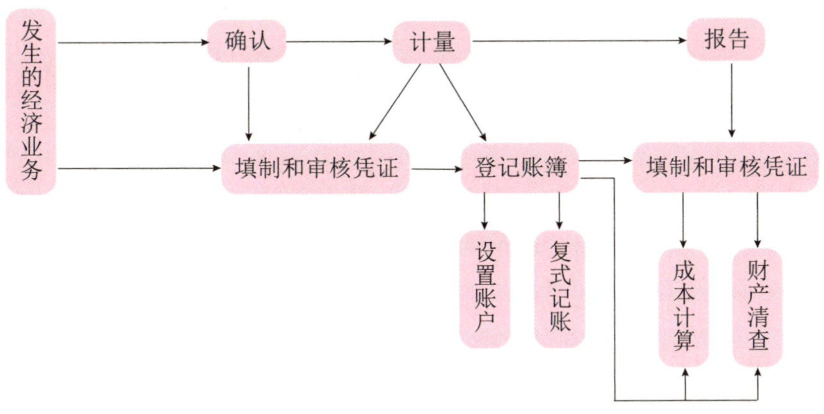

图 1-1 会计核算方法

子任务 1.1.3 会计对象

会计对象是指会计核算和监督的内容。下面以制造业企业为例来说明会计对象包括哪些内容。

1. 资金的投入

制造业企业的资金主要通过两个渠道获取：一个是吸收企业所有者的投资，另一个是向银行等金融机构筹借款项。

提示

吸收企业所有者的投资属于所有者权益，向银行等金融机构筹借款项属于债权人权益。

资金的投入如图 1-2 所示。

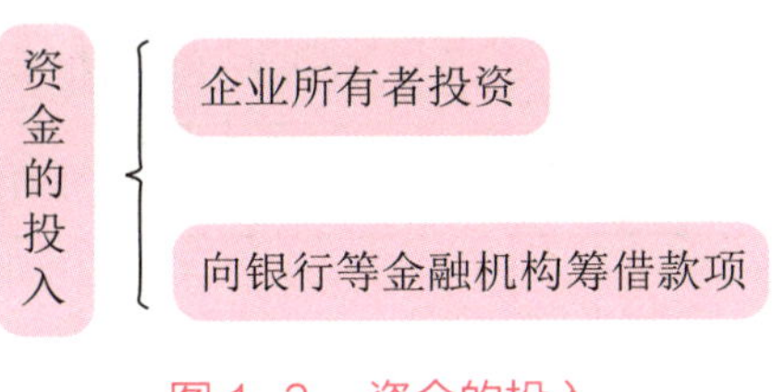

图 1-2 资金的投入

2. 资金的循环周转

制造业企业的生产经营过程分为供应、生产和销售 3 个阶段。因此，制造业企业的资金由货币资金开始，依次转化为储备资金、生产资金、成品资金，最后又回到货币资金。

提示

企业资金周转中，资金循环起点与终点的货币资金不相等，其差额为利润或亏损。

资金循环周转如图 1-3 所示。

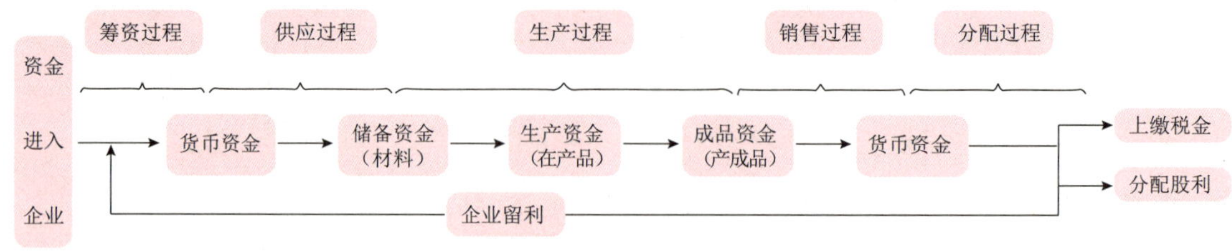

图 1-3　资金循环周转

3. 资金退出企业

资金退出企业是指当企业偿还借款、上缴税金、分配利润、抽减资本金后，资金将不再参加周转，而退出企业。

子任务 1.1.4 会计职能

会计职能是指会计在经济管理过程中所具有的功能。会计职能包括会计基本职能和会计拓展职能。

1. 会计基本职能

会计基本职能包括会计核算和会计监督。

（1）会计核算。会计核算指会计以货币为主要计量单位，对特定主体的经济活动进行确认、计量和报告。会计核算的具体内容如表 1-1 所示。

表 1-1　会计核算

核算项目	核算具体内容
计量	有多少——以特定的方式确定金额
报告	向报表使用者提供信息
确认	是什么——是什么业务，用什么账户来核算

北京市鼎盛股份有限公司采购部门购入 $50m^2$ 木料，3 000 元 /m^2，共 150 000 元，运费 600 元。首先，用什么账户来核算它，用“原材料”这个账户，这是确认；其次，要计算它的购入成本是多少，150 600 元 [150 600=150 000（买价）＋ 600（运费）]，这是计量；最后要将该原材料计入存货，作为存货的一部分在会计报表中反映，便于报表的使用者了解材料购入的信息，这是报告。

（2）会计监督。会计监督是指对特定主体经济活动和相关会计核算的真实性、合法性及合理性进行监督审查。

真实性审查是指检查各项会计核算是否根据实际发生的经济业务进行。

合法性审查是指检查各项经济业务是否符合国家有关法律法规，遵守财经纪律，执行国家的各项方针政策，以杜绝违法乱纪行为。

合理性审查是指检查各项财务收支是否符合客观经济规律及经营管理方面的要求，保证各项财务收支符合特定的财务收支计划，实现预算目标。

会计监督是一个过程，它分为事前监督、事中监督和事后监督。

- 事前监督：是对未来经济活动的合法性、合理性和可行性进行审查。
- 事中监督：是对正在发生的经济活动过程和取得的会计核算资料进行审查、分析，并据以纠错纠偏，控制经济活动按预定目的和要求进行。
- 事后监督：是对已经发生的经济活动的合法性、合理性和效益性进行的考核和评价。

企业定期或不定期地进行总账和明细账的核对、会计凭证和会计账簿的核对，检查是否有记账错误或者漏记、重复记账的情况，都属于会计监督。

（3）会计核算和会计监督的关系。会计核算和会计监督是相辅相成、辩证统一的关系。

会计核算是会计监督的基础，没有会计核算所提供的各种信息，会计监督就失去了依据；而会计监督又是会计核算质量的保障，只有会计核算，没有会计监督，就难以保证会计核算所提供信息的真实性和可靠性。

2. 会计拓展职能

（1）预测经济前景。预测经济前景是指根据财务会计报告等信息，定量或者定性地判断和推测经济活动的发展变化规律，以指导和调节经济活动，提高经济效益。

（2）参与经济决策。参与经济决策是指根据财务会计报告等信息，运用定量分析和定性分析方法，对备选方案进行经济可行性分析，为企业生产经营管理提供与决策相关的信息。

（3）评价经营业绩。评价经营业绩是指利用财务会计报告等信息，采用适当的方法，将企业一定经营期间的资产运营、经济效益等经营成果对照相应的评价标准进行定量及定性对比分析，做出真实、客观、公正的综合评判。

任务 1.2 会计基本假设和会计基础

情景列表	情 景 实 例
会计基本假设	作为北京市鼎盛股份有限公司的会计只核算北京市鼎盛股份有限公司的业务——会计主体 对封边机按 5 年计提折旧——持续经营 2018 年年末编制了年度财务报告，反映本企业年度财务情况——会计分期 购入的原材料 40 000 元入账——货币计量
会计基础	北京市鼎盛股份有限公司本期预收 10 000 元家具销货款，权责发生制下不确认为本期收入，收付实现制下确认为本期收入

子任务 1.2.1 会计基本假设

会计基本假设是指为保证会计工作的正常进行和会计信息的质量，对会计核算的范围、内容、基本程序和方法所做的基本假定。

会计基本假设是企业会计确认、计量、记录和报告的前提，是对会计核算所处时间、空间环境等所做的合理设定。

会计的基本假设有四个：会计主体、持续经营、会计分期、货币计量。

1. 会计主体

会计主体是指会计工作服务的特定单位，即“为谁做账”，它规范了会计工作的空间范围。

产生会计主体假设的原因是：会计需要将核算的对象与其他经济实体区别，保证会计核算工作的正常开展，实现会计的目标。会计主体假设要求会计核算应当以本企业发生的各项经济业务为对象，只记录和反映本企业的生产经营活动。

企业会计准则规定，企业应当对其本身发生的交易或事项进行会计确认、计量和报告。

【情景 1-1】2019 年 6 月 10 日，北京市鼎盛股份有限公司向黑龙江国林木业有限公司以 1 300 000 元的价格购进一批实木木板作为生产家具的原材料，款项未支付，如图 1-4 所示。

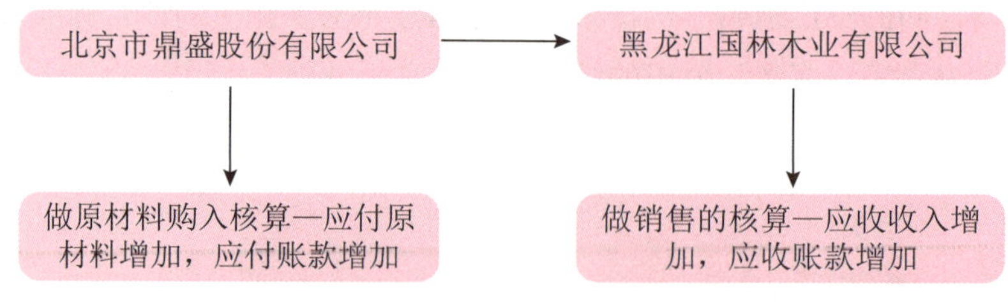

图 1-4 会计主体示意图

法律主体必然是一个会计主体，会计主体不一定是法律主体。企业集团中的母公司拥有若干子公司，母、子公司虽然是不同的法律主体，但是母公司有必要将企业集团作为一个会计主体。在同一个法律主体中，也可能存在多个会计主体。由企业管理的证券投资基金、企业年金基金等，不属于法律主体，但属于会计主体；分公司、内部部门不是法律主体，但可能是会计主体。法律主体与会计主体如表 1-2 所示。

表 1-2　法律主体与会计主体

组　织	法律主体	会计主体
北京市鼎盛集团（母公司＋子公司）	×	√
北京市鼎盛集团股份有限公司（母公司）	√	√
北京市鼎盛商业管理有限公司（子公司）	√	√
北京市鼎盛信息建设部（事业部）	×	√
北京市鼎盛河北区域部（分公司）	×	√

2. 持续经营

持续经营是指在可以预见的将来，企业将会按当前的规模和状态继续经营下去，不会停业，也不会大规模削减业务。

持续经营明确了会计核算和监督的时间范围。

产生持续经营假设的原因是：在持续经营假设下，企业在会计信息的收集和处理上所使用的会计处理方法才能保持稳定，企业的会计记录和会计报告才能真实可靠。如果没有持续经营的假设，一些公认的会计处理方法将缺乏存在的基础。企业在生产经营过程中可能会缩减经营规模乃至停业。为此，一旦判定企业不符合持续经营前提，就应当改变会计核算的方法。

企业会计准则规定，企业会计确认、计量和报告应当以持续经营为前提。

【情景 1-2】2019 年 9 月 9 日，北京市鼎盛股份有限公司以 100 000 元购入一台封边机，使用年限为 5 年，则在对该项固定资产进行折旧时，应按 5 年计算，每年计提 20 000 元。会计处理上，要考虑北京市鼎盛股份有限公司在未来至少 5 年时间内不会破产和解散。

3. 会计分期

会计分期是指将一个企业持续经营的生产经营活动划分为若干个连续的、长短相同的期间，所以又称会计期间。会计分期明确了会计核算和监督的时间范围。

产生会计分期假设的原因是：根据持续经营前提，一个企业将要按当前的规模和状况继续经营下去。要确定最终的企业经营成果，只能等到一个企业在若干年后歇业的时候核算一次盈亏。但是，经营活动和财务经营决策要求及时得到有关信息，不能等到歇业时一次性核算盈亏。为此，就要将持续不断的经营活动划分为一个个相等的期间，分期核算和反映。

企业会计准则规定，企业应当划分会计期间，分期结算和编制财务会计报告。

提示

由于会计分期才产生了本期与上期的概念。会计分期是权责发生制和收付实现制的划分基础。

会计期间分为年度、半年度、季度和月度。其中半年度、季度和月度均称为会计中期。年度、半年度、季度和月度均按公历起讫日期确定。

提示

我国会计年度指公历 1 月 1 日至 12 月 31 日。

【情景 1-3】2019 年 3 月 31 日，北京市鼎盛股份有限公司编制了第一季度财务报表，及时向管理层提供本季度财务状况和经营成果。2019 年 12 月 31 日，北京市鼎盛股份有限公司又编制了年度财务报告，反映本企业年度财务情况，如图 1-5 所示。

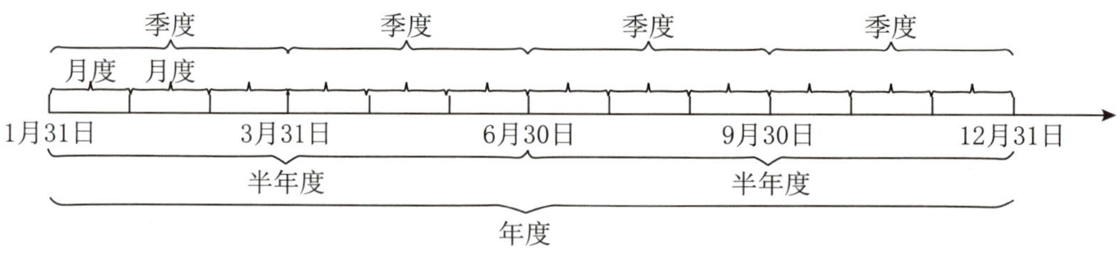

图 1-5　会计期间

4. 货币计量

货币计量是指会计主体在会计核算过程中采用货币作为主要计量单位来计量、记录和报告会计主体的生产经营活动。

产生货币计量假设的原因是：企业资产、负债和所有者权益，尤其是资产可以采取不同的计量属性，如数量计量（个、块、根等）、人工计量（工时等）、货币计量。而会计是对企业财务状况和经营成果全面系统的反映。为此，需要货币这样一个统一的计量单位来进行核算。

货币计量明确了会计的计量手段。企业的生产经营活动及其成果可以通过货币反映。

【情景 1-4】北京市鼎盛股份有限公司购入一批胡桃木，数量为 5 000 根，单价为 500 元 / 根，同时购入富美家防火板 4 000 块，单价为 600 元 / 块，准备制作家具，如果采用数量进行计量，数量单位“根”和“块”不能统一，就不能对企业财务状况和经营成果进行全面反映。因此，只能通过货币这一量度才能进行会计核算，即原材料入账金额为 5 000 × 500 ＋ 4 000 × 600=4 900 000 元。

提示

我国会计核算以人民币为记账本位币。

业务收支以人民币以外的货币为主的单位，可以选定某种人民币以外的货币为记账本位币，但是编报的会计报表应当折算为人民币反映。

在境外设立的中国企业向国内报送的财务报表，也应当折算为人民币。

子任务 1.2.2 会计基础

会计基础是指会计确认、计量和报告的基础，包括权责发生制和收付实现制。

1. 权责发生制

权责发生制又称“应收应付制”，是指收入和费用的确认应当以收入和费用的实际发生作为确认的标准，是合理确认当期损益的一种会计基础。我国企业应当以权责发生制为基础进行会计确认、计量和报告。

权责发生制的内容是：

（1）凡当期已经实现的收入和已经发生或应当负担的费用，无论款项是否收付，都应当作为当期的收入和费用计入利润表。

（2）凡是不属于当期的收入和费用，即使款项已在当期收付，也不应当作为当期的收入和费用。

北京市鼎盛股份有限公司 2019 年 6 月份以赊销的方式出售商品，在满足收入确认条件的情况下，需要在 6 月份确认该笔收入（虽然 6 月份当期没有收到款项）。这种会计业务处理方式就是以权责发生制为基础的。

2. 收付实现制

收付实现制也称“现金制”，是以收到或支付现金作为确认收入和费用的标准，是与权责发生制相对应的一种会计基础。

行政事业单位会计核算一般采用收付实现制，事业单位部分经济业务或者事项，以及部分行业事业单位的会计核算采用权责发生制核算的，由财政部在相关会计制度中具体规定。

某事业单位于 2019 年 4 月出售一批废旧物资，但是 5 月份才收到款项，则该事业单位需要在 5 月份确认该笔收入。这种业务处理方式就是以收付实现制为基础的。

【情景 1-5】2019 年 10 月北京市鼎盛股份有限公司发生以下业务：

（1）本期销售家具 10 000 元，货款下月收。

（2）本期利息 100 元，下月付。

（3）本期预收 10 000 元家具销货款。

（4）本期支付下月水费 500 元。

根据权责发生制：第一项业务为本期收入，第二项业务为本期费用，第三项业务不属于本期收入，第四项业务不属于本期费用。

根据收付实现制：第一项业务不属于本期收入，第二项业务不属于本期费用，第三项业务为本期收入，第四项业务为本期费用。

任务 1.3 会计信息使用者和质量要求

情景列表	情　景　实　例
理解会计信息使用者	张三欲购买北京市鼎盛股份有限公司股票。通过阅读该公司年报，他作为会计信息使用者所关心的是投资的风险和报酬
理解会计信息质量要求	北京市鼎盛股份有限公司编制了 2019 年资产负债表。其中： 以真实、完整的交易事项为依据进行披露，即“可靠性”； 披露的偿债能力信息，使银行了解其偿债能力，即“相关性”； 报表附注中说明“货币资金期末余额较期初余额上升 72%，主要系本期改变了应收款回收政策，加强了应收款的回款力度所致。”，即“可理解性”； 对胡桃木 2017、2018 年均采用先进先出法进行核算，即“可比性”； 融资租赁固定资产可视为自有资产计提折旧，即“实质重于形式”； 以 500 元购入办公用品，因数额较小可一次计入当期费用，即“重要性”； 因客户效益下滑，收回货款可能性不大，对应收账款计提坏账准备，即“谨慎性”； 7 月购入密度板业务应在当月入账，不得提前到 6 月或延后到 8 月，即“及时性”

子任务 1.3.1 会计信息使用者

会计信息使用者包括外部使用者和内部使用者。

会计信息的外部使用者包括投资者、债权人、政府部门（税务部门、财政部门、证券监管部门以及其他相关部门）和社会公众。

会计信息的内部使用者包括企业内部管理者和企业职工。

会计信息使用者如图 1-6 所示。

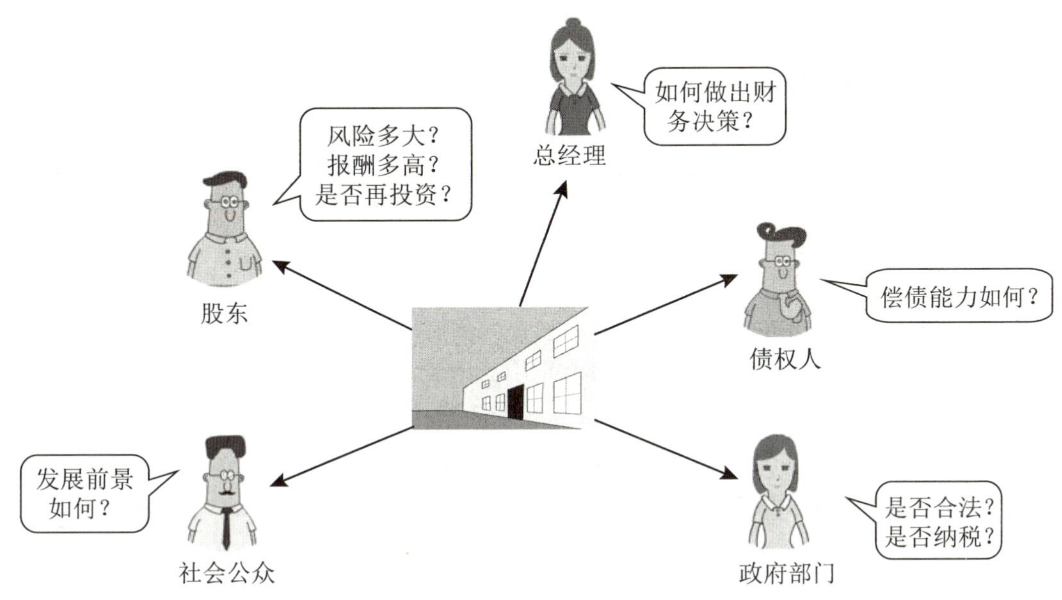

图 1-6 会计信息使用者

子任务 1.3.2 会计信息质量要求

会计信息质量要求包括可靠性、相关性、可理解性、可比性、实质重于形式、重要性、谨慎性和及时性 8 个方面。

1. 可靠性

可靠性要求企业应当以实际发生的交易或者事项为依据进行会计确认、计量和报告，如实反映符合确认和计量要求的各项会计要素及其他相关信息，保证会计信息真实可靠、内容完整。

理 解

2018 年年末，北京市鼎盛股份有限公司发现企业销售萎缩，无法实现年初确定的销售收入目标，但考虑到在 2019 年春节前后，公司销售可能会出现较大幅度的增长，公司为此提前预计库存商品销售，在 2019 年年末制作了若干存货出库凭证，并确认销售收入实现。公司这种处理方式不是以其实际发生的交易事项为依据的，而是虚构的交易事项，违背了会计信息质量要求的可靠性原则。

2. 相关性

相关性要求企业提供的会计信息应当与财务会计报告使用者的经济决策需要相关，有助于财务会计报告使用者对企业过去、现在或者未来的情况作出评价或者预测。

理 解

北京市鼎盛股份有限公司在2019年12月31日的资产负债表中充分披露了其偿债能力信息，使银行等金融机构了解了企业的偿债能力，决定是否发放贷款。在2019年其利润表中充分披露了盈利方面的信息，使投资者充分了解了企业盈利情况，据以判断出是否应该继续对其进行投资。

3. 可理解性

可理解性要求企业提供的会计信息应当清晰明了，便于财务会计报告使用者理解和使用。

会计信息质量可理解性的具体要求是：

（1）会计的数据记录和文字说明必须清晰、简明、易懂。

（2）对复杂的经济业务应该用规范的文字加以表述。

（3）会计记录必须准确、清晰。

（4）填制会计凭证、登记会计账簿必须做到依据合法。

（5）账户对应关系清楚、文字摘要完整。

（6）在编制会计报表时，做到项目钩稽关系清楚、项目完整、数字准确。

理 解

北京市鼎盛股份有限公司2019年资产负债表附注中说明“货币资金期末余额较期初上升72%，主要系本期末银行存款增加所致”。银行存款是货币资金的主要组成部分，银行存款增加货币资金自然会增加，因此这种说法没有清楚地指出货币资金增加的根本原因，不符合可理解性原则。报表附注可改为“货币资金期末余额较期初上升72%，主要系本期改变了应收款回收政策，加强了应收款的回款力度所致”。

4. 可比性

可比性要求企业提供的会计信息应当相互可比。主要包括两层含义：

（1）同一企业不同时期可比。同一企业不同期间发生的相同或者相似的交易或者事项应当采用一致的会计政策，不得随意变更。

（2）不同企业相同会计期间可比。不同企业发生的相同或者相似的交易或者事项，应当采用规定的会计政策，确保会计信息口径一致、相互可比。

5. 实质重于形式

实质重于形式要求企业应当按照交易或事项的经济实质进行会计确认、计量和报告，不应仅以交易或者事项的法律形式作为依据。

实质重于形式要求企业在会计核算过程中，注重交易和事项的经济实质，而不必完全拘泥于其外在表现形式。

2019 年 5 月，北京市鼎盛股份有限公司以 120 000 元融资租入一台纺车型拼板机，使用寿命为 10 年。从法律层面看，北京市鼎盛股份有限公司并不拥有该纺车型拼板机的所有权，但是由于租赁合同中规定的租赁期相当长，为 9 年，接近于该项固定资产的使用寿命。从经济实质上看，与纺车型拼板机相关的收益和风险已经转移给北京市鼎盛股份有限公司，因此北京市鼎盛股份有限公司应该将其视同自有固定资产，一并计提折旧和大修理费用。

6. 重要性

重要性要求企业提供的会计信息应当反映与企业财务状况、经营成果和现金流等有关的所有重要交易或者事项。

判断重要性的标准是：

（1）从性质方面，若该会计事项的发生对经营决策有重大影响，则可判定该项目属于重要会计事项。

（2）从数量方面，若该会计事项的发生达到一定数量（一般为 10%）时就对经营决策产生影响，则可判定该项目属于重要会计事项。

“一定数量”一般为 10%。

理 解

2019 年 6 月，北京市鼎盛股份有限公司以银行存款 5 000 元购买一批办公用品，由于这项支出金额较小，可不作为摊销处理，而是一次性直接计入当期管理费用。该公司的会计处理体现了重要性原则。

7. 谨慎性

谨慎性要求企业对交易或者事项进行会计确认，计量和报告应当保持应有的谨慎，不应高估资产或者收益、低估负债或者费用。

理 解

2019 年 6 月，北京市鼎盛股份有限公司以 1 100 000 元向华北家具城销售一批红木家具，发票已开，款项未收到。2019 年 12 月末，由于家具销售网店销量火爆，华北家具城效益急剧下降，有发生坏账的风险。为了避免坏账损失对企业正常经营产生的影响，需要对该应收账款计提坏账准备（按规定对应收账款采用余额百分比法，估计坏账损失率为 5%，应收账款期初余额为零）。北京市鼎盛股份有限公司对该应收账款计提坏账准备为 1 100 000 × 5%=55 000 元。

8. 及时性

及时性要求企业对于已经发生的交易或者事项，应当及时进行会计确认、计量和报告，不得提前或者延后。

2019 年 7 月，北京市鼎盛股份有限公司购入密度板 1 000 张，每张价格 100 元，货款已由银行存款支付。该项业务发生在 2019 年 7 月，因此应在当月入账，而不得提前在 6 月或延后到 8 月入账。

任务 1.4 会计机构、会计岗位和会计准则

情景列表	情 景 实 例
会计机构	北京市鼎盛股份有限公司由于规模较大，单独设置财务部，同时指定了王春阳为本企业会计主管（财务经理）
会计岗位	北京市鼎盛股份有限公司刚入职的会计小张负责办理现金、银行存款的收付结算业务并负责登记现金、银行存款日记账
会计准则	北京市鼎盛股份有限公司会计具体业务按照最新颁布的《企业会计准则》进行处理

子任务 1.4.1 会计机构

会计机构的设置有以下三种情况：

- 根据业务需要单独设置会计机构。
- 不单独设置会计机构的，应在有关机构中设置会计人员并指定会计主管人员（同会计机构负责人）。
- 对于不具备设置会计机构和会计人员条件的，应当委托中介机构代理记账。

子任务 1.4.2 会计岗位

会计岗位主要有以下几种：

- 总会计师（或行使总会计师职权）岗位。
- 会计机构负责人（会计主管人员）岗位。

- 出纳岗位。
- 稽核岗位。
- 资本、基金核算岗位。
- 收入、支出、债权债务核算岗位。
- 工资核算、成本费用核算、财务成果核算岗位。
- 财产物资的收发、增减核算岗位。
- 总账岗位。
- 对外财务会计报告编制岗位。
- 会计电算化岗位。
- 会计档案管理岗位（会计机构内会计档案管理）。

在会计档案正式移交之前，属于会计岗位；正式移交档案管理部门之后，不再属于会计岗位；档案管理部门的人员管理会计档案，不属于会计岗位。

子任务 1.4.3 会计准则

会计准则是反映经济活动、确认产权关系、规范收益分配的会计技术标准，是生成和提供会计信息的重要依据。

我国已颁布的会计准则有《企业会计准则》《小企业会计准则》《事业单位会计准则》和《政府会计准则》。

1. 企业会计准则

我国的企业会计准则体系包括基本准则、具体准则、应用指南和解释公告等。2006 年 2 月，财政部发布了《企业会计准则》，自 2007 年 1 月 1 日起在上市公司范围内施行，并鼓励其他企业执行，于 2014 年 7 月 23 日进行了修订。

2. 小企业会计准则

2011 年 10 月，财政部发布了《小企业会计准则》，要求符合适用条件的小企业自 2013 年 1 月 1 日起执行，并鼓励提前执行。《小企业会计准则》一般适用于在我国境内依法设立、经济规模较小的企业。

3. 事业单位会计准则

2012 年 12 月，财政部修订发布了《事业单位会计准则》，自 2013 年 1 月 1 日起在各级各类事业单位施行。该准则对我国事业单位的会计工作予以规范。

4. 政府会计准则

2015 年 10 月，财政部公布《政府会计准则——基本准则》共六章，包括总则、政府会计信息质量要求、政府预算会计要素、政府财务会计要素、政府决算报告和财务报告、附则，自 2017 年 7 月 1 日起施行。

项目小结

本项目主要介绍了会计的概念、会计的计量基础、会计的核算方法、会计信息质量要求，以及会计机构、会计岗位和会计准则等内容。通过对本项目的学习，相信读者可以对会计有一个基本的了解。

项目训练

【资料】

北京市鼎盛股份有限公司 2019 年 1 月发生如下经济业务：

（1）1 月 5 日购买原材料，当日用银行存款支付相关费用 20 000 元。

（2）1 月 8 日销售一批商品，共计 10 000 元货款，于 1 月 10 日收到。

（3）1 月 15 日发放公司员工上月的工资 25 000 元。

（4）1 月 18 日预付公司下个月的水电费 5 000 元。

（5）1 月 26 日收到前欠货款 3 500 元。

【要求】

根据以上经济业务，按照权责发生制和收付实现制确认北京市鼎盛股份有限公司 2019 年 1 月发生的经济业务的收入和费用。

项目 2

会计六要素与会计恒等式

应知应会

- 理解会计要素的实质。
- 掌握会计要素的概念和确认条件。
- 掌握会计要素的内容。
- 掌握会计静态恒等式。
- 掌握会计动态等式。
- 了解经济业务对会计等式的影响。

关键词

- 资产（property）；
- 负债（liabilities）；
- 所有者权益（owner's equity）；
- 收入（income）；
- 费用（expenses）；
- 利润（profits）。

本项目在本书中的地位

本项目是全书的基础内容，主要介绍会计六要素和会计恒等式，是本学科的基础。

业务综述

会计六要素是对企业经济业务的六种分类。会计恒等式是六要素之间存在的关系。它们是会计做账的基础。会计人员在做账时主要应该掌握的业务有：

- 判断经济业务的类型，属于资产、负债、所有者权益、收入、费用和利润中的哪个要素；
- 企业发生的经济业务，如何影响会计平衡等式。

项目导图

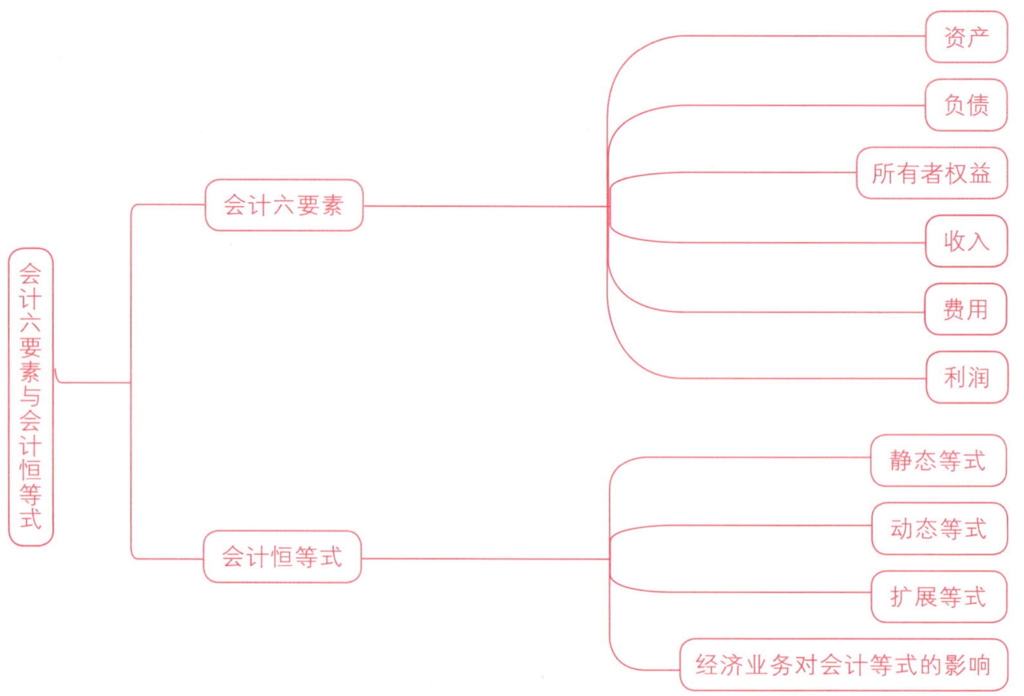

任务 2.1 会计六要素

情景列表	情景实例
资产要素	北京市鼎盛股份有限公司以 500 000 元购入 3 000 张刨花板作为原材料，款项已付。已经购入的原材料可确认为企业资产
负债要素	北京市鼎盛股份有限公司向银行借入为期三个月的借款 100 000 元，可确认为企业负债
收入要素	北京市鼎盛股份有限公司向华北家具城出售一批家具，价款 720 000 元，款项已付，该企业因销售业务增加了本期收入
费用要素	北京市鼎盛股份有限公司购买办公用品 800 元，计入本期期间费用

会计要素是组成会计报表的基本单位，是对会计对象进行的基本分类，是会计核算对象的具体化。我国《企业会计准则——基本准则》将会计要素划分为资产、负债、所有者权益、收入、费用和利润六类。

前三类属于反映财务状况的会计要素，在资产负债表中列示；后三类属于反映经营成果的会计要素，在利润表中列示。

子任务 2.1.1 资产

1. 资产的概念

资产指由企业过去的交易或者事项形成的，并由企业拥有或者控制的，预期会给企业带来经济利益的资源。

2. 资产的特征

（1）资产是由过去的交易或事项形成的。企业过去的交易或事项包括购买、生产建造行为和其他交易或事项。预期在未来发生的交易或事项不形成资产。

【情景 2-1】北京市鼎盛股份有限公司 2019 年 6 月以 100 000 元购入 5 000 张刨花板作为原材料，款项已支付。已经购入的原材料可以确认为企业资产。根据以往销售经验，预计 2020 年需要购入刨花板 6 000 张。预计购入的原材料不能确认为资产。

（2）资产是为企业所拥有或控制的。拥有是指拥有资产的所有权，可以按照自己的意愿使用或处置。控制是指不拥有所有权，却能实际控制，如融资租入固定资产等。

【情景 2-2】北京市鼎盛股份有限公司 2019 年 5 月购入一台洗型机作为生产设备，以经营租赁方式租入三台卡车作为运输工具。业务发生后，该企业已经取得洗型机的所有权，因此可以确认为资产。三台卡车所有权不属于该企业，因此不能确认为资产。

（3）资产预期会给企业带来经济利益。经济利益是指直接或间接地流入企业的现金或现金等价物。

如果企业已经取得某项资产，但由于各种原因不会为企业带来未来经济利益，或者作为经济资源的服务能力已消耗殆尽，如陈旧、毁损、报废的机器，就不能再作为企业的资产。

【情景 2-3】北京市鼎盛股份有限公司 5 月出售一批家具，收到价款 520 000 元，存入银行，此业务中有 520 000 元银行存款的增加，给企业带来经济利益，因此 520 000 元确认为资产。北京市鼎盛股份有限公司 2018 年 5 月购入的洗型机作为生产设备，预计使用年限为 5 年，无残值。2023 年 5 月，洗型机折旧计提完毕，服务能力已消耗殆尽，预期不会给企业带来收益，因此不能再作为企业的资产。

3. 资产的确认条件

一项资源确认为资产，除了需要符合资产的定义，还需要同时满足以下两个条件：

（1）与该资源有关的经济利益很可能流入企业。

“很可能”表示经济资源流入企业的概率大于 50%。

判断经济利益流入企业的不确定性程度是确认资产的关键。

【情景 2-4】北京市鼎盛股份有限公司赊销商品 100 000 元给某客户，其中有 30% 很可能收不回来，企业只能把其中的 70% 确认为应收账款。

（2）该资源的成本或价值能够可靠地计量。只有当有关资源的成本或者价值能够可靠地计量时，资产才能予以确认。不能确认和计量其价值的，不能确认为资产。

可计量性是所有会计要素确认的重要前提。

【情景 2-5】北京市鼎盛股份有限公司外包新建一座厂房，该工程的实体建造（包括安装）工作已经全部完成，即达到预定可使用状态，但由于工程物资及人力成本上涨等原因，暂不能可靠计量，此时不能将该工程确认为固定资产。

4. 资产的分类

资产按流动性进行分类，可以分为流动资产和非流动资产。

（1）流动资产。流动资产是指预计在一个正常营业周期中变现、出售或耗用，或者主要为交易目的而持有，或者预计在资产负债表日起一年内（含一年）变现的资产，以及自资产负债表日起一年内交换其他资产或清偿负债的能力不受限制的现金或现金等价物，主要包括库存现金、银行存款、应收及预付款项、存货等。

（2）非流动资产。非流动资产是指流动资产以外的资产，即不能在一年或者超过一年的一个营业周期内变现或者耗用的资产，主要包括固定资产、长期股权投资、无形资产等。

资产的分类如图 2-1 所示。

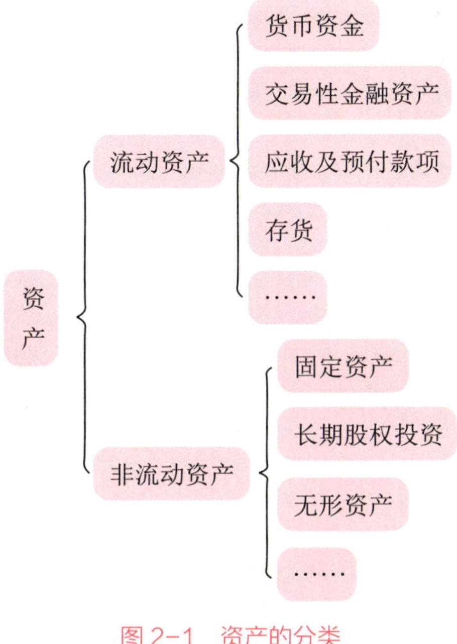

图 2-1　资产的分类

子任务 2.1.2 负债

1. 负债的概念

负债是指企业过去的交易或者事项形成的，预期会导致经济利益流出企业的现时义务。

2. 负债的特征

（1）负债是由过去的交易或事项形成的。企业在未来发生的承诺、签订的购买合同等交易或者事项，不形成负债。

理解

北京市鼎盛股份有限公司 2018 年 5 月向银行借入为期三个月的借款 100 000 元，是负债；如只达成协议借入为期三个月的借款 10 000 元就不是负债。

（2）负债预期会导致经济利益的流出。负债通常要用资产、劳务、举借新债和债转股等方式偿还，但无论哪种方式，都会导致经济利益流出。

北京市鼎盛股份有限公司 2019 年 5 月向银行借入 100 000 元借款，在未来企业实际归还借款时，会使其货币资金减少，即相关经济利益流出。

（3）负债是企业承担的现时义务。现时义务是企业现有条件下所承担的义务，未来发生的交易或者事项形成的义务，不属于现时义务，不应当确认为负债。企业的现时义务，要由企业在未来某个时日加以偿还。

北京市鼎盛股份有限公司 2019 年 5 月向银行借入 100 000 元借款，是该企业的一项负债，因为这笔款项是该企业获得借款后应该归还的，即应该承担的现时义务。

3. 负债的确认条件

除了符合负债定义外，必须同时满足以下两个条件时，才能确认为负债。

（1）与该义务有关的经济利益很可能流出企业。

提示

“很可能”表示经济资源流出企业的概率大于 50%。

（2）未来流出的经济利益能够可靠地计量。只有当现时义务的成本或价值能够可靠计量时，负债才能够确认。

4. 负债的分类

负债按照偿还期长短可分为流动负债和非流动负债。

（1）流动负债。流动负债是指预计在一个正常营业周期中偿还，或者主要为交易目的而持有，或者自资产负债表日起一年内（含一年）到期应予以清偿，或者企业无权自主地将清偿推迟至资产负债表日以后一年以上的负债。

流动负债主要包括短期借款、应付票据、应付账款、预收账款、应付职工薪酬、应交税费、应付股利等。

（2）非流动负债。非流动负债是指偿还期在一年或者超过一年的一个营业周期以上的债务，包括长期借款、应付债券、长期应付款等。

负债的分类如图 2-2 所示。

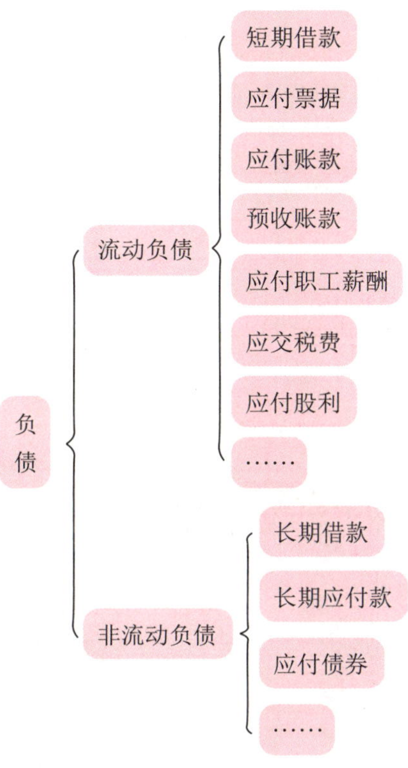

图 2-2　负债的分类

子任务 2.1.3 所有者权益

1. 所有者权益的概念

所有者权益是指企业资产扣除负债后由所有者享有的剩余权益。

所有者权益包括实收资本（或者股本）、资本公积、盈余公积和未分配利润。

2. 所有者权益的特征

（1）除非发生减资、清算，企业不需要偿还所有者权益。

（2）企业清算时，只有在清偿所有负债后，所有者权益才返还给所有者。

（3）所有者凭借所有者权益能够参与企业利润的分配。

3. 所有者权益的确认条件

所有者权益在数量上等于企业资产总额扣除债权人权益后的净额，即为企业的净资产。它的确认和计量主要取决于资产、负债等其他会计要素的确认和计量。

4. 所有者权益的来源

所有者权益的来源包括所有者投入的资本、直接计入所有者权益的利得和损失、留存收益等。

（1）留存收益是盈余公积和未分配利润的统称。

（2）利得是指由企业非日常活动所形成的、会导致所有者权益增加的、与所有者投入资本无关的经济利益的总流入。

（3）损失是指由企业非日常活动所发生的、会导致所有者权益减少的、与向所有者分配利润无关的经济利益的总流出。

所有者权益的来源如图 2-3 所示。

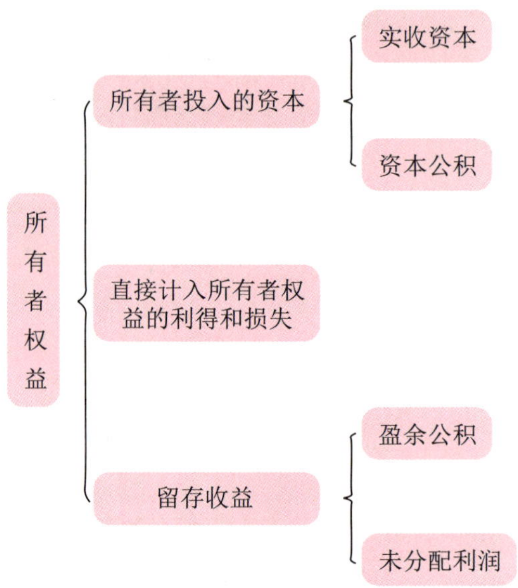

图 2-3　所有者权益的来源

5. 所有者权益的内容

所有者权益形成的项目的内容有：

（1）实收资本：投资者以货币资金、实物、无形资产以及其他方式实际投入企业，能形成注册资本金的各种财产物资。

（2）资本公积：企业由投入资本本身所引起的各种增值。

资本公积只能转增资本，而不能用于弥补亏损。

（3）盈余公积：企业按照规定从净利润中提取的各种积累资金，分为法定盈余公积与任意盈余公积。

盈余公积既可以用于弥补亏损也可以用于转增资本，但不得用于向出资人分配利润。

（4）未分配利润：税后利润经提取盈余公积、向所有者分配利润后的余额，可以留待以后年度进行分配。

所有者权益的分类如图 2-4 所示。

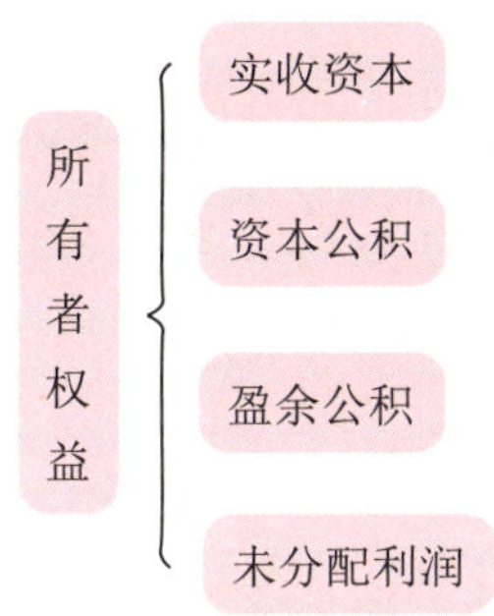

图 2-4 所有者权益的分类

子任务 2.1.4 收入

1. 收入的概念

收入是指企业在日常活动中形成的、会导致所有者权益增加的、与所有者投入资本无关的经济利益的总流入。

2. 收入的特征

（1）收入是企业在日常活动中形成的。日常活动是指企业为完成其经营目标所从事的经常性活动以及与之相关的活动。企业日常活动中形成的经济利益的流入应确认为企业的收入，非日常活动中形成的经济利益的流入不应当确认为企业的收入，而应当计入利得。

理解

商业企业从事商品销售活动，金融企业从事贷款活动，工业企业制造和销售产品，这些都是日常活动；商业企业购买一项专利权，金融企业销售纪念币，工业企业经营租出生产设备，这些活动属于非日常活动。

【情景 2-6】北京市鼎盛股份有限公司 2019 年 6 月发生以下业务：①销售其生产的桌子一批，售价 3 000 元；②来料加工，收取加工费 2 000 元；③出租房屋，收取租金 5 000 元；④出售一台不使用的设备，售价 10 000 元。其中“①②③”为收入，“④”为利得。

（2）收入是与所有者投入资本无关的经济利益的总流入。收入应当会导致经济利益的流入，从而导致资产的增加。

理解

北京市鼎盛股份有限公司向华北家具城出售一批家具，价款 720 000 元，货款已存入银行，该企业因销售业务使银行存款增加，从而增加了本期收入。

（3）收入会导致所有者权益的增加。与收入相关的经济利益的流入应当会导致所有者权益的增加，不会导致所有者权益增加的经济利益的流入不符合收入的定义，不应确认为收入。

北京市鼎盛股份有限公司2019年5月向银行借入6个月的借款100 000元，此业务增加资产100 000元，即经济利益增加。同时增加该企业负债100 000元，并未影响企业所有者权益。因此100 000元款项不能确认为收入。

3. 收入的确认条件

收入的确认除了应当符合定义外，还必须满足以下三个条件：

（1）与收入相关的经济利益应当很可能流入企业。

（2）经济利益流入企业的结果会导致资产的增加或者负债的减少。

（3）经济利益的流入金额能够可靠计量。

4. 收入的分类

（1）按照企业从事日常经营活动的性质，收入可以分为销售商品收入、提供劳务收入、让渡资产使用权收入和建造合同收入。

①销售商品收入是指企业通过销售商品实现的收入，如工商企业销售商品取得的收入。

②提供劳务收入是指企业通过提供劳务实现的收入，如安装公司提供安装服务等实现的收入。

③让渡资产使用权收入是指企业通过出租资产实现的收入，如利息收入、使用费收入。

④建造合同收入是指企业承担建造合同所形成的收入，如合同规定的初始收入。

（2）按照日常活动在企业所处的地位，收入分为主营业务收入和其他业务收入。

①主营业务收入是企业为完成其经营目标而从事的日常经营活动的主要项目所取得的收入，如工商企业的销售商品、银行的贷款和办理结算等取得的收入。

②其他业务收入是主营业务以外的其他日常活动所取得的收入，如工业企业销售材料、提供非工业性劳务等取得的收入。

收入的分类如图2-5所示。

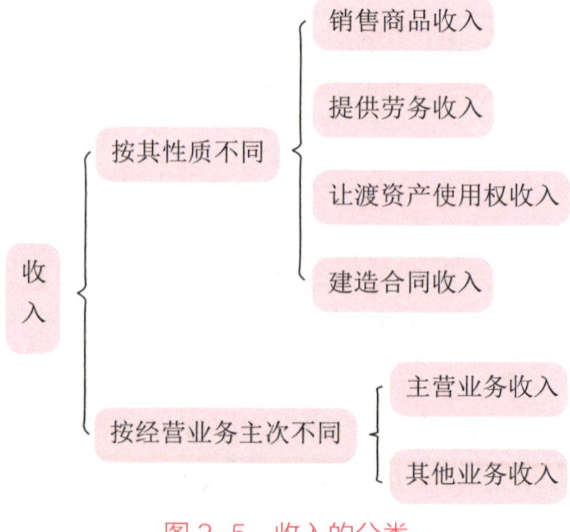

图2-5 收入的分类

子任务 2.1.5 费用

1. 费用的概念

费用是指企业在日常经营活动中发生的、会导致所有者权益减少的、与向所有者分配利润无关的经济利益的总流出。

2. 费用的特征

（1）费用是企业在日常经营活动中发生的。这里日常经营活动的界定与收入定义中的日常经营活动的界定相一致。企业非日常活动所形成的经济利益的流出不能确认为费用，而应当计入损失。

理解

北京市鼎盛股份有限公司每个月发生的工资、办公费、房租、广告费等，均为费用。但企业由于自然灾害等事故造成的损失，不能算费用。

【情景 2-7】2019 年 8 月，北京市鼎盛股份有限公司发生以下业务：①领用材料一批，成本 5 000 元，用于产品生产；②购买办公用品 800 元；③捐赠贫困山区 6 000 元现金；④交纳税金滞纳金 20 元。“①②”为费用，“③④”为损失。

（2）费用会导致所有者权益的减少。根据“收入－费用＝利润”，费用增加利润减少，最终导致所有者权益减少。

理解

北京市鼎盛股份有限公司 2019 年共发生销售费用 500 000 元，在计算当年的利润时需要将 500 000 元作为减少利润的项目，则北京市鼎盛股份有限公司的投资人获得的利润减少，即所有者权益减少。同年，北京市鼎盛股份有限公司购买机器设备的行为虽然导致企业经济利益流出，但并不会导致所有者权益减少，因为它使企业增加了另一项资产（固定资产），在这种情况下，就不应将该经济利益的流出确认为费用。

（3）费用是与向所有者分配利润无关的经济利益的总流出。费用的发生应当会导致经济利益的流出，从而导致资产的减少或者负债的增加。企业向所有者分配利润也会导致经济利益的流出，而该经济利益的流出属于投资者投资回报的分配，是所有者权益的直接抵减项目，所有者权益减少，不应确认为费用，应当将其排除在费用的定义之外。

理解

2019 年年末，北京市鼎盛股份有限公司向投资者分配利润 5 000 000 元，此行为导致资产和所有者权益同时减少，所以分配利润这项支出只影响所有者权益和资产，不形成费用。

3. 费用的确认条件

确认费用除了应当符合定义外，还必须满足以下三个条件：

（1）与费用相关的经济利益应当很可能流出企业。

（2）经济利益流出企业的结果会导致资产的减少或者负债的增加。

（3）经济利益的流出额能够可靠计量。

4. 费用的分类

按照费用的性质关系，费用可以分为生产费用和期间费用。

（1）生产费用是指与企业日常生产经营活动有关的费用，按其经济用途可分为直接材料、直接人工和制造费用。

①直接材料就是经过加工后构成商品实体的各种原材料。

②直接人工指企业在生产产品和提供劳务过程中，直接从事产品生产的工人的工资、津贴、补贴和福利费等。

③制造费用是指生产几种产品共同发生的生产费用，应当按照受益原则，采用适当的方法和程序分配计入相关产品的生产成本。

（2）期间费用包括管理费用、销售费用和财务费用。

①管理费用是企业行政管理部门为组织和管理生产经营活动而发生的各种费用。

②销售费用是企业在销售商品、提供劳务等日常活动中发生的除营业成本以外的各项费用以及专设销售机构的各项经费。

③财务费用是企业筹集生产经营活动所需资金而发生的费用。

费用的分类如图 2-6 所示。

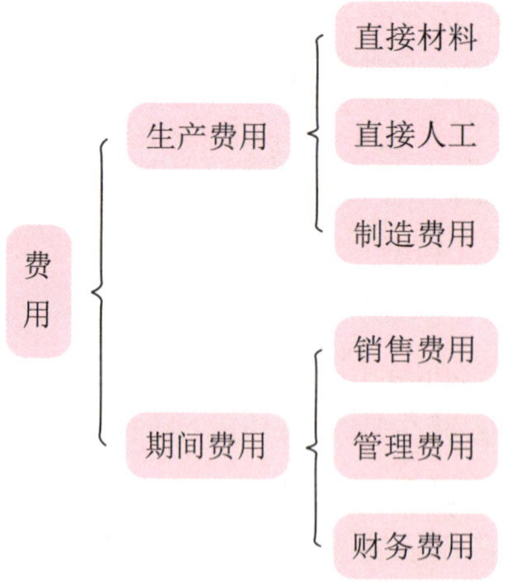

图 2-6 费用的分类

子任务 2.1.6 利润

1. 利润的概念

利润是指企业在一定会计期间的经营成果，包括收入减去费用后的净额、直接计入当期利润的利得和损失等。

2. 利润的确认条件

利润反映的是收入减去费用、利得减去损失后的净额情况。因此，利润的确认主要依赖于收入和费用及利得和损失的确认，其金额的确定也主要取决于收入、费用、利得、损失金额的计量。

3. 利润的构成

利润由营业利润、利润总额和净利润构成。

（1）营业利润。

营业利润＝营业收入－营业成本－税金及附加－销售费用－管理费用－研发费用－财务费用＋其他收益＋投资收益（或－投资损失）＋净敞口套期收益（或－净敞口套期损失）＋公允价值变动收益（或－公允价值变动损失）＋信用减值损失（或－信用减值损失）＋资产减值损失（或－资产减值损失）＋资产处置收益（或－资产处置损失）

其中：

营业收入＝主营业务收入＋其他业务收入

营业成本＝主营业务成本＋其他业务成本

投资净收益＝投资收益－投资损失

公允价值变动净收益＝公允价值变动收益－公允价值变动损失

（2）利润总额。

利润总额＝营业利润＋营业外收支净额

（3）净利润。

净利润＝利润总额－所得税费用

任务 2.2 会计恒等式

情景列表	情 景 实 例
经济业务影响会计等式	北京市鼎盛股份有限公司6月初资产总计21 621 000元，负债总计6 546 800元，所有者权益总计15 074 200元 10日，收到客户前欠货款12 000元，存入银行。此时应收账款减少12 000元，银行存款增加12 000元，等式不变 资产＝负债＋所有者权益 21 621 000=6 546 800 ＋ 15 074 200

会计恒等式又称会计等式、会计方程式或会计平衡公式，它是表明各会计要素之间基本关系的等式。

会计等式是设置账户、复式记账和编制财务报表的理论依据。

子任务 2.2.1 静态等式

创办任何一个企业都必须筹集一定数额的资金，这些资金可以通过吸收别人投资获得，也可以通过负债方式取得。取得资金后企业根据生产经营的需要，购置必要的厂房、设备、原材料等资产，开展正常的经济活动。企业的这些资产一方面表现为特定的物质实体存在形式，如现金、固定资产等；另一方面又表现为相应的要求权，即这些资产是如何取得的，为谁所有，比如向别人借钱要支付利息、吸收别人投资要给人家分红等。人们常把对资产的要求权称为权益。由此可见，资产与权益是同一资金的两个方面，而且在总额上有一种必然的相等关系，即资产 = 权益。其中，权益包括所有者权益和债权人权益。因此，得出静态会计等式

资产＝负债＋所有者权益

这一等式是复式记账法的理论基础，也是编制资产负债表的依据。

子任务 2.2.2 动态等式

企业在持续经营过程中，通过开展业务取得收入，同时也发生费用，通过收入和费用要素可以确定企业的经营成果（利润）。因此，得出会计动态等式

收入－费用＝利润

动态会计等式揭示了在某一特定期间内，企业收入、费用、利润之间的相互关系：利润是实现的收入减去相关费用以后的差额；收入大于费用时为利润，收入小于费用时为亏损。利润会随着收入的增减成正向变化，随着费用的增减成反向变化。

会计动态等式反映了利润的实现过程，是编制利润表的依据。

子任务 2.2.3 扩展等式

综合会计的静态等式和动态等式，得出会计的扩展等式：

资产＝负债＋（所有者权益＋利润）＝负债＋（所有者权益＋收入－费用）

会计的扩展等式主要在尚未结账的会计期间得到充分体现。

子任务 2.2.4 经济业务对会计等式的影响

企业经济业务按其对财务状况等式的影响不同可以分为以下 9 种基本类型：

（1）资产内项目的一增一减。

（2）负债内项目的一增一减。

（3）所有者权益内项目的一增一减。

（4）负债项目增加，所有者权益项目减少。

（5）负债项目减少，所有者权益项目增加。

（6）资产项目增加，负债项目增加。

（7）资产项目增加，所有者权益项目增加。

（8）资产项目减少，负债项目减少。

（9）资产项目减少，所有者权益项目减少。

【情景 2-8】经济业务对会计等式的影响如表 2-1 所示。

表 2-1　经济业务对会计等式的影响

单位：元

资　产	金　额	负债及所有者权益	金　额
银行存款 库存商品 固定资产 无形资产	120 000 20 000 200 000 20 000	短期借款 应付账款 实收资本	40 000 20 000 300 000
合　计	360 000	合　计	360 000

2019 年 9 月 1 日（即 8 月 31 日）的资产负债状况如下：

资产 = 负债＋所有者权益

360 000=60 000 ＋ 300 000

北京市鼎盛股份有限公司 2019 年 9 月份发生下列涉及资产、权益变动的经济事项。

【情景 2-9】北京市鼎盛股份有限公司从供应单位购买 10 000 元的油漆，货款尚未支付。

这项经济业务发生后，一方面使资产方的原材料增加了 10 000 元，另一方面使负债方的应付账款也增加了 10 000 元，会计等式两边同时增加 10 000 元，双方总额仍然保持平衡。具体资产负债状况如下：

资产 = 负债＋所有者权益

370 000=70 000 ＋ 300 000

【情景 2-10】北京市鼎盛股份有限公司收到北京市建设投资公司追加投入的资本 200 000 元，当即存入银行。

这项经济业务发生后，一方面使资产方的银行存款增加了 200 000 元，另一方面使所有者权益方的实收资本也增加了 200 000 元，会计等式两边同时增加 200 000 元，双方总额仍然保持平衡。具体资产负债状况如下：

资产 = 负债＋所有者权益

570 000=70 000 ＋ 500 000

【情景 2-11】北京市鼎盛股份有限公司以银行存款 10 000 元偿还前欠供应单位货款。

这项经济业务发生后，一方面使资产方的银行存款减少 10 000 元，另一方面使负债方的应付账款也减少了 10 000 元，会计等式两边同时减少 10 000 元，双方总额仍然保持平衡。具体资产负债状况如下：

资产 = 负债+所有者权益

560 000=60 000 + 500 000

【情景 2-12】北京市鼎盛股份有限公司经批准减少资本 16 000 元，以银行存款退还投资者。

这项经济业务发生后，一方面使资产方的银行存款减少了 16 000 元，另一方面使所有者权益方的实收资本也减少了 16 000 元，会计等式两边同时减少 16 000 元，双方总额仍然保持平衡。具体资产负债状况如下：

资产 = 负债+所有者权益

544 000=60 000 + 484 000

【情景 2-13】北京市鼎盛股份有限公司收到客户前欠货款 12 000 元，存入银行。

这项经济业务发生后，一方面使资产方的银行存款增加了 12 000 元，另一方面使资产方的应收账款减少了 12 000 元，会计等式右边有增有减，增减金额相等，左边不受任何影响，双方总额仍然保持平衡。具体资产负债状况如下：

资产 = 负债+所有者权益

544 000=60 000 + 484 000

【情景 2-14】北京市鼎盛股份有限公司向银行申请取得短期借款 12 000 元，直接偿还前欠供应单位的款项。

这项经济业务发生后，一方面使负债方的短期借款增加了 12 000 元，另一方面使负债方的应付账款减少了 12 000 元，会计等式右边有增有减，增减金额相等，左边不受任何影响，双方总额仍然保持平衡。具体资产负债状况如下：

资产 = 负债+所有者权益

544 000=60 000 + 484 000

【情景 2-15】北京市鼎盛股份有限公司经批准将其资本公积 20 000 元转增资本。

这项经济业务发生后，一方面使所有者权益方资本公积减少 20 000 元，另一方面使所有者权益方的实收资本增加 20 000 元，会计等式右边有增有减，增减金额相等，左边不受任何影响，双方总额仍然保持平衡。具体资产负债状况如下：

资产 = 负债+所有者权益

544 000=60 000 + 484 000

【情景 2-16】北京市鼎盛股份有限公司将甲公司所欠货款 20 000 元，转作对本企业的投入资本。

这项经济业务发生后，一方面使负债方的应付账款减少 20 000 元，另一方面使所有者权益方的实收资本增加 20 000 元，会计等式右边有增有减，增减金额相等，左边不受任何影响，双方总额仍然保持平衡。具体资产负债状况如下：

资产 = 负债+所有者权益

544 000=40 000 + 504 000

【情景 2-17】北京市鼎盛股份有限公司经研究决定进行利润分配，应付给投资者利润 40 000 元，予以转账。

这项经济业务发生后，一方面使负债类应付股利增加 40 000 元，一方面使所有者权益方利润分配减少 40 000 元，会计等式右边有增有减，增减金额相等，左边不受任何影响，双方总额仍然保持平衡。具体资产负债状况如下：

资产 = 负债+所有者权益

544 000=80 000 + 464 000

会计要素对会计恒等式的影响如表 2-2 所示。

表 2-2 会计要素对会计恒等式的影响

序号	业 务	会计要素	对会计恒等式的影响
1	收到投资者投入资金存入银行	资产、所有者权益	两方同时增加
2	购买原材料，款未付	资产、负债	两方同时增加
3	使用银行存款购买原材料	资产、资产	左方一增一减
4	使用银行存款偿还银行贷款	资产、负债	两方同时减少
5	将应付供应商的货款转为本企业投资	负债、所有者权益	右方一增一减
6	从银行借入资金偿还应付供应商货款	负债、负债	右方负债一增一减
7	企业的资本公积转为实收资本	所有者权益、所有者权益	右方所有者权益一增一减
8	所欠货款转作实收资本	负债、所有者权益	右方一增一减
9	对投资者进行利润分配	负债、所有者权益	右方一增一减

项目小结

本项目主要介绍了会计六要素的概念、特征、分类和确认条件，介绍了会计恒等式，包括静态等式、动态等式和扩展等式。通过对本项目的学习，相信读者可以对会计恒等式及相关要素的内容有一个较为全面的了解。

项目训练

【资料】

北京市鼎盛股份有限公司发生如下经济业务：

（1）以银行存款 30 000 元购买设备。

（2）向银行借入短期借款 20 000 元。

（3）接受股东追加货币投资 80 000 元。

（4）以银行存款偿还前欠货款 50 000 元。

（5）企业投资者抽回投资款 120 000 元。

（6）借入短期借款 50 000 元用于偿还前欠货款。

（7）向投资者宣告分配现金股利 130 000 元。

（8）债权人将企业长期债务 60 000 元转为对企业的投资。

（9）以资本公积 70 000 元转增资本。

【要求】

根据以上经济业务，分析有关项目的发生金额是否会影响会计等式的平衡关系。

项目 3 会计科目与账户、会计凭证和会计分录

应知应会

- 掌握会计科目的概念和分类。
- 掌握会计账户的概念和内容。
- 掌握借贷记账法。
- 熟知会计分录的编制。
- 掌握借贷记账法的试算平衡。

关键词

- 会计科目（account）;
- 总分类科目（general ledger accout）;
- 明细分类科目（datailed ledger accout）;
- 会计账户（accounting subject）;
- 单式记账法（single-entry bookkeeping）;
- 复式记账法（double-entry bookkeeping）。

本项目在本书中的地位

本项目是全书非常重要的一部分，是前面会计基本理论的延续，也是对会计等式的具体运用。

业务综述

会计科目与会计账户是对会计要素的进一步分类。借贷记账法与会计分录是会计人员做账时具体运用的工具。作为一名会计人员做账时应该掌握的内容主要包括：

- 设立会计科目；
- 建立会计账户；
- 运用借贷记账法；
- 编制会计分录。

项目导图

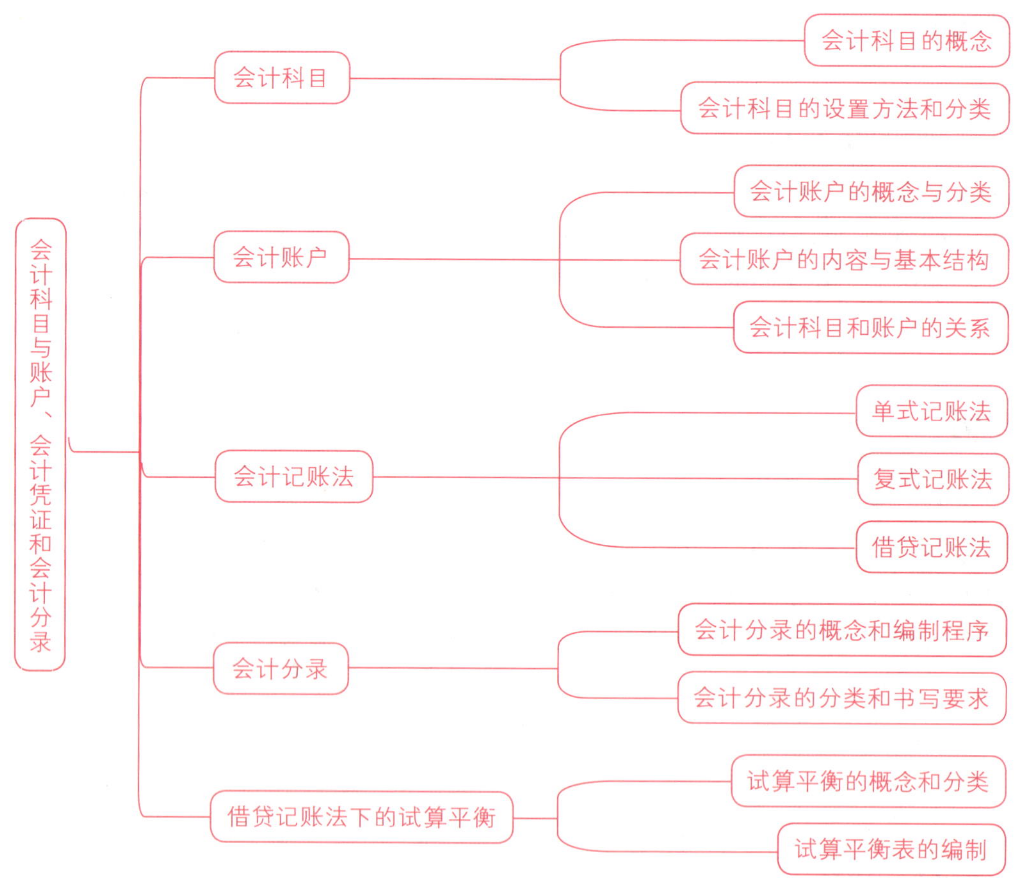

任务 3.1 会计科目

情景列表	情　景　实　例
掌握会计科目的设置	北京市鼎盛股份有限公司购入聚氨酯漆 /PE 共 50 桶，价款 10 000 元，可通过科目“原材料—主料—油漆—PE”进行核算

子任务 3.1.1 会计科目的概念

会计科目是为了满足会计核算的需要，对会计要素的具体内容进行进一步科学分类的项目。

会计对象的具体内容各有不同，相应的管理要求也各不相同。为了全面、系统、分类地核算与监督各项经济业务的发生情况，以及由此而引起的各项资产、负债、所有者权益和各项损益的增减变动，就有必要按照各项会计对象分别设置会计科目。设置会计科目是对会计对象的具体内容加以科学归类，是进行分类核算与监督的一种方法。

会计科目是复式记账的基础。复式记账要求每一笔经济业务都要在两个或两个以上相互联系的账户中进行登记，以反映资金运动的来龙去脉。而账户是根据会计科目设置的，没有会计科目就没有账户。

会计科目是编制记账凭证的基础。会计凭证是确定所发生的经济业务应记入何种科目以及分门别类登记账簿的凭据，没有科目就无法编制会计凭证。

子任务 3.1.2 会计科目的设置方法

会计科目设置会计科目包括三项连续的工作，具体如下。

- 按照财务报表要素分类后的具体项目名称设置会计科目。
- 对每一个会计科目按照业务类别进行编号。
- 规范每一个会计科目的核算内容、业务范围和核算要求。

子任务 3.1.3 会计科目的分类

按照不同的分类标准可以进行不同的分类。

1. 按照核算信息详略程度分类

按照核算信息详略程度，会计科目可分为总分类科目和明细分类科目。

（1）总分类科目又称总账科目或一级科目，是对会计要素的具体内容进行总括分类、提供总括信息的会计科目，如应收账款、原材料、库存商品、固定资产等。

（2）明细分类科目是对总分类科目进行进一步分类，所提供更为详细和具体的会计信息的科目。例如在固定资产总分类科目下设置厂房、办公楼、电子锯、封边机等。

如在原材料科目下按原材料类别设置明细科目时，如果某一总分类科目所属的明细分类科目较多，则可在总分类科目下设置二级明细科目，在二级明细科目下设置三级明细科目。

明细分类科目如表 3-1 所示。

表 3-1　明细分类科目

总分类科目（一级科目）	明细分类科目	
	二级科目	三级科目
生产成本	基本生产成本	办公桌
		立柜
	辅助生产成本	供电供水
		机修劳务

2. 按照会计科目反映的经济内容分类

按照所反映的经济内容的不同，会计科目又可分为资产类科目、负债类科目、共同类科目、所有者权益类科目、成本类科目、损益类科目。会计科目参照表如表 3-2 所示。

表 3-2　会计科目参照表

顺序	编号	会计科目名称	顺序	编号	会计科目名称
		一、资产类	42	2202	应付账款
1	1001	库存现金	43	2203	预收账款
2	1002	银行存款	44	2211	应付职工薪酬
3	1012	其他货币资金	45	2221	应交税费
4	1101	交易性金融资产	46	2231	应付利息
5	1121	应收票据	47	2232	应付股利
6	1122	应收账款	48	2241	其他应付款
7	1123	预付账款	49	2501	长期借款
8	1131	应收股利	50	2502	应付债券
9	1132	应收利息	51	2701	长期应付款
10	1221	其他应收款	52	2711	专项应付款
11	1231	坏账准备	53	2801	预计负债
12	1401	材料采购	54	2711	专项应付款
13	1402	在途物资	55	2801	预计负债
14	1403	原材料	56	2901	递延所得税负债

（续表）

顺序	编号	会计科目名称	顺序	编号	会计科目名称
15	1404	材料成本差异		三、共同类	
16	1405	库存商品	57	3101	衍生工具
17	1406	发出商品	58	3201	套期工具
18	1407	商品进销差价	59	3202	被套期项目
19	1408	委托加工物资		四、所有者权益类	
20	1471	存货跌价准备	60	4001	实收资本
21	1501	债权投资	61	4002	资本公积
22	1502	债权投资减值准备	62	4101	盈余公积
23	1503	其他权益工具投资	63	4103	本年利润
24	1511	长期股权投资	64	4104	利润分配
25	1512	长期股权投资减值准备		五、成本类	
26	1521	投资性房地产	65	5001	生产成本
27	1531	长期应收款	66	5101	制造费用
28	1601	固定资产	67	5301	研发支出
29	1602	累计折旧		六、损益类	
30	1603	固定资产减值准备	68	6001	主营业务收入
31	1604	在建工程	69	6051	其他业务收入
32	1605	工程物资	70	6101	公允价值变动损益
33	1606	固定资产清理	71	6111	投资收益
34	1701	无形资产	72	6301	营业外收入
35	1702	累计摊销	73	6401	主营业务成本
36	1703	无形资产减值准备	74	6402	其他业务成本
37	1711	商誉	75	6403	税金及附加
38	1811	递延所得税资产	76	6601	销售费用
39	1901	待处理财产损溢	77	6603	财务费用
	二、负债类		78	6701	资产减值损失
			79	6702	信用减值损失
40	2001	短期借款	80	6711	营业外支出
41	2201	应付票据	81	6801	所得税费用
			82	6901	以前年度损益调整

提示

工业企业的会计科目按经济内容可以分为六类，而商品流通企业因没有生产过程，故其会计科目就没有成本类，只有资产类、负债类、共同类、所有者权益类和损益类五大类。

任务 3.2 会计账户

<table>
<tr><th>情景列表</th><th>情 景 实 例</th></tr>
<tr><td>掌握会计账户的基本结构</td><td>借方　　银行存款　　贷方
登记企业存入银行的款项 | 登记企业从银行中支取的款项
反映企业银行存款的结存余额 |</td></tr>
</table>

子任务 3.2.1 会计账户的概念与分类

1. 会计账户的概念

会计账户是根据会计科目设置的，具有一定的格式和结构，是用于分类反映会计要素增减变动情况及其结果的载体。

2. 会计账户的分类

（1）根据核算的经济内容，会计账户可分为资产类账户、负债类账户、共同类账户、所有者权益类账户、成本类账户和损益类账户六类。其中，有些资产类账户、负债类账户和所有者权益类账户存在备抵账户。备抵账户，又称抵减账户，是指用来抵减被调整账户余额，以确定被调整账户实有数额而设置的独立账户。例如，“固定资产”账户反映固定资产的原始价值，“累计折旧”账户反映固定资产因磨损而减少的价值，“固定资产”账户的价值减去“累计折旧”账户的价值后，反映的是固定资产的现实价值，所以“累计折旧”账户是“固定资产”账户的备抵账户。

（2）根据提供信息的详细程度及其统驭关系，会计账户可分为总分类账户和明细分类账户。

总分类账户又称总账账户或一级账户，是根据总分类科目设置的、用于对会计要素具体内容进行总括分类核算的账户。它是提供总括核算资料指标的账户，在总分类账户中只使用货币计量单位反映经济业务。

明细分类账户是根据明细分类科目设置的、用来对会计要素具体内容进行明细分类核算的账户，简称明细账账户。它是提供明细分类核算资料指标的账户，是对其总分类账户资料的具体化和补充说明。除用货币计量反映经济业务外，还用实物计量或劳动计量单位从效量上和时间进行反映，以满足经营管理的需要。

总分类账户和所属明细分类账户核算的内容相同，只是反映内容的详细程度有所不同，两者相互补充、相互制约、相互核对。总分类账户统驭和控制所属明细分类账户，明细分类账户对总分类账户起补充说明的作用。

提示

不是所有的总分类账户都要开设明细分类账户，也不是明细分类账户越细越好、越多越好。总分类账户是否设立明细账账户应视企业实际管理的需要而定。

子任务 3.2.2　会计账户的内容

会计账户主要由以下几部分内容组成：

- 账户名称：即会计科目名称。
- 日期：用来记录会计人员对交易或事项的处理时间。
- 凭证编号：用来记录交易或事项所依据的记账凭证号码。
- 经济业务摘要：用来描述对交易或事项发生情况的扼要说明。
- 增加额、减少额：用来记录交易或事项引起的会计要素的变动结果。
- 余额方向：用来说明本行记录的余额所在的记账方向。
- 余额：用来登记本账户的期初、期末余额。

账户的余额要根据一定期间内所记录数额的增减变化结果而定，包括期初余额和期末余额。上期的期末余额就是本期的期初余额，本期的期末余额就是下期的期初余额。一般来说，一个账户正常的余额所在方向与记录增加数据的方向一致。任何一个时期的期末余额都可以根据期初余额和当期发生的增加额、减少额用下列公式计算确定，即

$$期末余额 = 期初余额 + 本期增加发生额 - 本期减少发生额$$

会计账户的内容如表 3-3 所示。

表 3-3　会计账户的内容

年		凭证字号	摘要	增加额	减少额	余额
月	日					

子任务 3.2.3　会计账户的基本结构

会计账户结构在整体上类似于汉字“丁”和大写的英文字母“T”，因此，账户的基本结构被形象地称为“丁”字账户或者“T”型账户。其具体结构为：

- 任何账户一般可以划分为左、右两方。
- 账户的左右两方按相反方向来记录增加额和减少额。
- 账户的余额一般与记录的增加额在同一方向。

● 账户记录的主要内容满足“本期期末余额＝期初余额＋本期增加额－本期减少额”。

● 在“T”型账户中，存在左方、右方和余额方，左、右两方按照相反方向来记录会计要素具体项目的增加或减少金额。

子任务 3.2.4 会计科目和账户的关系

1. 联系

（1）账户是根据会计科目设置的，会计科目是账户的名称。

（2）两者开设的目的一致，都是为了对经济业务进行分类、整理，以提供管理所需要的会计信息。

（3）两者的内容相同。

2. 区别

（1）会计科目和账户的具体作用不同。会计科目的具体作用主要表现为将会计对象的具体内容分为若干个相对独立的项目；而账户则是在会计科目的基础上，再赋予一定的结构，指明记账的方向，以核算各会计要素的增减变动和余额。

（2）会计科目和账户编制或设置的方法不同。会计科目由国家统一编制，是会计制度的组成部分。而账户则是由各单位根据会计科目的要求，结合本单位的实际情况开设的。实际工作中，先有会计科目，后有账户。

任务 3.3 会计记账法

情景列表	情 景 实 例
理解借贷记账法的运用	北京市鼎盛股份有限公司从银行提取 8 000 元现金备用。本业务影响银行存款的减少，同时影响库存现金的增加，因此应分别将 8 000 元记入“银行存款”账户的贷方和“库存现金”账户的借方

会计记账方法是指会计核算工作在账户中登记经济业务的方法。会计记账方法按记录的方式不同可分为单式记账法和复式记账法。

子任务 3.3.1　单式记账法

单式记账法是指对发生的经济业务只在一个账户中进行登记的记账方法。单式记账法一般只适用于现金及债权债务账户的记录。

以库存现金 1 000 元购入生产用材料，则只在“库存现金”账户中登记减少 1 000 元。销售一批 50 000 元的产品，货款尚未收到，则只在“应收账款”账户中登记增加 50 000 元。这种记账方法既不能反映现金减少的原因，也不能反映应收账款增加的原因，各账户之间的记录既没有直接的联系，也没有相互对应的关系。

子任务 3.3.2　复式记账法

1. 复式记账法的概念

复式记账法是指对于每一笔经济业务，都必须用相等的金额在两个或两个以上相互关联的账户中进行登记，是全面系统地反映会计要素增减变化的一种记账方法。现代会计运用的是复式记账法。

理　解

北京市鼎盛股份有限公司提取现金 1 000 元，涉及库存现金和银行存款两个账户，会计要在库存现金账户上登记增加 1 000 元，在银行存款账户上登记减少 1 000 元。这种将一笔业务登记在两个账户上的登记方法就是复式记账法。

2. 复式记账法的优点

与单式记账法相比，复式记账法的优点主要有以下两个方面：

（1）能够全面反映经济业务内容和资金运转的来龙去脉。

（2）能够进行试算平衡，便于查账和对账。

3. 复式记账法的种类

复式记账法包括借贷记账法、增减记账法和收付记账法。借贷记账法是目前国际上通用的记账方法，我国《企业会计准则》规定企业应当采用借贷记账法记账。我国的企业和行政、事业单位所采用的记账方法都属于复式记账法。

子任务 3.3.3　借贷记账法

1. 借贷记账法的概念

借贷记账法是以“借”和“贷”作为记账符号来反映会计要素增减变动情况的一种记账方法。

借贷记账法以“借”和“贷”反映账户的增、减变化情况。“借”表示记入账户的借方，“贷”表示记入账户的贷方，如表 3-4 所示。

表 3-4　账户的增减变化情况

会计要素	借方	贷方
资产、费用	反映增加	反映减少
负债、所有者权益和收入	反映减少	反映增加

提示

“借”和“贷”在什么情况下表示增加、什么情况下表示减少，完全取决于账户的性质。在同一账户中，当“借”表示增加时，“贷”必然表示减少，反之亦然。

2. 借贷记账法的记账规则

借贷记账法的记账规则为“有借必有贷、借贷必相等”，其基本内容如下：

（1）把业务发生的金额记入一个账户借方的同时，必然要记入另一个（或几个）账户的贷方；反之，把业务发生的金额记入一个账户贷方的同时，必然要记入另一个（或几个）账户的借方。

（2）记入账户借方的金额与记入账户贷方的金额必然相等。

3. 借贷记账法的基本程序

运用借贷记账规则的基本程序具体如下：

（1）正确分析交易或事项对哪些会计要素的增减变化有影响。

（2）正确分析交易或事项对各会计要素的哪些具体项目（会计科目）的增减变化有影响。

（3）正确使用这些会计科目对应的账户，并分析在哪些账户中记录增加金额，在哪些账户中记录减少金额。

（4）正确分析这些账户的性质（类别）和结构，增加金额记入某一账户的借方（或贷方），同时将减少的金额记入对应账户的贷方（或借方），然后进行记账。

【情景 3-1】北京市鼎盛股份有限公司经研究决定对公司利润进行分配，应付给投资者的利润为 40 000 元，并予以转账。请根据北京市鼎盛股份有限公司资产负债表分析 9 月份发生的交易或事项。

下面以北京市鼎盛股份有限公司 2019 年 9 月 1 日的财务状况（见表 3-5）为基础，对以下情景进行模拟。

表 3-5 北京市鼎盛股份有限公司资产负债表（简化）

2019 年 9 月 1 日　　单位：元

资产	金额	负债及所有者权益	金额
资产：		负债：	
库存现金	500 000	短期借款	600 000
银行存款	1 840 000	应付账款	500 000
应收账款	800 000	应交税费	200 000
原材料	700 000	长期借款	1 200 000
库存商品	1 300 000	负债合计	2 500 000
固定资产	2 200 000	所有者权益：	
无形资产	500 000	实收资本	3 000 000
		资本公积	900 000
		盈余公积	600 000
		未分配利润	840 000
		所有者权益合计	5 340 000
资产合计	7 840 000	负债及所有者权益合计	7 840 000

北京市鼎盛股份有限公司 2019 年 9 月份发生以下交易或事项。

【情景 3-2】1 日，收到北京市华润家具公司归还的前欠货款 650 000 元，存入银行。

分析：本业务影响银行存款的增加，同时影响应收账款的减少，因此应分别将 650 000 元记入“银行存款”账户的借方和“应收账款”账户的贷方，如图 3-1 所示。

借方	应收账款	贷方
		（1） 650 000

借方	银行存款	贷方
（1） 650 000		

图 3-1 应收账款和银行存款的变化

【情景 3-3】2 日，购买原材料 1 000 000 元，其中 800 000 元用银行存款支付，另外 200 000 元根据合同以后支付。

分析：本业务使得原材料增加 1 000 000 元，同时银行存款减少 800 000 元和应付账款增加 200 000 元，因此应将增加的 1 000 000 元原材料记入“原材料”账户的借方，同时应将减少的 800 000 元银行存款记入“银行存款”账户的贷方，并将增加的 200 000 元应付账款记入“应付账款”账户的贷方，如图 3-2 所示。

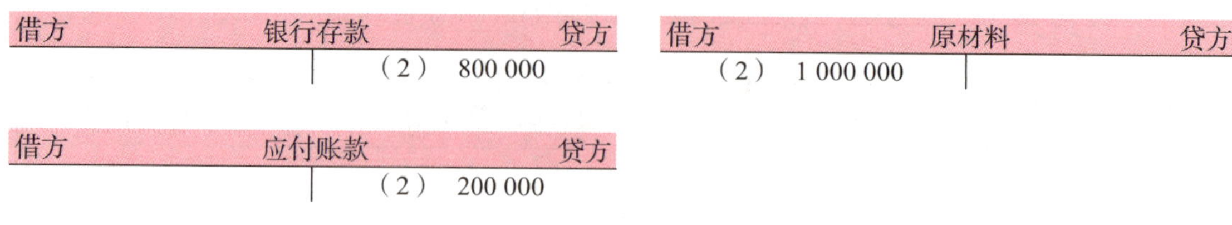

图 3-2　银行存款、原材料和应付账款的变化

【情景 3-4】5 日，用银行存款支付上月应交税费 60 000 元。

分析：本业务使得银行存款减少，应交税费减少，因此应将 60 000 元分别记入“应交税费”账户的借方和“银行存款”账户的贷方，如图 3-3 所示。

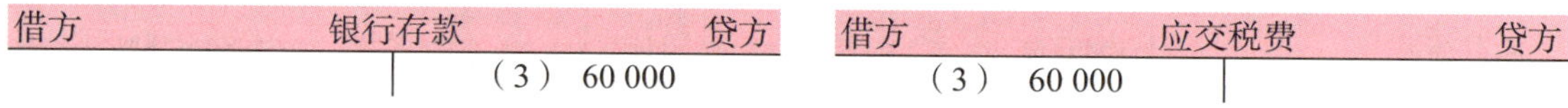

图 3-3　银行存款和应交税费的变化

【情景 3-5】8 日，生产部门领用价值 1 550 000 元的原材料用于生产 A 产品。

分析：本业务使得原材料减少，生产成本增加，因此应分别将 1 550 000 元记入“生产成本”账户的借方和“原材料”账户的贷方，如图 3-4 所示。

借方　原材料　贷方

（4） 1 550 000

借方　生产成本　贷方

（4） 1 550 000

图 3-4　原材料和生产成本的变化

【情景 3-6】10 日，销售 A 产品 1 500 000 元，收到货款并存入银行。

分析：本业务使得银行存款增加，主营业务收入增加，因此应分别将 1 500 000 元记入“银行存款”账户的借方和“主营业务收入”账户的贷方，如图 3-5 所示。

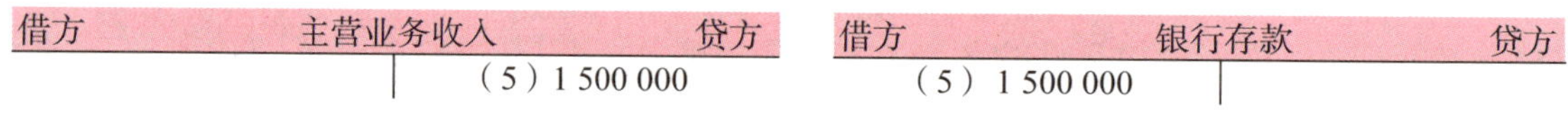

图 3-5　主营业务收入和银行存款的变化

【情景 3-7】15 日，用银行存款支付上月所欠货款 500 000 元。

分析：本业务使得银行存款减少，应付账款减少，因此应分别将 500 000 元记入“应付账款”账户的借方和“银行存款”账户的贷方，如图 3-6 所示。

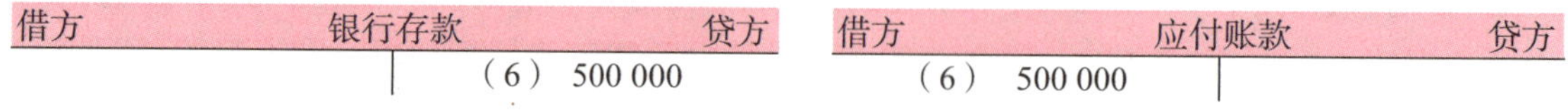

图 3-6　银行存款和应付账款的变化

【情景 3-8】20 日，用银行存款支付水电费 800 000 元，其中 300 000 元属于生产 A 产品的车间耗用，500 000 元属于公司管理部门耗用。

分析：本业务使得银行存款减少 800 000 元，制造费用增加 300 000 元和管理费用增加 500 000 元，因此，应将 300 000 元记入“制造费用”账户的借方，500 000 元记入“管理费用”账户的借方，同时将 800 000 元记入“银行存款”账户的贷方，如图 3-7 所示。

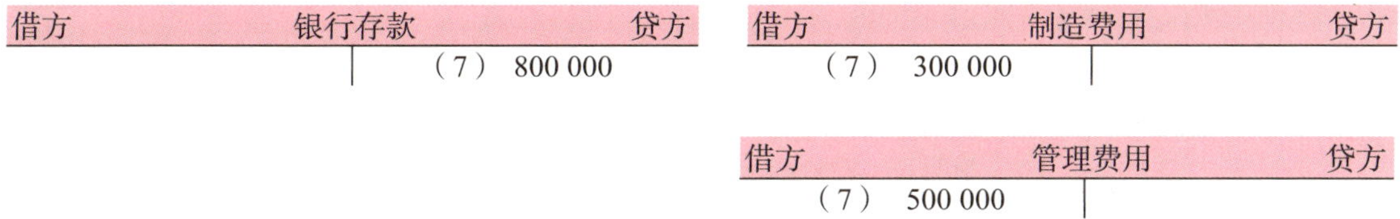

图 3-7 银行存款、管理费用和制造费用的变化

【情景 3-9】25 日，用资本公积转增资本 30 000 元。

分析：本业务使得资本公积减少，实收资本增加，因此应分别将 30 000 元记入“资本公积”账户的借方和“实收资本”账户的贷方，如图 3-8 所示。

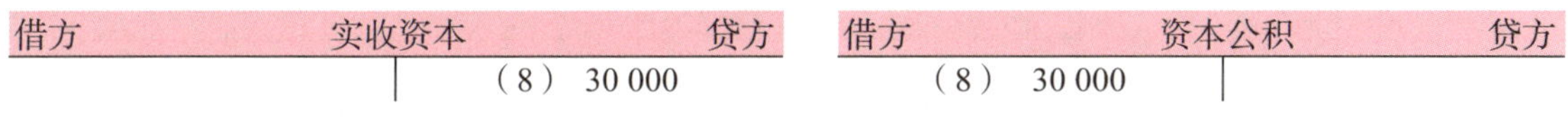

图 3-8 实收资本和资本公积的变化

【情景 3-10】26 日，以银行存款支付产品广告宣传费 200 000 元。

分析：本业务使得银行存款减少，销售费用增加，应分别将 200 000 元记入“银行存款”账户的贷方和“销售费用”账户的借方，如图 3-9 所示。

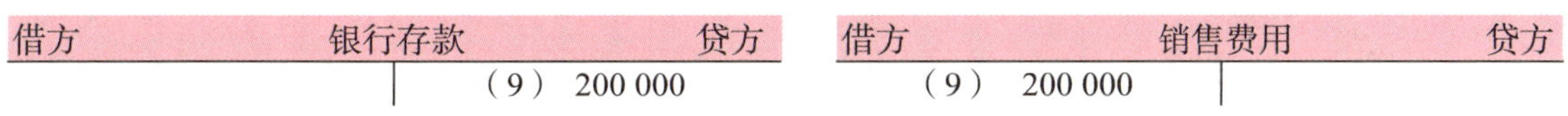

图 3-9 银行存款和销售费用的变化

【情景 3-11】28 日，以现金购买办公用品一批，价值 630 元。

分析：本业务使得库存现金减少，管理费用增加，应分别将 630 元记入“库存现金”账户的贷方和“管理费用”账户的借方，如图 3-10 所示。

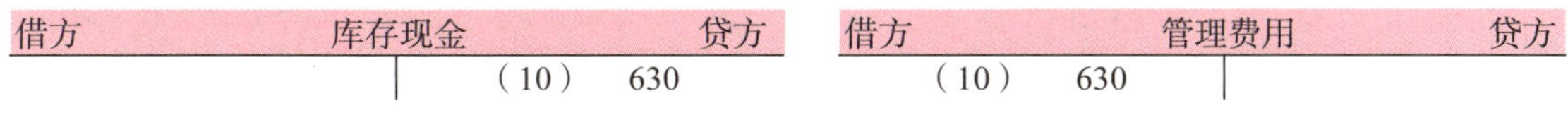

图 3-10 库存现金和管理费用的变化

任务 3.4 会计分录

情景列表	情 景 实 例
编制简单会计分录	借：库存现金 　　贷：银行存款
编制复合会计分录	（一借多贷）借：银行存款 　　　　　　　　贷：主营业务收入 　　　　　　　　　　应交税费——应交增值税（销项税额） （多借多贷）借：原材料 　　　　　　　　应交税费——应交增值税（进项税额） 　　　　　　　　贷：银行存款 　　　　　　　　　　应付票据

子任务 3.4.1 会计分录的概念

会计分录是对每项经济业务列示出应借、应贷的账户名称及其金额的一种记录。

会计分录由应借应贷方向、相互对应的科目及其金额 3 个要素构成。

例如：从银行提取现金 1 000 元，会计分录为：

借：库存现金　　　　1 000

　　贷：银行存款　　　　1 000

该分录中，有借、贷方向，对应的科目为库存现金和银行存款，金额为 1 000 元。

将会计分录的内容反映在记账凭证上，如图 3-11 所示。

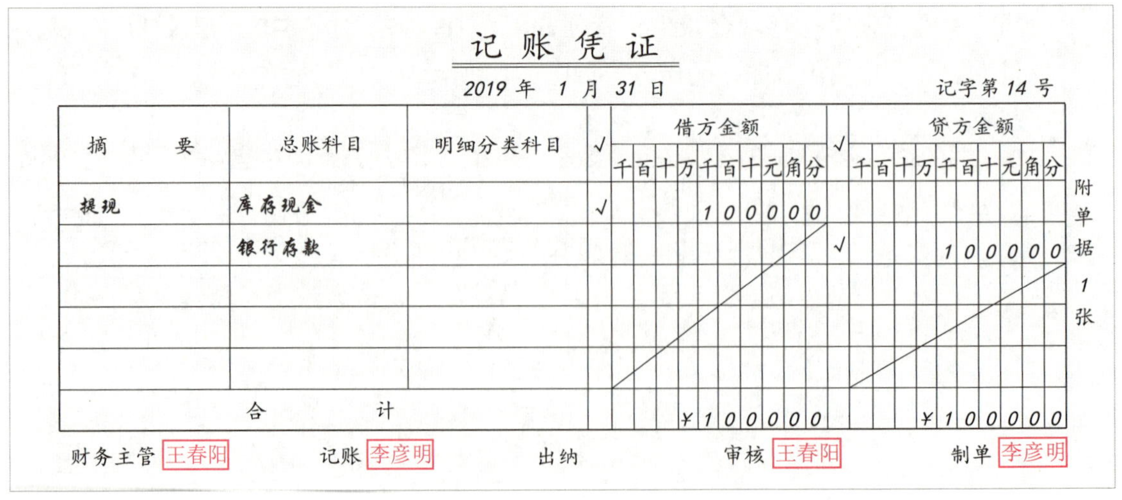

记 账 凭 证

2019 年 1 月 31 日　　　　记字第 14 号

摘要	总账科目	明细分类科目	√	借方金额（千百十万千百十元角分）	√	贷方金额（千百十万千百十元角分）
提现	库存现金		√	100000		
	银行存款				√	100000
合计				¥100000		¥100000

附单据 1 张

财务主管 王春阳　　记账 李彦明　　出纳　　审核 王春阳　　制单 李彦明

图 3-11　记账凭证

子任务 3.4.2 会计分录的编制程序

会计分录的编制程序主要有以下四步：

第一步：分析经济业务所涉及的会计账户。

第二步：确定经济业务使各会计账户增加或减少的金额。

第三步：根据会计账户所属类别及其用途，明确各会计账户应借、应贷的方向及其金额。

第四步：按正确的格式编制会计分录，并检查是否符合记账规则。

子任务 3.4.3 会计分录的分类

按照所涉及账户的多少，将会计分录分为简单会计分录和复合会计分录。

1. 简单会计分录

简单会计分录指只涉及一个账户借方和另一个账户贷方的会计分录，即一借一贷的会计分录。

借：库存现金　　1 000

　　贷：银行存款　　1 000

2. 复合会计分录

复合会计分录指由两个以上（不含两个）对应账户组成的会计分录，即一借多贷、多借一贷或多借多贷的会计分录。

理解

借：原材料　　10 000

　　应交税费——应交增值税（进项税额）　　1 300

　　贷：银行存款　　11 300

为了保持账户对应关系清晰，一般不把不同经济业务合并在一起编制多借多贷的会计分录。

一笔复合会计分录可以分解为若干简单的会计分录，而若干笔相关的简单会计分录又可复合为一笔复合会计分录。

理解

前面的复合会计分录可以写成：

借：原材料　　10 000

　　贷：银行存款　　10 000

借：应交税费——应交增值税（进项税额）　　1 300

　　贷：银行存款　　1 300

一笔复合会计分录可以分解为若干简单会计分录的前提是，在分解后的每一笔简单的会计分录中，借、贷方的账户都可以存在独立的对应关系。当一笔复合会计分录被分解后，简单的会计分录无法说明业务的来龙去脉，则不应对该复合会计分录进行分解。例如前面的复合会计分录中，企业购买原材料和支付税费，都用银行存款支付，一共 11 300 元，分解成两笔简单的会计分录，一笔是原材料的成本价 10 000 元，用银行存款支付；一笔是支付的税费 1 300 元，用银行存款支付，仍然可以表示出业务的真实情况。如果上述例子变成用银行存款支付 4 700 元，另外 6 600 元暂时无法支付，形成应付款项，则复合会计分录为：

借：原材料　　10 000
　　应交税费——应交增值税（进项税额）　　1 300
　　贷：银行存款　　4 700
　　　　应付账款　　6 600

该复合会计分录就不应拆分成简单的会计分录，因为无法形成独立的对应账户。

子任务 3.4.4 会计分录的书写要求

1. 简单会计分录书写要求

简单会计分录书写要求：先借后贷，分行列示，“借”和“贷”字后均加冒号，其后紧跟会计科目，各科目的金额列在其后适当位置。“贷”字与借方科目的首个文字对齐，贷方金额与借方金额适当错开。

借：库存现金　　1 000
　　贷：银行存款　　1 000

2. 复合会计分录书写要求

在复合会计分录中，“借”和“贷”通常只列示在第一个借方科目和第一个贷方科目前，其他科目前不再列示“借”或“贷”。所有借方或贷方一级科目的首个文字各自保持对齐；所有借方或贷方金额的个位数各自保持右对齐。

任务 3.5 借贷记账法下的试算平衡

情景列表	情 景 实 例
余额试算平衡的依据	资产 = 负债+所有者权益

子任务 3.5.1 试算平衡的概念

试算平衡是根据会计等式的平衡原理，按照记账规则的要求，通过对所有账户的汇总、计算和比较，来检查账户记录是否正确的一种方法。

子任务 3.5.2 试算平衡的分类

经济业务发生后，运用借贷记账法的记账规则，又根据“资产 = 负值+所有者权益”平衡等式，全部账户的期初、期末借方余额合计数与全部账户的期初、期末贷方余额合计数也必然相等。这就形成了一系列平衡关系。这种平衡关系主要包括以下两个方面。

1. 发生额试算平衡

发生额试算平衡的依据是借贷记账法下的记账规则“有借必有贷，借贷必相等”。将所发生的每一笔经济业务分别记入有关账户的借方和贷方，借、贷两方的发生额相等，因此全部账户的借方发生额合计与贷方发生额合计也必然相等。用公式表示为：

全部账户的本期借方发生额合计数 = 全部账户的本期贷方发生额合计数

2. 余额试算平衡

余额试算平衡的理论依据是“资产 = 负债+所有者权益”。其中，资产类账户的余额一般在借方，负债及所有者权益类账户的余额一般在贷方，所以全部账户的借方余额合计必然等于全部账户的贷方余额合计。由于余额可以分为期初余额和期末余额两种，因此用公式表示为

全部账户期初余额的借方合计数 = 全部账户期初余额的贷方合计数

全部账户期末余额的借方合计数 = 全部账户期末余额的贷方合计数

子任务 3.5.3 试算平衡表的编制

期末，企业可以依据子任务 3.5.2 的等式编制总分类账户期初、期末余额和本期发生额试算平衡表，进行试算平衡，来检查账户记录的正确性。编制试算平衡表的步骤如下：

第一步：对各账户开设“T”型账户，并把期初余额登记在账户相应的位置上。

第二步：根据本期发生的经济业务所编制的会计分录，把各账户的借贷方发生额在

"T"型账户中汇总，计算出各个账户的本期借贷方发生额及余额。

第三步：把各个账户的本期借贷方发生额及余额录入试算平衡表。

第四步：分别计算期初借贷方余额合计、本期借贷方发生额合计及期末借贷方余额合计。

【情景 3-12】沿用【情景 3-2】至【情景 3-11】的资料，假如北京市鼎盛股份有限公司 2019 年 9 月末的完工产品成本为 1 000 000 元，销售产品成本为 720 000 元。根据以上资料，结转制造费用、完工产品成本、销售产品成本以及各损益类账户金额如下。

（1）结转制造费用：

借：生产成本　　300 000

　　贷：制造费用　　300 000

（2）结转完工产品成本：

借：库存商品　　1 000 000

　　贷：生产成本　　1 000 000

（3）结转销售产品成本：

借：主营业务成本　　720 000

　　贷：库存商品　　720 000

（4）结转损益类账户：

借：本年利润　　1 420 630

　　贷：主营业务成本　　720 000

　　　　管理费用　　500 630

　　　　销售费用　　200 000

借：主营业务收入　　1 500 000

　　贷：本年利润　　1 500 000

根据以上资料编制北京市鼎盛股份有限公司 2019 年 9 月份的试算平衡表，如表 3-6 所示。

表 3-6　试算平衡表

2019 年 9 月　　单位：元

账户名称	期初余额		本期发生额		期末余额	
	借方	贷方	借方	贷方	借方	贷方
库存现金	500 000			630	499 370	
银行存款	1 840 000		2 150 000	2 360 000	1 630 000	
应收账款	800 000			650 000	150 000	
原材料	700 000		1 000 000	1 550 000	150 000	
库存商品	1 300 000		1 000 000	720 000	1 580 000	
固定资产	2 200 000				2 200 000	
无形资产	500 000				500 000	
短期借款		600 000				600 000

（续表）

账户名称	期初余额		本期发生额		期末余额	
	借方	贷方	借方	贷方	借方	贷方
应付账款		500 000	500 000	200 000		200 000
应交税费		200 000	60 000			140 000
长期借款		1 200 000				1 200 000
实收资本		3 000 000		30 000		3 030 000
资本公积		900 000	30 000			870 000
盈余公积		600 000				600 000
未分配利润		840 000				840 000
本年利润			1 420 630	1 500 000		79 370
主营业务收入			1 500 000	1 500 000		
主营业务成本			720 000	720 000		
管理费用			500 630	500 630		
销售费用			200 000	200 000		
生产成本			1 850 000	1 000 000	850 000	
制造费用			300 000	300 000		
合计	7 840 000	7 840 000	11 231 260	11 231 260	7 559 370	7 559 370

试算平衡是用来检查账簿记录是否正确的一种方法，如果借贷方发生额合计或借贷方余额不等，即试算不平衡，则表明账户记录一定存在错误；如果试算平衡，也不足以说明账户记录完全正确，因为有些错误不会影响借贷双方的平衡关系。例如：漏记、重记、借贷方记账方向颠倒、记错账户等错误，虽不影响借贷方的平衡关系，却是错账。

项目小结

本项目主要介绍了会计科目的概念、设置方法和分类；会计账户的概念与分类、内容和基本结构，会计科目与会计账户的关系；单式记账法、复式记账法、借贷记账法；会计分录的概念、编制程序、分类和书写要求；试算平衡的概念、分类，试算平衡表的编制。通过对本项目的学习，相信读者可以对会计科目的账户、会计凭证和会计分录的编制有一个大概的了解。

项目训练

【资料】

北京市鼎盛股份有限公司 2019 年 5 月份的期初余额（见表 3-7）以及发生的经济业务如下。

表 3-7 期初余额表

单位：元

资产	借方余额	负债和所有者权益	贷方余额
库存现金	500	短期借款	90 000
银行存款	180 000	应付账款	70 500
原材料	110 000	实收资本	100 000
		资本公积	30 000
合计	290 500	合计	290 500

（1）从银行提取现金 1 000 元备用。

（2）购入材料一批计 30 000 元，货款尚未支付，税率 13%。

（3）收到某投资者投入货币资金 50 000 元，并存入银行。

（4）用银行存款归还前欠应付账款 6 000 元。

（5）向银行借入短期借款 30 000 元，直接用来偿还应付账款。

（6）经协商，将所欠某单位的账款 60 000 元转作本企业的资本。

（7）用银行存款 2 000 元支付广告费。

（8）维修公司办公楼发生修理费 8 000 元，款项尚未支付。

（9）用资本公积 20 000 元，转增资本。

（10）用银行存款 30 000 元，归还银行短期借款 27 500 元，偿还前欠货款 2 500 元。

【要求】

利用已知数据，编制会计分录，并编制试算平衡表。

项目 4
企业主要经济业务的会计处理

应知应会

- 掌握企业筹集资金业务的核算方法。
- 掌握企业采购业务的核算方法。
- 掌握企业销售业务的核算方法。
- 掌握企业期间费用的核算方法。
- 掌握企业利润形成与分配的核算方法。

关键词

- 生产成本（production cost）；
- 制造费用（manufacturing cost）；
- 管理费用（management expense）；
- 销售费用（selling expenses）；
- 财务费用（financial cost）。

本项目在本书中的地位

本项目是全书中比较重要的一个项目。本项目结合制造业企业经济业务进行科目设置和账务处理，是会计科目和会计账户以及借贷记账法的具体运用。

业务综述

制造业企业生产经营活动是以筹集满足生产经营活动的资金为起点，进而开始物资供应、生产、销售，进而实现利润分配的目的。企业主要经济业务核算工作的具体内容包括：

- 筹集资金业务的账户设置和账务处理；
- 采购业务的账户设置和账务处理；
- 生产业务的账户设置和账务处理；
- 销售业务的账户设置和账务处理；
- 期间费用的账户设置和账务处理；
- 利润形成与分配的账户设置和账务处理。

项目导图

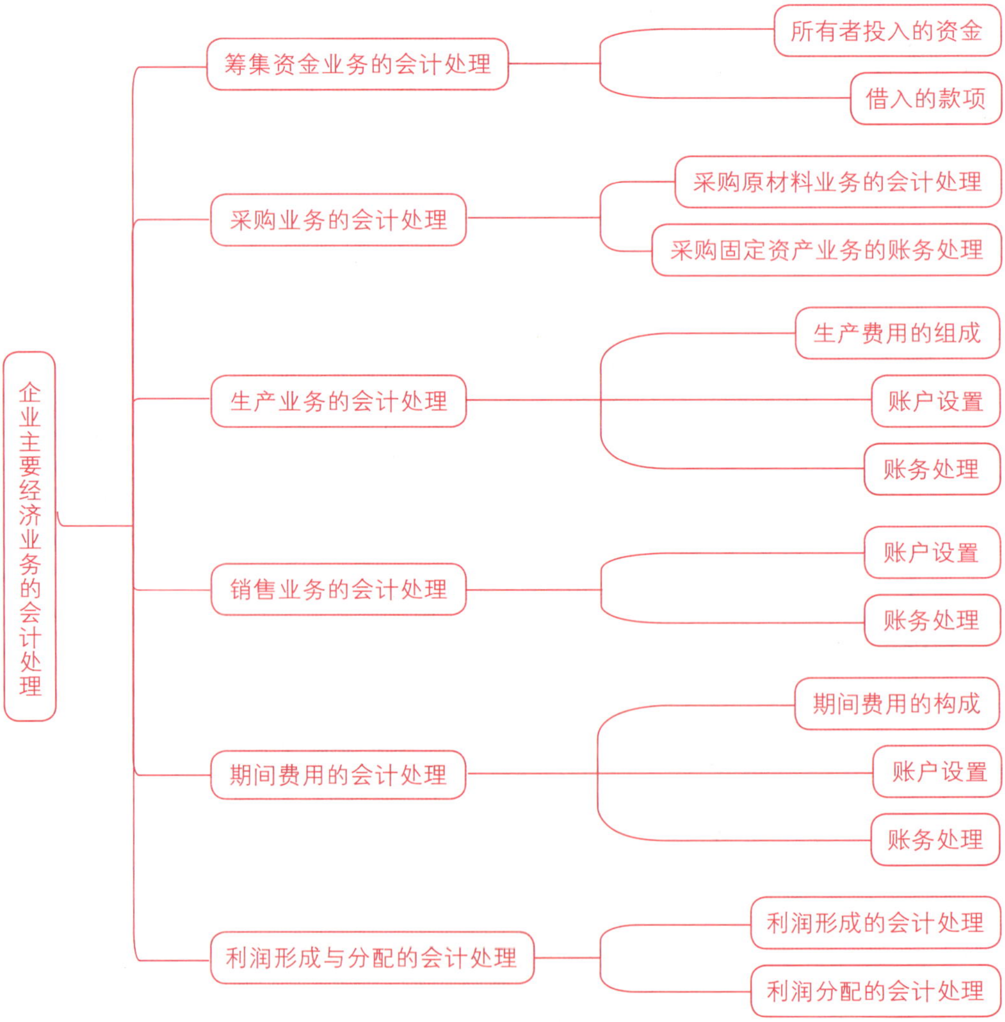

- 企业主要经济业务的会计处理
  - 筹集资金业务的会计处理
    - 所有者投入的资金
    - 借入的款项
  - 采购业务的会计处理
    - 采购原材料业务的会计处理
    - 采购固定资产业务的账务处理
  - 生产业务的会计处理
    - 生产费用的组成
    - 账户设置
    - 账务处理
  - 销售业务的会计处理
    - 账户设置
    - 账务处理
  - 期间费用的会计处理
    - 期间费用的构成
    - 账户设置
    - 账务处理
  - 利润形成与分配的会计处理
    - 利润形成的会计处理
    - 利润分配的会计处理

任务 4.1 筹集资金业务的会计处理

情景列表	情 景 实 例
所有者投入资金的核算	北京市鼎盛股份有限公司股东霍然投资 400 000 元
借入款项投资的核算	北京市鼎盛股份有限公司向中国工商银行借入为期三个月的借款 1 000 000 元，年利率 6%

企业资金的来源有两个渠道：一是所有者投入，二是借入。

子任务 4.1.1 所有者投入的资金

1. 账户设置

（1）实收资本。

①性质：所有者权益类账户。

②核算内容：核算与监督投资者投入资本的增减变动及其结果。

③账户结构：贷方登记投资者投入企业的资本以及按规定用资本公积、盈余公积转增资本的数额；借方登记因减资退还的资本金；期末余额在贷方，表示企业实收资本的总额。

④明细设置：按投资者设置明细分类账户，进行明细核算。

（2）资本公积。

①性质：所有者权益类账户。

②核算内容：核算与监督企业收到的投资者的由于其出资额超出注册资本或股本中所占份额、转增资本等致使资本公积发生的增减变动及其结果。

③账户结构：贷方登记形成的资本公积的数额；借方登记因转增资本等减少资本公积的数额；期末余额在贷方，表示资本公积的结存数额。

④明细设置：应当分为“资本溢价（股本溢价）”“其他资本公积”账户进行明细核算。

（3）固定资产。

①性质：资产类账户。

②核算内容：核算与监督企业持有的固定资产原价的增减变动及其结果。

③账户结构：借方登记本期增加的固定资产原价；贷方登记本期减少的固定资产原价；期末余额在借方，表示企业现有固定资产的原价。

④明细设置：按固定资产类别和项目进行明细核算。

（4）无形资产。

①性质：资产类账户。

②核算内容：核算与监督企业持有的无形资产成本。

③账户结构：借方登记（外购和自行开发）无形资产的增加；贷方登记（处置）无形资产的减少；期末余额在借方，表示企业无形资产的成本。

④明细设置：按无形资产项目进行明细核算。

2. 账务处理

（1）企业收到投资者投入的资本，借记“银行存款”“其他应收款”“固定资产”“无形资产”等科目，按其在注册资本或股本中所占份额，贷记“实收资本”；按其差额，贷记“资本公积——资本溢价或股本溢价”科目。

【情景 4-1】北京市鼎盛股份有限公司股东霍然投资 400 000 元。

借：银行存款　　400 000

　贷：实收资本——霍然　　400 000

【情景 4-2】北京市鼎盛股份有限公司股东投入压刨机 3 台，每台原值 250 000 元，双方协议价格 600 000 元。

借：固定资产——压刨机　　750 000

　贷：实收资本——北京市鼎盛股份有限公司　　600 000

　　资本公积——资本溢价　　150 000

（2）如果企业类型是股份有限公司，所有者投入资本用“股本”账户核算。

【情景 4-3】北京市鼎盛股份有限公司发行股票 1 000 000 股，每股面值 1 元，发行价 5 元。

借：银行存款　　5 000 000

　贷：股本　　1 000 000

　　资本公积——股本溢价　　4 000 000

子任务 4.1.2 借入的款项

借入款项（负债筹资）主要包括短期借款和长期借款。

1. 账户设置

（1）短期借款。

①性质：负债类账户。

②核算内容：核算企业向银行或其他金融机构等借入的期限在 1 年以下（含 1 年）的各种借款。

③账户结构：贷方登记从银行或其他金融机构借款的本金；借方登记企业归还的借款的本金；本账户期末贷方余额，反映企业尚未偿还的短期借款的本金。

④明细设置：按照借款种类、贷款人和币种进行明细核算。

（2）长期借款。

①性质：负债类账户。

②核算内容：核算企业向银行或其他金融机构借入的期限在 1 年以上（不含 1 年）的各项借款（含本金及计提的到期一次还本付息的借款利息）。

③账户结构：贷方登记借入长期借款的本金及计提的到期一次还本付息的借款利息；借方登记归还的长期借款本金及利息；本账户期末贷方余额，反映企业尚未偿还的长期借款本金及利息的余额。

④明细设置：按照贷款单位进行明细核算。

（3）应付利息。

①性质：负债类账户。

②核算内容：核算企业按照合同约定应支付的利息，包括短期借款、分期付息到期还本的长期借款、企业债券等应支付的利息。

③账户结构：贷方登记应按月预先提取的利息费用；借方登记已支付的利息费用；期末余额在贷方，表示企业已经预提，但尚未支付的利息费用。

④明细设置：按照借款种类、贷款人和币种进行明细核算。

（4）财务费用。

①性质：损益类（费用）账户。

②核算内容：核算企业为筹集生产经营所需资金等而发生的筹资费用，包括利息支出（减利息收入）、汇兑差额以及相关的手续费等。

③账户结构：借方登记发生的筹资费用；贷方登记发生的利息收入和结转本年利润的金额；期末，应将本账户余额转入“本年利润”账户，结转后本账户应无余额。

④明细设置：按照费用类型进行明细核算。

2. 账务处理

（1）短期借款的账务处理。企业借入的各种短期借款，借记“银行存款”科目，贷记“短期借款”科目；归还借款时做相反的会计分录。资产负债表日，应按计算确定的短期借款利息费用，借记“财务费用”科目，贷记“银行存款”“应付利息”等科目。

【情景 4-4】北京市鼎盛股份有限公司向中国工商银行借入为期3个月的借款1 000 000元，年利率6%。

借款时：

借：银行存款　　1 000 000

　　贷：短期借款——工商银行　　1 000 000

计息时：

借：财务费用　　5 000

　　贷：应付利息——工商银行　　5 000

还本付息时：

借：短期借款——工商银行　　1 000 000

　　应付利息——工行银行　　15 000

　　贷：银行存款　　1 015 000

（2）长期借款的账务处理。企业借入长期借款，应按实际收到的金额借记“银行存款”科目，按借款本金贷记“长期借款——本金”科目，如存在差额，还应借记“长期借款——利息调整”科目。资产负债表日，应按确定的长期借款的利息费用，借记“在建工程”“制造费用”“财务费用”“研发支出”等科目，按确定的应付未付利息，贷记“应付利息”科目；按其差额，贷记“长期借款——利息调整”等科目。

【情景 4-5】北京市鼎盛股份有限公司从银行借入为期 3 年的借款 1 000 000 元，年利率 8%，用以自建厂房。

借款时：

借：银行存款　　1 000 000

　　贷：长期借款——本金　　1 000 000

计息时：

借：在建工程——厂房　　80 000

　　贷：长期借款——利息调整　　80 000

还本付息时：

借：长期借款——本金　　1 000 000

　　长期借款——利息调整　　240 000

　　贷：银行存款　　1 240 000

任务 4.2 采购业务的会计处理

情景列表	情　景　实　例
采购原材料业务的账务处理	北京市鼎盛股份有限公司购买一批桃花芯木，买价 1 000 000 元，增值税税率 13%，开出转账支票
采购固定资产业务的账务处理	北京市鼎盛股份有限公司购入一台电子锯，买价 300 000 元，增值税率 13%，以银行存款支付

子任务 4.2.1 采购原材料业务的会计处理

1. 账户设置

（1）在途物资。

①性质：资产类账户。

②核算内容：核算实际成本法下企业购入尚在途中或虽已运达但尚未验收入库的材料的采购成本。

③账户结构：借方登记已经购入但尚未验收入库的各类材料的实际成本；贷方登记验收入库的材料的实际成本；期末余额在借方，表示企业购入的、到期末仍未验收入库的材料的实际成本。

④明细设置：按照供应单位和材料类别进行明细核算。

（2）原材料。

①性质：资产类账户。

②核算内容：核算企业各种库存材料的增减变动及其结余情况。

③账户结构：在实际成本法下，该账户的借方登记已验收入库材料的实际成本；贷方登记发出材料的实际成本；期末余额在借方，表示库存各种材料的实际成本。

④明细设置：按照材料的保管地点（仓库）、材料类别、品种和规格设置进行明细分类核算。

（3）应付账款。

①性质：负债类账户。

②核算内容：核算企业因购买材料、商品和接受劳务供应等经营活动应支付的款项。

③账户结构：贷方登记因购货而增加的负债，借方登记因偿还货款而减少的负债或无法支付转销的欠款，本账户期末贷方余额表示尚未归还的货款。

④明细设置：按照不同的债权人进行明细核算。

（4）应付票据。

①性质：负债类账户。

②核算内容：核算企业购买材料、商品和接受劳务供应等而开出、承兑的商业汇票，包括银行承兑汇票和商业承兑汇票。

③账户结构：贷方登记开出、承兑的商业汇票价值；借方登记到期以银行存款支付汇票款减少的商业汇票价值；本账户期末贷方余额，反映企业尚未到期的商业汇票的票面金额。

④明细设置：按照商业汇票种类进行明细核算。

（5）应交税费。

①性质：负债类账户。

②核算内容：核算企业按照税法规定应交纳的各种税费，包括增值税、消费税、所得税、资源税、土地增值税、城市维护建设税、房产税、土地使用税、车船使用税、教育费附加、矿产资源补偿费等。

③账户结构：贷方登记新增应交而未交的税费；借记登记实际支付的税费；本账户期末贷方余额，反映企业应交但尚未交纳的税费；期末如为借方余额，则反映企业多交或尚未抵扣的税金。

④明细设置：按照应交税费的税种进行明细核算。

提示

账户期初、期末余额中均未标明的，表明该类账户期末余额可能在借方也可能在贷方，其他同理。

（6）预付账款。

①性质：资产类账户。

②核算内容：核算企业按照购货合同规定预付给供应单位的款项。

③账户结构：借方登记按照合同规定预付给供应单位的货款和补付的款项；贷方登记收到的所购货物的货款和退回多付的款项；本账户期末借方余额，表示企业实际预付的款项；期末如为贷方余额，则表示企业尚未补付的款项。

④明细设置：按照供应单位设置明细账，进行明细分类核算。

2. 账务处理

（1）钱货两清。

【情景 4-6】北京市鼎盛股份有限公司购买一批桃花芯木，买价 1 000 000 元，增值税税率 13%，开出转账支票。

借：原材料——桃花芯木　　1 000 000
　　应交税费——应交增值税（进项税额）　　130 000
　　贷：银行存款　　1 130 000

（2）款先付，货未到。

【情景 4-7】北京市鼎盛股份有限公司购买白橡木一批，买价 2 000 000 元，增值税税率 13%，货款已付，材料尚未入库。

借：在途物资——白橡木　　2 000 000
　　应交税费——应交增值税（进项税额）　　260 000
　　贷：银行存款　　2 260 000

上述材料已收到并入库。

借：原材料——白橡木　　2 000 000
　　贷：在途物资——白橡木　　2 000 000

（3）货已到，款未付。

【情景 4-8】北京市鼎盛股份有限公司购买红橡木一批用于生产家具（可以取得增值税专用发票，税率 13%），原材料已验收入库，但尚未收到发票。合同约定材料价格共计 2 000 000 元。

①月末，按暂估价。

借：原材料——红橡木　　2 000 000
　　贷：应付账款——暂估　　2 000 000

②下月初，红字转回。

借：原材料 2 000 000

贷：应付账款——暂估 2 000 000

子任务 4.2.2 采购固定资产业务的账务处理

1. 账户设置

（1）在建工程。

①性质：资产类账户。

②核算内容：核算企业基建、更新改造等在建工程发生的支出。

③账户结构：借方登记企业各项在建工程的实际支出；贷方登记工程达到预定可使用状态时转出的成本等；本账户期末借方余额，反映企业期末尚未达到预定可使用状态的在建工程的成本。

④明细设置：可按“建筑工程”“安装工程”“在安装设备”“待摊支出”以及单项工程等进行明细核算。

（2）工程物资。

①性质：资产类账户。

②核算内容：核算企业为在建工程准备的各种物资的成本，包括工程用材料、尚未安装的设备以及为生产准备的工器具等。

③账户结构：借方登记企业购入工程物资的成本；贷方登记领用工程物资的成本；本账户期末借方余额，反映企业期末为在建工程准备的各种物资的成本。

④明细设置：可按“专用材料”“专用设备”“工器具”等进行明细核算。

（3）累计折旧。

①性质：资产类账户。

②核算内容：核算企业固定资产计提的累计折旧。

③账户结构：登记因减少固定资产而转出的累计折旧期末余额；贷方登记按月提取的折旧额；本账户期末贷方余额，反映期末固定资产的累计折旧额。

④明细设置：可按固定资产的类别或项目进行明细核算。

2. 购入固定资产

（1）企业购入不需要安装的固定资产，按应计入固定资产成本的金额，借记“固定资产”，贷记“银行存款”“其他应付款”“应付票据”等科目。

【情景 4-9】北京市鼎盛股份有限公司购入一台电子锯，买价 300 000 元，增值税税率 13%，以银行存款支付。

借：固定资产——电子锯 300 000

应交税费——应交增值税（进项税额） 39 000

贷：银行存款 339 000

（2）企业购入需要安装的固定资产，先记入“在建工程”科目，安装完毕交付使用后再转入“固定资产”科目。

【情景 4-10】北京市鼎盛股份有限公司购入需要安装的高速封边机一台，买价 2 000 000 元，增值税税率 13%，运费 50 000 元，运达企业后进行安装，安装费 100 000 元。以上款项均以银行存款支付（运费、安装费不考虑相关税费）。

①购入时：

借：在建工程　　2 050 000

　　应交税费——应交增值税（进项税额）　　260 000

　　贷：银行存款　　2 310 000

②安装时：

借：在建工程　　100 000

　　贷：银行存款　　100 000

③达到预定可使用状态时：

借：固定资产　　2 150 000

　　贷：在建工程　　2 150 000

（3）装修、修理固定资产。

①固定资产装修发生的装修费用满足固定资产确认条件的，借记“固定资产”，贷记“银行存款”等科目。

自有固定资产装修的，如果因装修延长了固定资产的使用寿命，或者因装修改善环境使产品质量实质性提高，或者使产品成本实质性降低，即因装修产生的经济利益很可能流入企业，此时的装修费用应计入固定资产账面价值，除此之外的支出，应当确认为当期费用。

【情景 4-11】北京市鼎盛股份有限公司对本厂的仓库进行装修，花费 20 000 元，以银行存款支付。装修后，使得仓库的容量扩大一倍，则装修费用 20 000 元应计入固定资产的成本。(不考虑相关税费）会计分录为：

借：固定资产　　20 000

　　贷：银行存款　　20 000

②固定资产维修发生的费用符合资本化条件的计入“固定资产”，不符合资本化条件的计入“管理费用”。

【情景 4-12】北京市鼎盛股份有限公司以银行存款 50 000 元支付车间锁孔机的修理费。(不考虑相关税费）会计分录为：

借：管理费用　　50 000

　　贷：银行存款　　50 000

（4）固定资产清理。处置固定资产应通过“固定资产清理”科目核算，应按该项固定资产账面净额，借记“固定资产清理”科目；按已提的累计折旧，借记“累计折旧”科目，原已计提减值准备的，借记“固定资产减值准备”科目；按其账面余额，贷记“固定资产”。

【情景 4-13】北京市鼎盛股份有限公司一台洗型机原值 300 000 元，已提折旧 220 000

元，决定报废该固定资产，支付清理费用 15 000 元，取得清理收入 5 000 元。

①进入清理：

借：固定资产清理　　80 000

　　累计折旧　　220 000

　　贷：固定资产　　300 000

②支付清理费用：

借：固定资产清理　　15 000

　　贷：银行存款　　15 000

③取得清理收益：

借：银行存款　　5 000

　　贷：固定资产清理　　5 000

④结转清理净损失：

借：营业外支出——处置固定资产　　90 000

　　贷：固定资产清理　　90 000

任务 4.3 生产业务的会计处理

情景列表	情　景　实　例
材料耗用的核算	北京市鼎盛股份有限公司 12 月份仓库发出材料
应付职工薪酬的核算	北京市鼎盛股份有限公司结转分配本月工资 250 000 元，其中生产衣柜的工人工资 120 000 元，生产梳妆台的工人工资 60 000 元，车间管理人员工资 30 000 元，企业行政管理人员工资 40 000 元
固定资产折旧的核算	北京市鼎盛股份有限公司本月提取的折旧额为 8 000 元。其中生产车间计提折旧额 6 000 元，行政管理部门所用固定资产计提折旧额 2 000 元
制造费用的核算	北京市鼎盛股份有限公司将本期发生的制造费用按生产工人工资进行分配
完工产品生产成本的计算	月末北京市鼎盛股份有限公司根据产品生产成本明细分类账分别编制产品成本计算单，计算产品的生产成本

子任务 4.3.1 生产费用的组成

生产费用是指与企业日常生产经营活动有关的费用，按其经济用途可分为直接材料、直接人工和制造费用。

直接材料指构成产品实体的原材料及有助于产品形成的主要材料、外购半成品和辅助材料。

直接人工指直接从事产品生产的工人的职工薪酬，包括工人工资、福利费、补贴、津贴等人工费用。

制造费用是指企业为生产产品和提供劳务而发生的各项间接费用，包括车间管理人员工资福利费、生产车间固定资产折旧费、水电费、办公费、差旅费、劳动保护费、物料消耗等。

子任务 4.3.2 账户设置

1. 生产成本

（1）性质：成本类账户。

（2）核算内容：核算企业进行产品生产发生的各项生产费用，包括生产各种产品（包括产成品、自制半成品等）、自制材料、自制工具、自制设备等。

（3）账户结构：借方登记生产产品发生的各项直接生产费用和分配转入的制造费用；贷方登记因产品完工入库转出的完工产品成本，即产品完工时，应将完工产品的“生产成本”结转入“库存商品”等账户；本账户期末借方余额，反映企业尚未加工完成的在产品成本。

（4）明细设置：当企业存在辅助生产部门（如供气、供水、维修等车间）时，应按照基本生产成本和辅助生产成本进行明细核算。基本生产成本应当分别按照基本生产车间和成本核算对象（如产品的品种、类别、订单、批别、生产阶段等）设置明细账，并按照规定的成本项目设置专栏。

2. 制造费用

（1）性质：成本类账户。

（2）核算内容：核算企业生产车间为生产产品而发生的各项间接费用，如固定资产折旧、职工薪酬、物料消耗、水电支出、停工损失等。

（3）账户结构：借方登记产品生产发生的间接费用和分配转入的辅助生产费用；贷方登记分配转入生产成本或受益对象的金额；月末，企业应将本月累计发生的“制造费用”在不同的产品间进行分配，并将其转入相应产品的“生产成本”账户中去。除季节性的生产性企业外，本账户期末应无余额。

（4）明细设置：按不同的生产车间和费用项目进行明细核算。

3. 应付职工薪酬

（1）性质：负债类账户。

（2）核算内容：核算应付职工薪酬的计提、结算、使用等情况。

（3）账户结构：贷方登记已分配计入有关成本费用项目的应付职工薪酬的数额，借方登记实际发放职工薪酬的数额，包括扣还的款项等；期末贷方余额，反映企业应付未付的职工薪酬。

（4）明细设置：按照“工资、奖金、津贴和补贴”“职工福利费”“非货币性福利”“社会保险费”“住房公积金”“工会经费和职工教育经费”“带薪缺勤”“利润分享计划”“设定提存计划”“设定受益计划义务”“辞退福利”等职工薪酬项目设置明细账进行明细核算。

4. 库存商品

（1）性质：资产类账户。

（2）核算内容：核算企业库存的各种商品的实际成本（或进价）或计划成本（或售价），包括库存产成品、外购商品、存放在门市部准备出售的商品、发出展览的商品以及寄存在外的商品等。接受来料加工制造的代制品和为外单位加工修理的代修品，在制造和修理完成验收入库后，视同企业的产成品，也通过本账户核算。

（3）账户结构：借方登记实际成本法下完工入库产品成本；贷方登记因出售等原因而减少的库存商品成本；本账户期末借方余额，反映企业库存商品的实际成本（或进价）或计划成本（或售价）。

（4）明细设置：本账户可按库存商品的种类、品种和规格等进行明细核算。

子任务 4.3.3 账务处理

1. 材料耗用的核算

【情景 4-14】北京市鼎盛股份有限公司 12 月份仓库发出材料情况如图 4-1 所示。

借：生产成本——衣柜　　101 000
　　　　　　——梳妆台　　58 000
　　制造费用　　27 000
　　管理费用　　44 000
　　贷：原材料——花梨木　　135 000
　　　　　　　——密度板　　60 000
　　　　　　　——聚氨酯漆　　35 000

发出材料汇总表

2019 年 12 月 31 日　　单位：元

用途＼材料名称	花梨木		密度板		聚氨酯漆		合计金额
	数量	金额	数量	金额	数量	金额	
产品生产耗用	8 000	120 000.00	3 000	24 000.00	1 500	15 000.00	159 000.00
其中：衣柜	5 000	75 000.00	2 000	16 000.00	1 000	10 000.00	101 000.00
梳妆台	3 000	45 000.00	1 000	8 000.00	500	5 000.00	58 000.00
车间一般耗用	1 000	15 000.00	1 500	12 000.00			27 000.00
厂部管理耗用			3 000	24 000.00	2 000	20 000.00	44 000.00
合　计	9 000	135 000.00	7 500	60 000.00	3 500	35 000.00	230 000.00

财务主管 王春阳　　仓库主管 刘明旋　　制单 李彦明

图 4-1　发出材料汇总表

2. 应付职工薪酬的核算

【情景 4-15】北京市鼎盛股份有限公司结转分配本月工资 250 000 元，其中生产衣柜的工人工资 120 000 元，生产梳妆台的工人工资 60 000 元，车间管理人员工资 30 000 元，企业行政管理人员工资为 40 000 元。另外，用现金支付车间设备维修费用 4 200 元。

借：生产成本——衣柜　　120 000
　　　　　　——梳妆台　　60 000
　　制造费用　　30 000
　　管理费用　　40 000
　　贷：应付职工薪酬——工资　　250 000

借：制造费用　　4 200
　　贷：库存现金　　4 200

【情景 4-16】北京市鼎盛股份有限公司根据“工资结算汇总表”结算本月应付职工工资总额 250 000 元，代扣个人所得税 4 000 元，实发工资 246 000 元。

① 从银行提取现金：

借：库存现金　　246 000
　　贷：银行存款　　246 000

② 用现金发放工资：

借：应付职工薪酬——工资　　246 000
　　贷：库存现金　　246 000

③ 代扣个人所得税：

借：应付职工薪酬——工资　　4 000
　　贷：应交税费——应交个人所得税　　4 000

3. 固定资产折旧的核算

【情景 4-17】北京市鼎盛股份有限公司本月提取的折旧额为 8 000 元，其中生产车间计提折旧额 6 000 元，行政管理部门所用固定资产折旧额 2 000 元。

借：制造费用　　6 000
　　管理费用　　2 000
　　贷：累计折旧　　8 000

【情景 4-18】北京市鼎盛股份有限公司用银行存款支付生产车间水电费 4 800 元。

借：制造费用　　4 800
　　贷：银行存款　　4 800

4. 制造费用的核算

产品制造成本是企业为生产一定种类和一定数量的产品所发生的各项费用的总和，一般由直接材料、直接人工和制造费用三部分组成。直接材料和直接人工应直接计入某种产品的制造成本。对于几种产品共同发生的制造费用，应按一定的标准在几种产品之间进行分配后再计入产品的制造成本。

制造费用分配时，一般按各种产品的生产工人工资、生产工人工时或机器工时比例进行分配。公式如下：

$$\text{制造费用分配率}=\frac{\text{制造费用总额}}{\text{生产工人工资（人工工时、机器工时）之和}}$$

$$\text{某产品应分配的制造费用}=\text{该产品生产工人工资（生产工人工时或机器工时）}\times\text{制造费用分配率}$$

【情景 4-19】将【情景 4-14】至【情景 4-18】中发生的制造费用记入“制造费用”总分类账户，然后按生产工人工资进行分配。制造费用总分类账如图 4-2 所示、制造费用分配表如图 4-3 所示。

制造费用总分类账

2019 年		凭证号	摘要	借方											贷方											借或贷	余额										
月	日			亿	千	百	十	万	千	百	十	元	角	分	亿	千	百	十	万	千	百	十	元	角	分		亿	千	百	十	万	千	百	十	元	角	分
1	1	转5	车间一般耗用材料					2	7	0	0	0	0	0												借					2	7	0	0	0	0	0
	23	付9	工资					3	0	0	0	0	0	0												借					5	7	0	0	0	0	0
	23	付10	生产设备						4	2	0	0	0	0												借					6	1	2	0	0	0	0
	31	转8	计提折旧费用						6	0	0	0	0	0												借					6	7	2	0	0	0	0
	31	转9	支付车间水费						4	8	0	0	0	0												借					7	2	0	0	0	0	0
	31	转10	结转损益																7	2	0	0	0	0	0	平									θ		

图 4-2　制造费用总分类账

制造费用分配表

2019 年 12 月 31 日　　　　单位：元

生产车间	工人工资	分配率	制造费用分配额
衣柜	120 000.00	0.4	48 000.00
梳妆台	60 000.00	0.4	24 000.00
合　计	180 000.00	0.4	72 000.00

主管 王春阳　　　　制表 李彦明

图 4-3　制造费用分配表

根据制造费用分配表进行会计处理：

借：生产成本——衣柜　　48 000

　　　　　　——梳妆台　　24 000

　贷：制造费用　　72 000

5. 完工产品生产成本的计算

完工产品生产成本计算公式如下：

$$完工产品生产总成本=直接材料+直接人工+制造费用$$

$$产品单位成本=\frac{产品总成本}{产品生产完工总数量}$$

产品生产成本的计算一般按月进行，如果月末某种产品全部完工，该产品成本明细账所归集的费用额就是该产品的总成本，再除以该产品的总产量就可以计算出单位成本；如果月末某种产品全部未完工，该产品成本明细账所归集的费用额，就是该产品的总成本；如果月末某种产品一部分完工一部分未完工，还要采用一定的方法在完工产品和在产品之间进行分配，然后才能计算出完工产品的总成本和单位成本。产品生产成本的计算一般通过编制成本计算单进行。

【情景 4-20】月末，北京市鼎盛股份有限公司本月投产的两种产品全部完工，验收入库。衣柜生产成本明细账有期初余额，梳妆台生产成本明细账没有期初余额。试根据两种产品的生产成本明细分类账，分别编制产品成本计算单，以计算两种产品的生产成本。

生产成本明细分类账如图 4-4、图 4-5 所示。

生 产 成 本 明 细 分 类 账

二级科目 衣柜

2019年 月	日	凭证号	摘要	借方发生额	成本项目：直接材料	直接人工	制造费用	其他
12	1		期初余额	3800000	2600000	800000	400000	
	11	转 4	生产领用材料	10100000	10100000			
	18	转 6	生产工人工资	13600000		13600000		
	20	转 7	分配制造费用	4800000			4800000	
			合计	32300000	12700000	14400000	5200000	
	31	转 11	结转完工产品	32300000	12700000	14400000	5200000	

图 4-4　生产成本明细分类账—衣柜

生产成本明细分类账

二级科目 梳妆台

2019年		凭证号	摘要	借方发生额	成本项目			
月	日				直接材料	直接人工	制造费用	其他
12	11	转4	生产耗用材料	5800000	5800000			
	18	转6	生产工人工资	6840000		6840000		
	20	转7	分配制造费用	2400000			2400000	
			合计	15040000	5800000	6840000	2400000	
	31	转11	结转完工产品	15040000	5800000	6840000	2400000	

图 4-5 生产成本明细分类账—梳妆台

产品成本计算单如图 4-6、图 4-7 所示。

产品成本计算单

二级科目 衣柜　　2019 年 12 月 31 日　　单位：元

摘要	直接材料	直接人工	制造费用	合计
月初在产品成本	26 000.00	8 000.00	4 000.00	38 000.00
本月生产费用	101 000.00	136 000.00	48 000.00	285 000.00
合计	127 000.00	144 000.00	52 000.00	323 000.00
完工产品成本	127 000.00	144 000.00	52 000.00	323 000.00
月末在产品成本	0.00	0.00	0.00	0.00

主管 王春阳　　制表 李彦明

图 4-6 产品成本计算单—衣柜

产品成本计算单

二级科目 梳妆台　　2019 年 12 月 31 日　　单位：元

摘　要	直接材料	直接人工	制造费用	合　计
月初在产品成本	0.00	0.00	0.00	0.00
本月生产费用	58 000.00	68 400.00	24 000.00	150 400.00
合　计	58 000.00	68 400.00	24 000.00	150 400.00
完工产品成本	58 000.00	68 400.00	24 000.00	150 400.00
月末在产品成本	0.00	0.00	0.00	0.00

主管 王春阳　　制表 李彦明

图 4-7　产品成本计算单—梳妆台

借：库存商品——衣柜　　323 000
　　　　　　——梳妆台　　150 400
　贷：生产成本——衣柜　　323 000
　　　　　　　——梳妆台　　150 400

任务 4.4 销售业务的会计处理

情景列表	情　景　实　例
销售商品业务的核算	北京市鼎盛股份有限公司销售一批实木地板，售价 300 000 元，增值税 39 000 元。该批产品适用的消费税税率为 5%，生产成本为 210 000 元，款项尚未收到
销售原材料业务的核算	北京市鼎盛股份有限公司销售库存积压的密度板 100 张，收到 9 040 元存入银行，其中含增值税 1 040 元。该材料账面成本 5 000 元
出租房屋业务的核算	北京市鼎盛股份有限公司出租房屋，取得租金收入 10 000 元存入银行
制造费用的核算	北京市鼎盛股份有限公司将本期发生的制造费用按生产工人工资进行分配
税金及附加业务的核算	北京市鼎盛股份有限公司对外销售实木地板，收到 100 000 元，消费税税率 5%

子任务 4.4.1 账户设置

1. 主营业务收入

（1）性质：损益类（收入）账户。

（2）核算内容：核算企业确认的销售商品、提供劳务等主营业务形成的收入。

（3）账户结构：贷方登记实现的营业收入，借方登记退货冲减的收入和期末将本账户的余额转入“本年利润”账户的金额。结转后本账户应无余额。

（4）明细设置：按主营业务的种类设置明细账，进行明细分类核算。

2. 主营业务成本

（1）性质：损益类（费用）账户。

（2）核算内容：核算企业确认销售商品、提供劳务等主营业务收入时应结转的成本。

（3）账户结构：借方登记销售产品时发生的主营业务成本，贷方登记退货冲减的主营业务成本和期末将本账户的余额转入“本年利润”账户的金额。结转后本账户应无余额。

（4）明细设置：按主营业务的种类设置明细账，进行明细分类核算。

3. 其他业务收入

（1）性质：损益类（收入）账户。

（2）核算内容：核算企业确认的除主营业务活动以外的其他经营活动实现的收入，包括出租固定资产、出租无形资产、出租包装物和商品、销售材料、用材料进行非货币性交换（非货币性资产交换具有商业实质且公允价值能够可靠计量）或债务重组等实现的收入。

（3）账户结构：贷方登记实现的营业收入，借方登记期末将本账户的余额转入“本年利润”账户的金额。结转后本账户应无余额。

（4）明细设置：按其他业务收入种类设置明细账，进行明细分类核算。

4. 其他业务成本

（1）性质：损益类（费用）账户。

（2）核算内容：核算企业确认的除主营业务活动以外的其他经营活动所发生的支出，包括销售材料的成本、出租固定资产的折旧额、出租无形资产的摊销额、出租包装物的成本或摊销额等。

（3）账户结构：借方登记发生的其他业务成本，贷方登记期末将本账户的余额转入“本年利润”账户的金额。结转后本账户应无余额。

（4）明细设置：按其他业务成本的种类设置明细账，进行明细分类核算。

5. 税金及附加

（1）性质：损益类（费用）账户。

（2）核算内容：核算企业经营活动发生的消费税、城市维护建设税、资源税、教育费附加、房产税、土地使用税、车船税、印花税等相关税费。

（3）账户结构：借方登记按规定计算的确定的与经营活动相关的税费，贷方登记期末将本账户余额转入“本年利润”账户的金额。结转后本账户应无余额。

（4）明细设置：按费用项目设置明细账，进行明细分类核算。

6. 销售费用

（1）性质：损益类（费用）账户。

（2）核算内容：核算企业在销售商品过程中发生的各种费用，包括保险费、包装费、展览费和广告费、运输费、装卸费，以及为销售本企业商品而专设销售机构（含销售网点、售后服务网点等）的职工薪酬、业务费、折旧费等经营费用。

（3）账户结构：借方登记发生的各种销售费用，贷方登记转入“本年利润”账户的销售费用。期末结转后应无余额。

（4）明细设置：按费用项目设置明细账，进行明细分类核算。

7. 应收账款

（1）性质：资产类账户。

（2）核算内容：核算企业因销售商品、提供劳务等的应收账款。

（3）账户结构：借方登记企业销售商品、提供劳务产生的应收账款，贷方登记收回的货款或确认的坏账损失。期末余额在借方，表示尚未收回的欠款。

（4）明细设置：应收账款针对公司性质，按业务类型设置明细账，进行明细分类核算。

8. 应收票据

（1）性质：资产类账户。

（2）核算内容：核算企业因销售商品、提供劳务等收到的商业汇票，包括银行承兑汇票和商业承兑汇票。

（3）账户结构：借方登记企业收到的应收票据的价值，贷方登记票据到期收回的票据账面价值和持有未到期票据向银行贴现的票据账面价值。期末余额在借方，表示尚未到期的应收票据金额。

（4）明细设置：按开出、承兑商业汇票的单位设置明细账，进行明细分类核算。

9. 预收账款

（1）性质：负债类账户。

（2）核算内容：核算企业向购货单位预收的款项。

（3）账户结构：贷方登记预收的购货单位的款项和购货单位补付的款项，借方登记向购货单位发出商品销售实现的货款和退回多付的款项。该账户期末余额在贷方，表示预收购货单位的款项；期末余额在借方，表示购货单位应补付的货款。

（4）明细设置：按购货单位设置明细账，进行明细分类核算。

子任务 4.4.2 账务处理

1. 销售商品

【情景 4-21】北京市鼎盛股份有限公司销售一批实木地板，增值税发票上注明售价 300 000 元，增值税 39 000 元。该批产品适用的消费税税率为 5%，生产成本为 210 000

元，款项尚未收到。

借：应收账款 339 000

贷：主营业务收入 300 000

应交税费——应交增值税（销项税额） 39 000

借：税金及附加 15 000

贷：应交税费——应交消费税 15 000

借：主营业务成本 210 000

贷：库存商品 210 000

2. 销售原材料

【情景 4-22】北京市鼎盛股份有限公司销售库存积压的密度板 100 张，每张售价 80 元，增值税 1 040 元，款项存入银行。该材料账面成本 5 000 元。

借：银行存款 9 040

贷：其他业务收入 8 000

应交税费——应交增值税（销项税额） 1 040

借：其他业务成本 5 000

贷：原材料 5 000

3. 出租房屋

【情景 4-23】北京市鼎盛股份有限公司出租房屋，取得租金收入 10 000 元存入银行。

借：银行存款 10 000

贷：其他业务收入 10 000

任务 4.5 期间费用的会计处理

情景列表	情 景 实 例
管理费用的账务处理	北京市鼎盛股份有限公司发生业务招待费 5 000 元，分配管理人员工资 8 000 元
销售费用的账务处理	北京市鼎盛股份有限公司用银行存款支付产品展销费 5 000 元
财务费用的账务处理	北京市鼎盛股份有限公司用银行存款支付当月短期借款利息 24 000 元

子任务 4.5.1 期间费用的构成

期间费用是指企业日常活动中不能直接归属某个特定成本核算对象，在发生时应直接计入当期损益的各种费用。期间费用包括管理费用、销售费用和财务费用。

1. 管理费用

管理费用是指企业为组织和管理企业生产经营活动所发生的各种费用，包括行政管理部门人员的职工薪酬，计提的固定资产折旧，行政管理部门发生的办公费、水电费、业务招待费、聘请中介机构费、咨询费、诉讼费、技术转让费、企业研究费等。

2. 销售费用

销售费用是指企业在销售商品和材料及以提供劳务的过程中发生的各种费用，包括企业在销售商品过程中发生的包装费、保险费、展览费和广告费、运输费、装卸费，以及企业发生的为销售本企业商品而专设的销售机构的职工薪酬、业务费等。

3. 财务费用

财务费用是指企业为筹集生产经营所需资金等发生的筹资费用，包括发生的应冲减财务费用的利息收入、汇兑损益、现金折扣等。

子任务 4.5.2 账户设置

1. 管理费用

（1）性质：损益类账户。

（2）核算内容：核算企业为组织和管理生产经营所发生的管理费用。

（3）账户结构：借方登记发生的各项管理费用，贷方登记期末转入“本年利润”账户的管理费用额，期末无余额。

（4）明细设置：按费用项目设置明细账户，进行明细分类核算。

2. 销售费用

（1）性质：损益类账户。

（2）核算内容：核算企业因销售商品和材料或提供劳务而发生的各项销售费用。

（3）账户结构：借方登记发生的各项销售费用，贷方登记期末转入“本年利润”账户的销售费用额，期末无余额。

（4）明细设置：按费用项目设置明细账户，进行明细分类核算。

子任务 4.5.3 账务处理

1. 支付运费

【情景 4-24】北京市鼎盛股份有限公司销售一批电视柜，销售过程中发生应由本公司负担的运输费 5 000 元、装卸费 2 000 元，均用银行存款支付。

借：销售费用　　7 000

　　贷：银行存款　　7 000

2. 支付展销费

【情景 4-25】北京市鼎盛股份有限公司用银行存款支付产品展销费 5 000 元。

借：销售费用　　5 000
　贷：银行存款　　5 000

3. 业务招待费、工资

【情景 4-26】北京市鼎盛股份有限公司发生业务招待费 5 000 元，分配管理人员工资 8 000 元。

借：管理费用——业务招待费　　5 000
　　　　——工资　　8 000
　贷：银行存款　　5 000
　　应付职工薪酬——工资　　8 000

4. 支付利息

【情景 4-27】北京市鼎盛股份有限公司用银行存款支付当月短期借款利息 24 000 元。

借：财务费用　　24 000
　贷：银行存款　　24 000

任务 4.6 利润形成与分配的会计处理

情景列表	情　景　实　例
结转损益的核算	北京市鼎盛股份有限公司 12 月 31 日将损益类账户中收入和费用类账户余额转入“本年利润”账户
计提并结转所得税的核算	北京市鼎盛股份有限公司根据利润总额，计算应交纳所得税（税率 25%），将“所得税费用”账户余额转入“本年利润”账户
结转本年利润的核算	北京市鼎盛股份有限公司将本月净利润转入“利润分配——未分配利润”账户
提取法定盈余公积的核算	北京市鼎盛股份有限公司 1 ～ 11 月份净利润为 1 269 285 元，按全年净利润 1 380 000 元的 10% 提取法定盈余公积
分配利润的核算	根据协议规定，北京市鼎盛股份有限公司向投资人霍然分配利润 720 000 元
结转未分配利润的核算	北京市鼎盛股份有限公司将利润分配的明细分类账户的提取法定盈余公积和应付股利的余额转入“利润分配——未分配利润”明细分类账户

子任务 4.6.1 利润形成的会计处理

1. 利润的形成

利润是指企业在一定会计期间的经营成果，包括收入减去费用后的净额、直接计入当期损益的利得和损失等。

2. 利润形成的账户设置

（1）本年利润。

①性质：所有者权益类账户。

②核算内容：核算与监督企业当期实现的净利润或发生的净亏损及其结转情况。

③账户结构：借方登记由成本、费用类账户贷方转入的数额，贷方登记由主营业务收入等收入类账户借方转入的数额。年终期末余额若在贷方则为净利润，反之，则为净亏损。年度终了，应将其净利润或净亏损转入“利润分配——未分配利润”账户。结转后本账户无余额。

（2）投资收益。

①性质：损益类账户。

②核算内容：核算企业确认的投资收益或投资损失。

③账户结构：借方登记发生的投资损失和期末转入“本年利润”账户的投资净收益，贷方登记实现的投资收益和期末转入“本年利润”账户的投资净损失。结转后期末无余额。

④明细设置：按投资项目设置明细账户，进行明细分类核算。

（3）营业外收入。

①性质：损益类账户。

②核算内容：核算和监督与企业日常生产经营活动无直接关系的各项收入及结转情况，包括非流动资产毁损报废利得、与企业日常经营活动无关的政府补助、债务重组利得、盘盈利得、捐赠利得等。

③账户结构：贷方登记本期发生的增加额，借方登记期末转入“本年利润”账户的数额。期末结转后本账户无余额。

④明细设置：按营业外收入项目设置明细账户，进行明细分类核算。

（4）营业外支出。

①性质：损益类账户。

②核算内容：与企业日常生产经营活动无直接关系的各项支出的发生和结转情况，包括非流动资产毁损报废损失、罚款支出、债务重组损失、非常损失、盘盈损失、捐赠支出等。

③账户结构：借方登记本期发生的增加额，贷方登记期末转入“本年利润”账户的数额。期末结转后本账户无余额。

④明细设置：按支出项目设置明细账户，进行明细分类核算。

（5）所得税费用。

①性质：损益类账户。

②核算内容：核算与监督企业确认的应从当期利润总额中扣除的所得税费用及其结转情况。

③账户结构：借方登记确认的应从当期利润总额中扣除的应纳所得税额，贷方登记将本期的所得税费用结转到“本年利润”账户的金额。期末结转后本账户无余额。

④明细设置：按“当期所得税费用”“递延所得税费用”设置明细账，进行明细分类核算。

3. 利润形成的账务处理

【情景 4-28】北京市鼎盛股份有限公司积极响应“献爱心，文明行”的活动，向希望小学捐赠 50 000 元。

借：营业外支出　　50 000

　　贷：银行存款　　50 000

【情景 4-29】期末，北京市鼎盛股份有限公司结转后各损益类账户余额如表 4-1 所示。

表 4-1　损益类账户余额

单位：元

账户	借方	贷方
主营业务收入		960 000
其他业务收入		30 000
营业外收入		46 800
主营业务成本	584 580	
税金及附加	36 000	
其他业务成本	22 000	
销售费用	102 000	
财务费用	3 000	
管理费用	91 600	
营业外支出	50 000	

（1）12 月 31 日，将上述损益类账户中收入类账户余额转入“本年利润”账户。

借：主营业务收入　　960 000

　　其他业务收入　　30 000

　　营业外收入　　46 800

　　贷：本年利润　　1 036 800

（2）12 月 31 日，将上述损益类账户中成本费用类账户余额转入“本年利润”账户。

借：本年利润　　889 180

　　贷：主营业务成本　　584 580

　　　　其他业务成本　　22 000

　　　　税金及附加　　36 000

　　　　管理费用　　91 600

　　　　销售费用　　102 000

　　　　财务费用　　3 000

　　　　营业外支出　　50 000

（3）确定利润总额和应纳所得税，计算应交的所得税（应纳税所得额与会计利润相等，所得税税率为 25%）。

$$利润总额 = 1\ 036\ 800 - 889\ 180 = 147\ 620（元）$$

$$应纳所得税 = 147\ 620 \times 25\% = 36\ 905（元）$$

借：所得税费用　　36 905

　　贷：应交税费——应交所得税　　36 905

（4）12 月 31 日，将“所得税费用”账户余额转入“本年利润”账户。

借：本年利润　　36 905

　　贷：所得税费用　　36 905

子任务 4.6.2 利润分配的会计处理

1. 利润分配的顺序

按我国《公司法》的有关规定，利润分配应按下列顺序进行。

（1）计算可供分配的利润。企业在利润分配前，应根据本年净利润（或亏损）与年初未分配利润（或亏损）、其他转入的金额（如盈余公积弥补的亏损）等项目，计算可供分配的利润，即

可供分配的利润 = 净利润（或亏损）+年初未分配利润—弥补以前年度的亏损+其他转入的金额

如果可供分配的利润为负数（即累计亏损），则不能进行后续分配；如果可供分配的利润为正数（即累计盈利），则可进行后续分配。

（2）提取法定盈余公积。按照《公司法》的有关规定，公司应当按照当年净利润（抵减年初累计亏损后）的 10% 提取法定盈余公积，提取的法定盈余公积累计额超过注册资本 50% 以上的，可以不再提取。

（3）提取任意盈余公积。公司提取法定盈余公积后，经股东会或者股东大会决议，还可以从净利润中提取任意盈余公积。

（4）向投资者分配利润（或股利）。企业可供分配的利润扣除提取的盈余公积后，形成可供投资者分配的利润，即

可供投资者分配的利润 = 可供分配的利润—提取的盈余公积

企业可采用现金股利、股票股利和财产股利等形式向投资者分配利润（或股利）。

2. 利润分配的账户设置

（1）利润分配。

①性质：所有者权益类账户。

②核算内容：核算与监督企业利润的分配（或亏损的弥补）和历年分配（或弥补）后的余额。

③账户结构：企业按规定从净利润中提取盈余公积时，借方登记该账户，贷方登记“盈余公积”账户，应分配给投资者的利润，借方登记该账户，贷方登记“应付股利”账户。年度终了，企业应将全年实现的净利润从“本年利润”账户的借方转入该账户“未分配利润”明细账户的贷方，借记“本年利润”账户，贷记“利润分配——未分配利润”账户。如为净亏损，企业应作相反会计分录。年终，“利润分配”账户下的其他明细账户的余额应全部转入该账户的“未分配利润”明细账户，年终结转后，除“未分配利润”明细账户有余额外，其他明细账户应无余额。“利润分配”账户的年末余额，如为贷方余额，表示的是企业历年积存的未分配利润额，如为借方余额，表示的是未弥补亏损额。

④明细设置：按“提取法定盈余公积”“提取任意盈余公积”“应付现金股利或利润”“转作股本的股利”“盈余公积补亏”“未分配利润”等设置明细账，进行明细分类核算。

（2）应付股利。

①性质：负债类账户。

②核算内容：核算与监督企业分配的现金股利或利润。

③账户结构：贷方登记根据权力机构批准的利润分配方案，以及确认的应付现金股利或利润，借方登记实际支付的现金股利或利润。期末余额在贷方，表示应付未付的现金股利或利润。

④明细设置：按投资者设置明细账，进行明细分类核算。

（3）盈余公积。

①性质：所有者权益类账户。

②核算内容：核算与监督企业按规定从净利润中提取的盈余公积以及用盈余公积弥补亏损或转增资本的实际情况。

③账户结构：贷方登记从净利润中提取的盈余公积等，借方登记用盈余公积弥补的亏损或转增资本数。期末余额在贷方，表示盈余公积的实有数。

④明细设置：按“法定盈余公积”“任意盈余公积”设置明细账，进行明细分类核算。

3. 利润分配的账务处理

【情景 4-30】承【情景 4-29】，12 月 31 日，北京市鼎盛股份有限公司将本月净利润转入“利润分配——未分配利润”账户。净利润计算公式及会计分录如下：

净利润＝利润总额－所得税费用＝ 147 620 － 36 905 ＝ 110 715（元）

借：本年利润　　110 715

　　贷：利润分配——未分配利润　　110 715

【情景 4-31】假设北京市鼎盛股份有限公司 1 ～ 11 月份净利润为 1 269 285 元，按全年净利润 1 380 000（1 269 285 ＋ 110 715）元的 10% 提取法定盈余公积。编制会计分录如下：

借：利润分配——提取法定盈余公积　　138 000

　　贷：盈余公积——法定盈余公积　　138 000

【情景 4-32】12 月 31 日，根据协议规定，北京市鼎盛股份有限公司向投资人霍然分配利润 720 000 元。编制会计分录如下：

借：利润分配——应付股利　　720 000

　　贷：应付股利　　720 000

【情景 4-33】12 月 31 日，北京市鼎盛股份有限公司将上述利润分配的明细分类账户提取法定公积和应付股利的余额转入“利润分配——未分配利润”明细分类账户。编制会计分录如下：

借：利润分配——未分配利润　　858 000

　　贷：利润分配——提取法定盈余公积　　138 000

　　　　　　　　——应付股利　　720 000

北京市鼎盛股份有限公司 2018 年年末分配利润的数额为：522 000 元（1 380 000 － 858 000），即“利润分配——未分配利润”账户为贷方余额。“T”型账户如图 4-8 所示。

借方　　利润分配——	未分配利润　　贷方
858 000	1 380 000
	522 000

图 4-8 “T”型账户

项目小结

本项目主要介绍了制造业企业基本业务活动的会计处理，包括筹集资金业务的会计处理、采购业务的会计处理、生产业务的会计处理、销售业务的会计处理、期间费用的会计处理，以及利润的形成和分配业务。通过对本项目的学习，相信读者可以对制造业企业主要业务活动的会计处理方法有一个较为全面的了解。

项目训练

【资料】

北京市鼎盛股份有限公司向北京市华联有限公司购入木材 2 500 千克，单价为 6.5 元，共计 16 250 元。增值税专用发票上注明：木材价款 18 000 元，增值税额 2 340 元。公司以银行存款支付上述款项 15 000 元，其余货款由于资金不足暂欠。

【要求】

根据以上业务编制会计分录。

项目 5
填制和审核会计凭证

应知应会

- 了解会计凭证的概念和种类。
- 熟知原始凭证和内容。
- 掌握原始凭证的填制。
- 熟知记账凭证的内容。
- 掌握记账凭证的填制。
- 掌握会计凭证的审核。

关键词

- 会计凭证（accounting voucher）;
- 原始凭证（source document）;
- 记账凭证（entry voucher）。

本项目在本书中的地位

本项目是全书非常重要的一部分。填制和审核会计凭证是会计核算的初始工作，本项目是后面的登记账簿和编制会计报表的基础。

业务综述

会计凭证记录了企业发生的经济业务，是对会计资料的初步整理。填制会计凭证是会计核算业务的第一个环节，是登记账簿的直接依据。会计人员在填制和审核会计凭证中的主要工作是：

- 填制原始凭证；
- 审核原始凭证；
- 填制记账凭证；
- 审核记账凭证。

项目导图

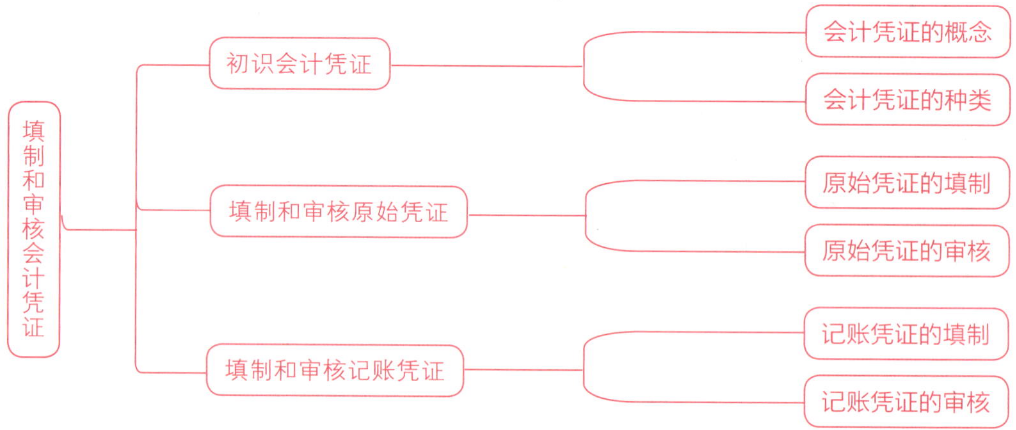

任务 5.1 初识会计凭证

情景列表	情　景　实　例
认识原始凭证	北京市鼎盛股份有限公司购入铁刀木一批，款项已付，收到一张增值税专用发票
认识记账凭证	根据购进铁刀木业务，会计人员填制了一张付款凭证

子任务 5.1.1 会计凭证的概念

会计凭证指记录经济业务发生或者完成情况，按一定格式编制的据以登记会计账簿的书面证明。

提示

（1）会计凭证是登记账簿的依据。

（2）只有审核无误的会计凭证才能作为登记账簿的依据。

会计凭证如图 5-1 所示。

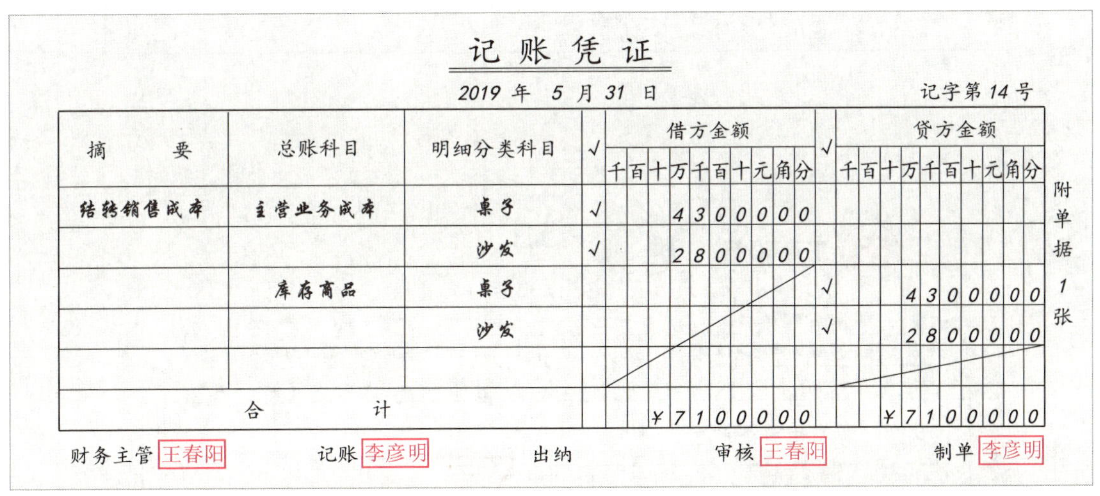

记 账 凭 证

2019 年 5 月 31 日　　　　记字第 14 号

摘　要	总账科目	明细分类科目	√	借方金额（千百十万千百十元角分）	√	贷方金额（千百十万千百十元角分）
结转销售成本	主营业务成本	桌子	√	4300000		
		沙发	√	2800000		
	库存商品	桌子			√	4300000
		沙发			√	2800000
合　计				¥7100000		¥7100000

附单据 1 张

财务主管 王春阳　　记账 李彦明　　出纳　　审核 王春阳　　制单 李彦明

图 5-1　会计凭证

子任务 5.1.2 会计凭证的种类

会计凭证按其编制程序和用途的不同，分为原始凭证和记账凭证。

1. 原始凭证

原始凭证又称单据，是在经济业务最初发生时填制的原始书面证明。

【情景 5-1】北京市鼎盛股份有限公司本月销售一批家具，开出的增值税发票、收到的银行进账单都是原始凭证。本月编制的销售计划、签订的销售合同则不属于原始凭证。

原始凭证如图 5-2、图 5-3 所示。

提示

原始凭证是登记账簿的原始依据。

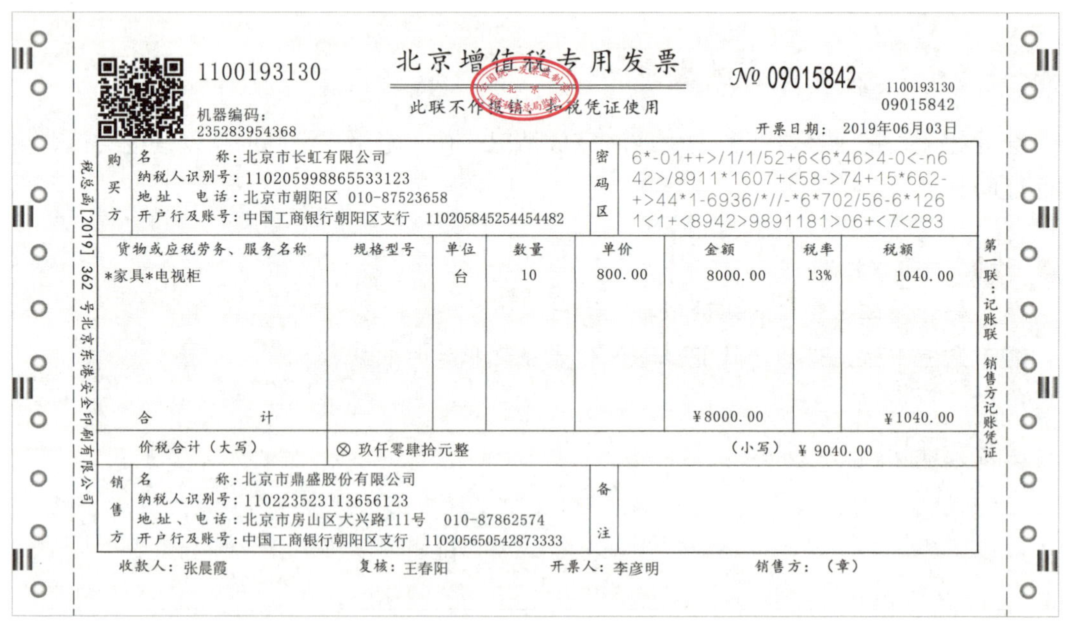

1100193130　　北京增值税专用发票　　№ 09015842　　1100193130 09015842

此联不作报销、扣税凭证使用

机器编码：235283954368　　开票日期：2019年06月03日

购买方	名称：北京市长虹有限公司 纳税人识别号：110205998865533123 地址、电话：北京市朝阳区 010-87523658 开户行及账号：中国工商银行朝阳区支行 110205845254454482	密码区	6*-01++>/1/1/52+6<6*46>4-0<-n6 42>/8911*1607+<58->74+15*662- +>44*1-6936/*//-*6*702/56-6*126 1<1+<8942>9891181>06+<7<283

货物或应税劳务、服务名称	规格型号	单位	数量	单价	金额	税率	税额
*家具*电视柜		台	10	800.00	8000.00	13%	1040.00
合　计					¥8000.00		¥1040.00
价税合计（大写）	⊗ 玖仟零肆拾元整				（小写） ¥ 9040.00		

销售方	名称：北京市鼎盛股份有限公司 纳税人识别号：110223523113656123 地址、电话：北京市房山区大兴路111号 010-87862574 开户行及账号：中国工商银行朝阳区支行 110205650542873333	备注	

收款人：张晨霞　　复核：王春阳　　开票人：李彦明　　销售方：（章）

税总函[2019]362号北京东港安全印制有限公司

第一联：记账联　销售方记账凭证

图 5-2　增值税专用发票

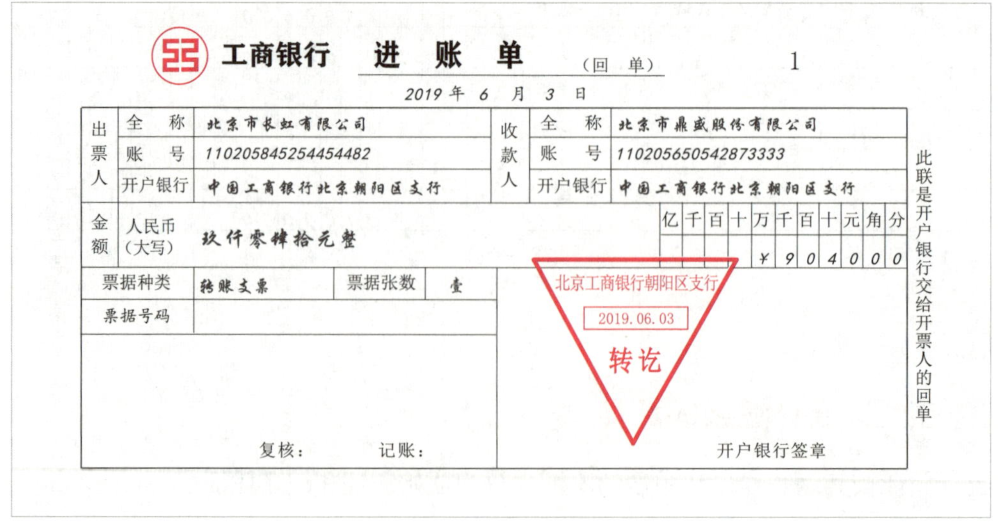

工商银行　进　账　单　（回　单）　1

2019 年 6 月 3 日

出票人	全称	北京市长虹有限公司	收款人	全称	北京市鼎盛股份有限公司
	账号	110205845254454482		账号	110205650542873333
	开户银行	中国工商银行北京朝阳区支行		开户银行	中国工商银行北京朝阳区支行
金额	人民币（大写）	玖仟零肆拾元整		亿千百十万千百十元角分	¥ 9 0 4 0 0 0
票据种类	转账支票	票据张数	壹		
票据号码					
	复核：　记账：			开户银行签章	

北京工商银行朝阳区支行 2019.06.03 转讫

此联是开户银行交给开票人的回单

图 5-3　进账单

2. 记账凭证

记账凭证又称记账凭单，是以审核无误的原始凭证为依据，按照经济业务的具体内容加以归类，并据以确定会计分录后所填制的会计凭证。

记账凭证如图 5-4 所示。

记账凭证是登记账簿的直接依据。

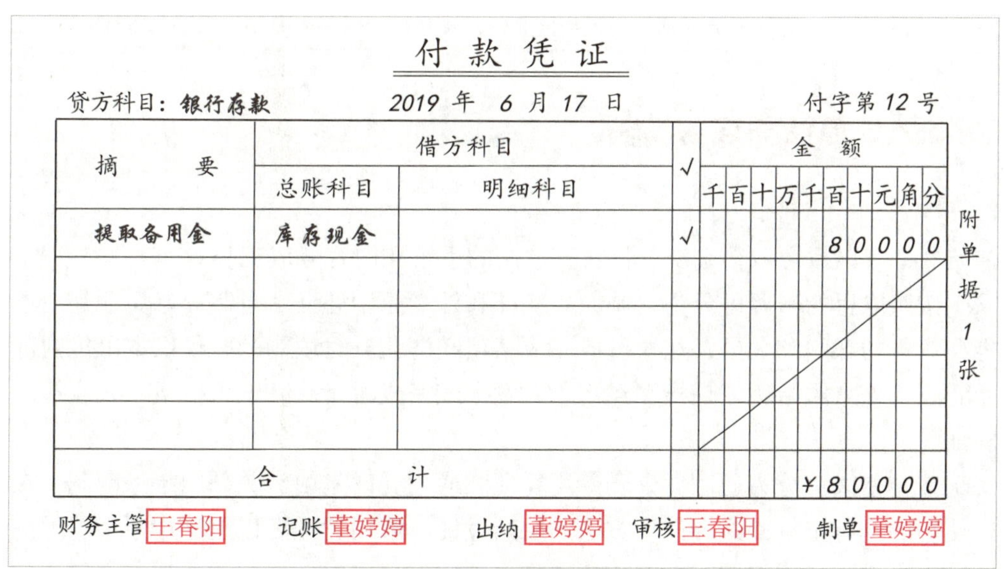

付 款 凭 证

贷方科目：银行存款　　2019 年 6 月 17 日　　付字第 12 号

摘　要	借方科目		√	金　额									
	总账科目	明细科目		千	百	十	万	千	百	十	元	角	分
提取备用金	库存现金		√						8	0	0	0	0
合　计								¥	8	0	0	0	0

附单据 1 张

财务主管 王春阳　记账 董婷婷　出纳 董婷婷　审核 王春阳　制单 董婷婷

图 5-4　付款凭证

3. 原始凭证和记账凭证的联系和区别

（1）二者的联系。

①原始凭证是记账凭证的基础，记账凭证是根据原始凭证编制的，两者反映的内容一致。

②原始凭证附在记账凭证后面，作为记账凭证的附件，记账凭证是对原始凭证内容的概括和说明，两者都是登记账簿的依据。

（2）二者的区别。

①原始凭证是由经办业务的有关人员填制或取得的，而记账凭证一律由会计人员填制。

②原始凭证是一种证据，具有法律效力，而记账凭证不具有法律效力，只能作为登记账簿的一种直接依据。

③原始凭证是根据经济业务的发生或完成情况填制的，其格式多种多样、错综复杂，而记账凭证是按会计核算方法的要求填制的，其格式基本统一。

④原始凭证仅用以记录证明经济业务已经发生或完成情况，不能载明会计分录；而记账凭证则是记录会计分录的全部内容。

任务 5.2 填制和审核原始凭证

情景列表	情 景 实 例
填制一张原始凭证	北京市鼎盛股份有限公司销售太师椅 50 把，价款 30 000 元，款项已存入银行，需要给对方开具一张增值税专用发票
审核一张原始凭证	会计人员根据销售太师椅业务，对开具的增值税专用发票进行审核

子任务 5.2.1 原始凭证的填制

1. 原始凭证的种类

原始凭证可以按照取得来源、格式、填制的手续和内容分成三类。

（1）按照取得的来源可分为自制原始凭证和外来原始凭证。自制原始凭证是由本单位内部经办业务的部门和人员，在执行或完成某项经济业务时填制的、仅供本单位内部使用的原始凭证。外来原始凭证是指在经济业务发生或完成时，从其他单位或个人直接取得的原始凭证。

（2）按其格式可分为通用凭证和专用凭证。通用凭证是由有关部门统一印制、在一定范围内使用的具有统一格式和使用方法的原始凭证。通用凭证可以是适用于某一地区、某一行业，也可以是适用于全国。专用凭证是由单位自行印制、仅在本单位内部使用的原始凭证。

（3）按其填制手续及内容不同可分为累计原始凭证和汇总原始凭证。累计原始凭证是指在一定时期内多次记录发生的同类型经济业务的原始凭证。其特点是在一张凭证内可以连续登记相同性质的经济业务，随时结出累计数及结余数，并按照费用限额进行费用控制，期末按实际发生额记账。累计凭证是多次有效的原始凭证。汇总原始凭证是指对一定时期内反映相同经济业务内容的若干张原始凭证按照一定标准综合填制的原始凭证。汇总原始凭证又称原始凭证汇总表，值得注意的是，其只能汇总一类经济业务，不能汇总两类或两类以上的经济业务。

2. 原始凭证的基本内容

原始凭证必须具备以下基本内容：

（1）原始凭证的名称。

（2）填制凭证的日期。

（3）填制凭证单位的名称或者填制人的姓名。

（4）接受凭证单位的名称。

（5）经济业务的内容摘要。

（6）经济业务所涉及的品名、数量、单价和金额。

（7）经办部门和人员的签名或盖章。

原始凭证的基本内容如图 5-5 所示。

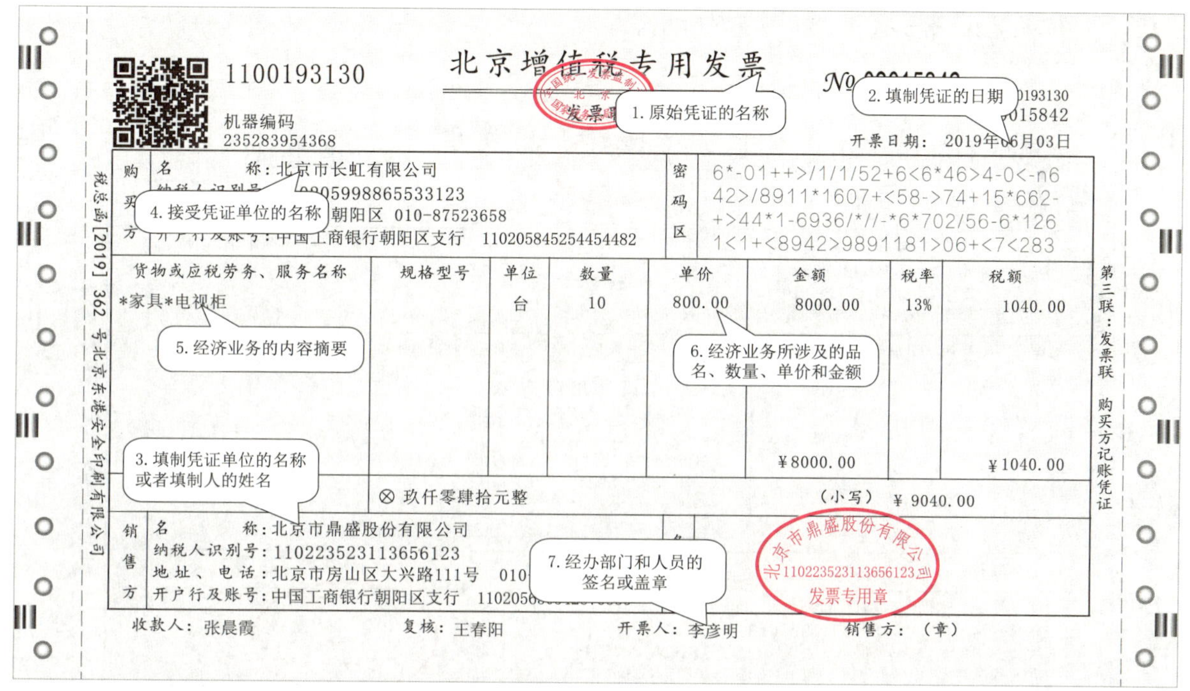

北京增值税专用发票

1100193130

机器编码 235283954368

№ 1100193130

开票日期：2019年06月03日

购买方　名　称：北京市长虹有限公司
纳税人识别号：……205998865533123
地址、电话：……朝阳区 010-87523658
开户行及账号：中国工商银行朝阳区支行 110205845254454482

密码区：6*-01++>/1/1/52+6<6*46>4-0<-n6 42>/8911*1607+<58->74+15*662- +>44*1-6936/*//-*6*702/56-6*126 1<1+<8942>9891181>06+<7<283

货物或应税劳务、服务名称	规格型号	单位	数量	单价	金额	税率	税额
*家具*电视柜		台	10	800.00	8000.00	13%	1040.00
					¥8000.00		¥1040.00

价税合计（大写）⊗玖仟零肆拾元整　（小写）¥9040.00

销售方　名　称：北京市鼎盛股份有限公司
纳税人识别号：110223523113656123
地址、电话：北京市房山区大兴路111号 010……
开户行及账号：中国工商银行朝阳区支行 110205……

收款人：张晨霞　复核：王春阳　开票人：李彦明　销售方：（章）

第三联：发票联 购买方记账凭证

图 5-5　原始凭证的基本内容

提示

（1）单位自制的原始凭证必须有经办单位领导或其他指定人员签名或盖章。

（2）对外开出的原始凭证必须加盖本单位公章。

（3）从外部取得的原始凭证必须盖有填制单位的公章。

（4）个人取得的原始凭证必须有填制人员的签名盖章。

3. 原始凭证的书写要求

原始凭证上的文字和数字必须按国家统一要求书写，使用印有编号的原始凭证，应按编号连续使用。

（1）汉字大写数字的书写要求。“汉字大写数字金额一律用零、壹、贰、叁、肆、伍、陆、柒、捌、玖、拾、佰、仟、万、亿等，不得用〇、一、二、三、四、五、六、七、八、九、十等代替，不得任意自造简化字。”

大写金额数字写到元或者角为止的，在“元”或者“角”字之后应当写“整”字或“正”字；大写金额数字有“分”的，“分”字后面不写“整”字或“正”字。

提示

汉字大写用正楷或者行书体书写。

原始凭证书写示例 1 如图 5-6 所示。

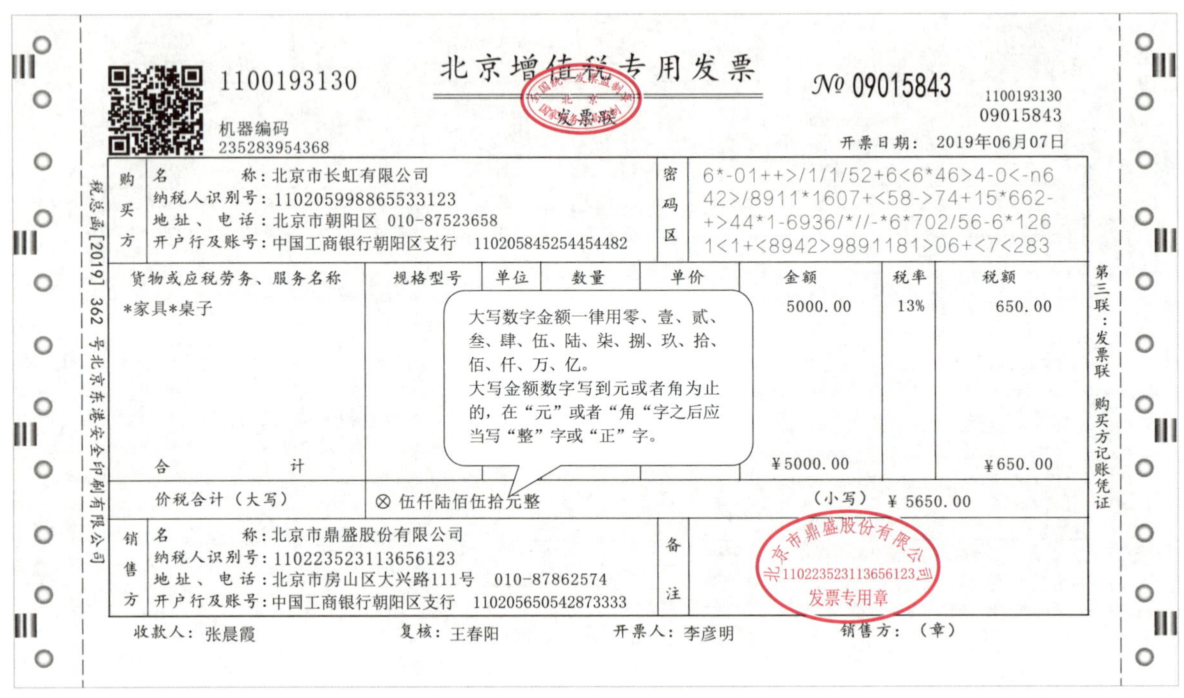

1100193130　　北京增值税专用发票　　№ 09015843　　1100193130　09015843

机器编码 235283954368　　　　开票日期：2019年06月07日

购买方	名　　称：北京市长虹有限公司 纳税人识别号：110205998865533123 地 址 、电 话：北京市朝阳区 010-87523658 开户行及账号：中国工商银行朝阳区支行 110205845254454482	密码区	6*-01++>/1/1/52+6<6*46>4-0<-n6 42>/8911*1607+<58->74+15*662- +>44*1-6936/*//-*6*702/56-6*126 1<1+<8942>9891181>06+<7<283

货物或应税劳务、服务名称	规格型号	单位	数量	单价	金额	税率	税额
*家具*桌子					5000.00	13%	650.00
合　　计					¥5000.00		¥650.00
价税合计（大写）	⊗ 伍仟陆佰伍拾元整				（小写） ¥ 5650.00		

销售方	名　　称：北京市鼎盛股份有限公司 纳税人识别号：110223523113656123 地 址 、电 话：北京市房山区大兴路111号 010-87862574 开户行及账号：中国工商银行朝阳区支行 110205650542873333	备注	北京市鼎盛股份有限公司 110223523113656123 发票专用章

收款人：张晨霞　　复核：王春阳　　开票人：李彦明　　销售方：（章）

税总函[2019] 362 号北京东港安全印刷有限公司

第三联：发票联　购买方记账凭证

图 5-6　原始凭证书写示例 1

（2）货币名称的书写。大写金额数字前未印有货币名称的，应当加填货币名称，货币名称与金额数字之间不得留有空白。

在发票等需填写大写金额数字的原始凭证上，如果有关货币名称事先未能印好，在填写大写金额数字时，应加填有关的货币名称，然后在其后紧接着填写大写金额数字。

【情景 5-2】人民币 98 479 元，应当写成“人民币玖万捌仟肆佰柒拾玖元整”，不能分开写成“人民币 玖万捌仟肆佰柒拾玖元整”。

（3）“零”字的写法。阿拉伯数字金额中间有 0 时，汉字大写金额要写“零”字；阿拉伯数字金额中间连续有几个 0 时，汉字大写金额中可以只写一个“零”字。

阿拉伯数字金额元位是 0，或者数字中间连续有几个是 0、元位也是 0 但角位不是 0 时，汉字大写金额可以只写一个“零”字，也可以不写“零”字。

理解

6 800.52 写为汉字大写金额时，应写为“人民币陆仟捌佰元零伍角贰分”，或者写为“人民币陆仟捌佰元伍角贰分”。

原始凭证书写示例 2 如图 5-7 所示。

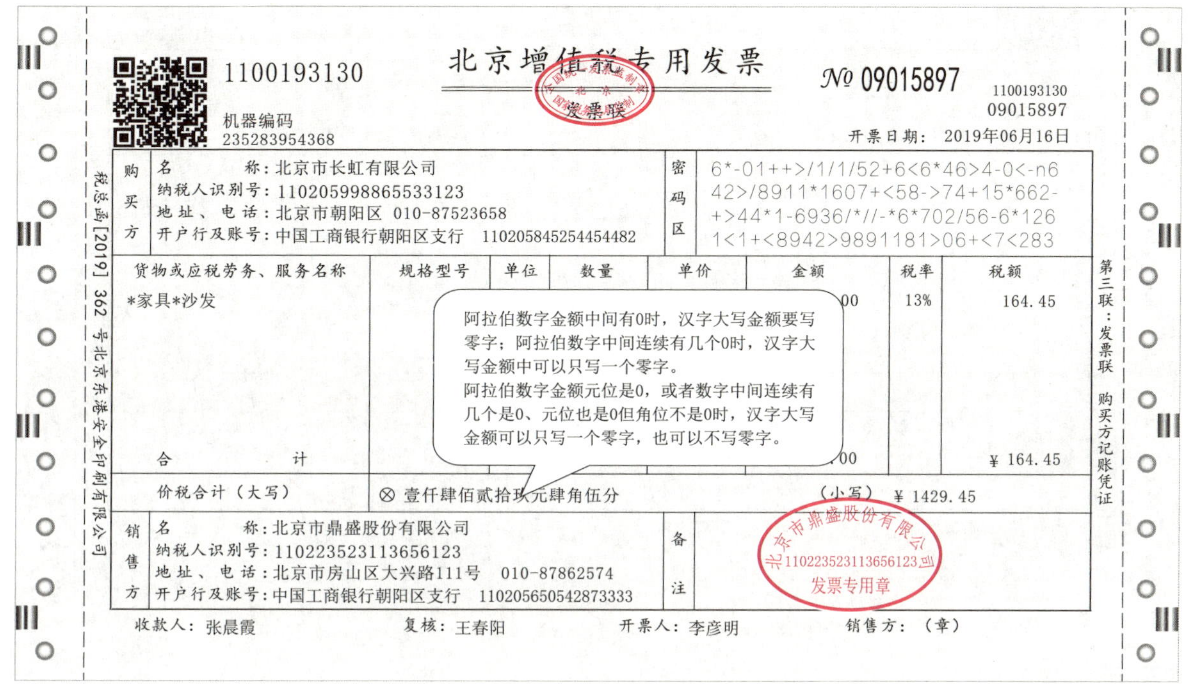

北京增值税专用发票

1100193130　　发票联　　№ 09015897　1100193130　09015897

机器编码 235283954368　　开票日期：2019年06月16日

购买方	名称：北京市长虹有限公司 纳税人识别号：110205998865533123 地址、电话：北京市朝阳区 010-87523658 开户行及账号：中国工商银行朝阳区支行 110205845254454482	密码区	6*-01++>/1/1/52+6<6*46>4-0<-n6 42>/8911*1607+<58->74+15*662- +>44*1-6936/*//-*6*702/56-6*126 1<1+<8942>9891181>06+<7<283

货物或应税劳务、服务名称	规格型号	单位	数量	单价	金额	税率	税额
*家具*沙发					00	13%	164.45
合计					00		¥ 164.45
价税合计（大写）	⊗ 壹仟肆佰贰拾玖元肆角伍分				（小写）¥ 1429.45		

销售方	名称：北京市鼎盛股份有限公司 纳税人识别号：110223523113656123 地址、电话：北京市房山区大兴路111号 010-87862574 开户行及账号：中国工商银行朝阳区支行 110205650542873333	备注	北京市鼎盛股份有限公司 110223523113656123 发票专用章

收款人：张晨霞　　复核：王春阳　　开票人：李彦明　　销售方：（章）

税总函[2019] 362 号北京东港安全印制有限公司

第三联：发票联　购买方记账凭证

图 5-7 原始凭证书写示例 2

（4）阿拉伯数字的书写要求。阿拉伯数字应当一个一个地写，不得连笔写，特别是要连着写几个 0 时，一定要单个写，不能将几个“0”连在一起一笔写完。

数字的排列要整齐，数字之间的空隙要均匀，不宜过大。阿拉伯数字的书写还应有高标准，一般要求数字的高度占凭证横格高度的 1/2 为宜。此外，书写时还要注意紧靠横格底线，使上方能留有一定的空位，以便需要进行更正时可以再次书写。

（5）货币符号的书写要求。阿拉伯数字前应当书写货币币种符号或者货币名称简写和币种符号。币种符号与阿拉伯数字之间不得留有空白。

凡阿拉伯数字前写有币种符号的，数字后面不再写货币单位。

所有以元为单位的阿拉伯数字，除表示单价等情况外，一律填写到角分，无角分的角位和分位可写“00”，或者符号“—”。有角无分的，分位应当写“0”，不得用符号“—”代替。

原始凭证书写示例 3 如图 5-8 所示。

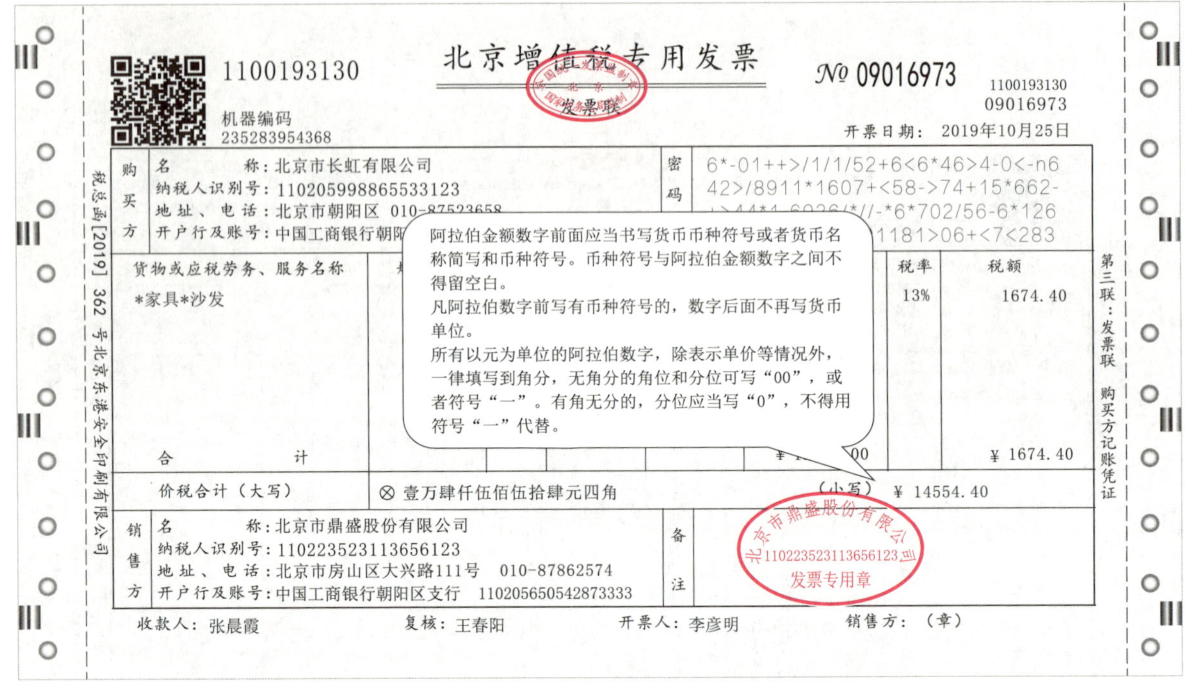
1100193130　北京增值税专用发票　№ 09016973

1100193130
09016973

机器编码
235283954368

开票日期：2019年10月25日

购买方	名　　称：北京市长虹有限公司 纳税人识别号：110205998865533123 地址、电话：北京市朝阳区 010-87523658 开户行及账号：中国工商银行朝阳	密码区	6*-01++>/1/1/52+6<6*46>4-0<-n6 42>/8911*1607+<58->74+15*662- 1181>06+<7<283

货物或应税劳务、服务名称	税率	税额
*家具*沙发	13%	1674.40
合　　计		¥ 1674.40

价税合计（大写）⊗壹万肆仟伍佰伍拾肆元四角　（小写）¥ 14554.40

销售方	名　　称：北京市鼎盛股份有限公司 纳税人识别号：110223523113656123 地址、电话：北京市房山区大兴路111号　010-87862574 开户行及账号：中国工商银行朝阳区支行　110205650542873333	备注	

收款人：张晨霞　复核：王春阳　开票人：李彦明　销售方：（章）

税总函[2019]362号北京东港安全印刷有限公司

第三联：发票联　购买方记账凭证

图 5-8　原始凭证书写示例 3

子任务 5.2.2 原始凭证的审核

财会部门接到原始凭证后，首先必须进行认真、严格的审核，只有审核无误的原始凭证才能作为编制记账凭证的依据。对原始凭证的审核主要包括以下几个方面。

1. 审核原始凭证的真实性

原始凭证的真实性审核包括原始凭证日期是否真实、业务内容是否真实、数据是否真实等。

2. 审核原始凭证的合法性

原始凭证的合法性审核包括原始凭证所记录的经济业务是否符合国家的法律法规，是否履行了规定的凭证传递和审核程序，是否有违纪行为。

3. 审核原始凭证的合理性

原始凭证的合理性审核包括原始凭证所记录的经济业务是否符合企业生产经营活动的需要，是否符合有关的计划和预算。

4. 审核原始凭证的完整性

原始凭证的完整性审核包括原始凭证各项基本内容是否齐全、有无漏项、手续是否齐备、有关人员的签章是否齐全等。

5. 审核原始凭证的正确性

原始凭证的正确性审核包括原始凭证中金额的计算是否正确、金额的大小写是否正确、书写是否规范等。

任务 5.3　填制和审核记账凭证

情景列表	情　景　实　例
填制记账凭证	北京市鼎盛股份有限公司销售衣柜 20 件，价款 600 000 元，款项已存入银行。根据销售业务填制一张收款凭证
审核记账凭证	根据销售衣柜业务，对收款凭证的会计分录、金额、摘要、日期等进行审核，无误后由审核人员签字或盖章

子任务 5.3.1　记账凭证的填制

1. 记账凭证的种类

记账凭证可按反映经济内容的不同分成专用记账凭证和通用记账凭证两类。记账凭证的分类如表 5-1 所示。

表 5-1　记账凭证的分类

按照经济分类				
专用记账凭证				通用记账凭证
	收款凭证	付款凭证	转账凭证	
专用记账凭证是指分类反映经济业务的记账凭证，按其反映的经济业务内容，可分为收款凭证、付款凭证和转账凭证	收款凭证是指用于记录现金和银行存款收款业务的记账凭证	付款凭证是指用于记录现金和银行存款付款业务的记账凭证，同时涉及现金、银行存款的业务用付款凭证	转账凭证是指用于记录不涉及现金和银行存款业务的记账凭证	通用记账凭证是指用来反映所有经济业务的记账凭证，为各类经济业务所共同使用，其格式与转账凭证基本相同

2. 记账凭证的基本内容

记账凭证需要具备的基本内容如下：

（1）记账凭证的名称。

（2）填制凭证的日期。

（3）经济业务的内容摘要。

（4）会计科目（包括一级科目、二级科目和明细科目）的名称、金额和记账方法。

（5）凭证编号。

（6）所附原始凭证的张数。

（7）填制、审核、记账和会计负责人签章。

【情景 5-3】记账凭证的基本内容如图 5-9 所示。

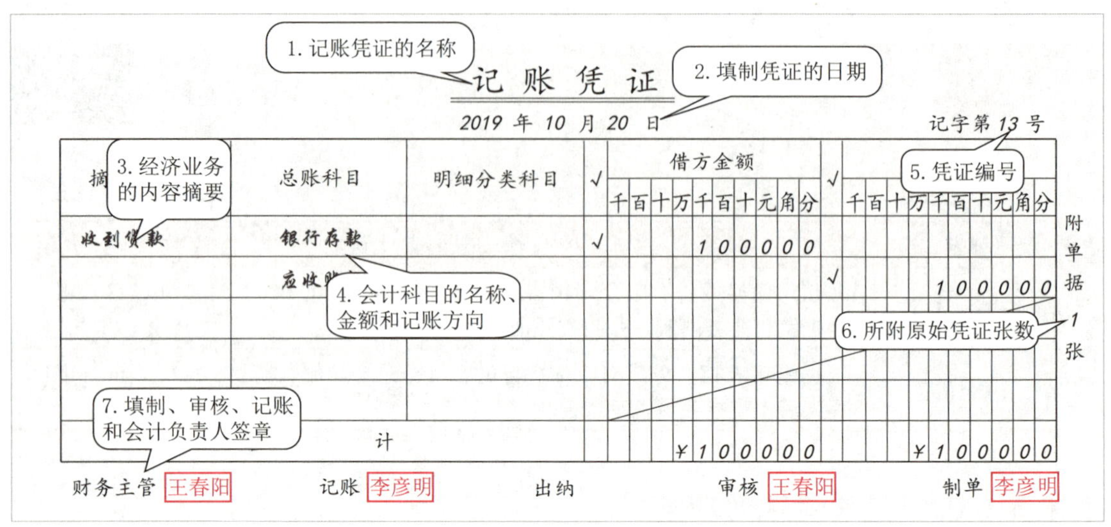

图 5-9　记账凭证的基本内容

3. 凭证的填制方法

（1）记账凭证日期的确定。

①记账凭证的日期一般为填制记账凭证当天的日期，年、月、日应写全。

②计算收益、分配费用、结转成本利润等调整分录和结账分录的记账凭证，应填写当月月末的日期，以便在当月的账内进行登记。

（2）记账凭证的摘要应与原始凭证内容一致，并简明扼要。在记账凭证的“摘要”栏中，应使用简要、明确的语言概括经济业务的内容。

（3）正确编制会计分录。

①在编制会计分录时，必须根据国家会计制度统一规定的会计科目及其核算内容，正确使用会计科目编制会计分录。

②记账凭证借贷方的金额必须相等，合计数必须计算正确。

每张记账凭证只能反映一项经济业务或若干项同类经济业务，不得将不同性质的经济业务合并填在一张记账凭证上。

（4）凭证附件数量齐全。

①填制记账凭证所依据的原始凭证应全部粘附于记账凭证之后，并在记账凭证中注明所附原始凭证张数。如果原始凭证需要另外保管，则应在附件栏中加以注明，以便查阅。

除结账和更正错误，记账凭证必须附有原始凭证并注明所附原始凭证的张数。

②记账凭证所填金额要和原始凭证或原始凭证汇总表一致。

③一张原始凭证如涉及几张记账凭证的，可以将该原始凭证附在一张主要的记账凭证后面，在其他记账凭证上注明该主要记账凭证的编号或者附上该原始凭证的复印件。

④一张原始凭证所列的支出需要由两个以上的单位共同负担时，应当由保存该原始凭证的单位开给其他应负担单位的原始凭证分割单。

提示

原始凭证分割单必须具备原始凭证的基本内容。

4. 记账凭证的编号

（1）记账凭证在一个月内应当连续编号，以便分清经济业务事项处理的先后顺序，同时也便于记账凭证与会计账簿核对，以便确保记账凭证完整无缺。

（2）编号的方法可采用通用记账凭证统一编号的形式，也可采用收款、付款、转账凭证分三类编号。此外，编号方法还可以采用现金收款、现金付款、银行存款收款、银行存款付款和转账凭证分五类编号的形式。

（3）如果一笔经济业务需要填制两张或两张以上记账凭证的，可以采用分数编号法。

提示

若一笔经济业务需要编制三张记账凭证，该项经济业务的自然顺序号是5，则这笔经济业务的三张记账凭证的编号应分别为$5\frac{1}{3}$号、$5\frac{2}{3}$号和$5\frac{3}{3}$号。

（4）在每月最后一张记账凭证的编号旁边，可加注“全”字，以防止凭证散失。

5. 空行注销

（1）填制记账凭证时，应按行次逐行填写，不得跳行或留有空行。

（2）填写完经济业务后，记账凭证上如仍有空行，应当在金额栏自最后一笔金额数字下的空行处至合计数上的空行处画线注销。

6. 记账凭证的签字盖章

记账凭证填制后，应进行复核和检查，有关人员均要签名或盖章，以明确经济责任。

7. 只涉及现金和银行存款的处理

只涉及现金和银行存款之间收入或付出的经济业务，应以付款业务为主，只填制付款凭证，不填制收款凭证，以免造成重复记账。

8. 记账凭证填制错误的更正

（1）记账凭证，如果填写错误，应重新填制，不得在记账凭证上做任何更改。

（2）对于已经登记入账的记账凭证，在当年内发现错误的，可以用红字更正法或补充登记法进行更正。

9. 实行会计电算化单位的处理

实行会计电算化的单位，所采用的机制记账凭证应当符合记账凭证的一般要求，即要加盖出纳人员、记账人员、复核人员、制证人员、会计主管人员印章或签字，明确经济责任。

记账凭证的填制方法如图 5-10 所示。

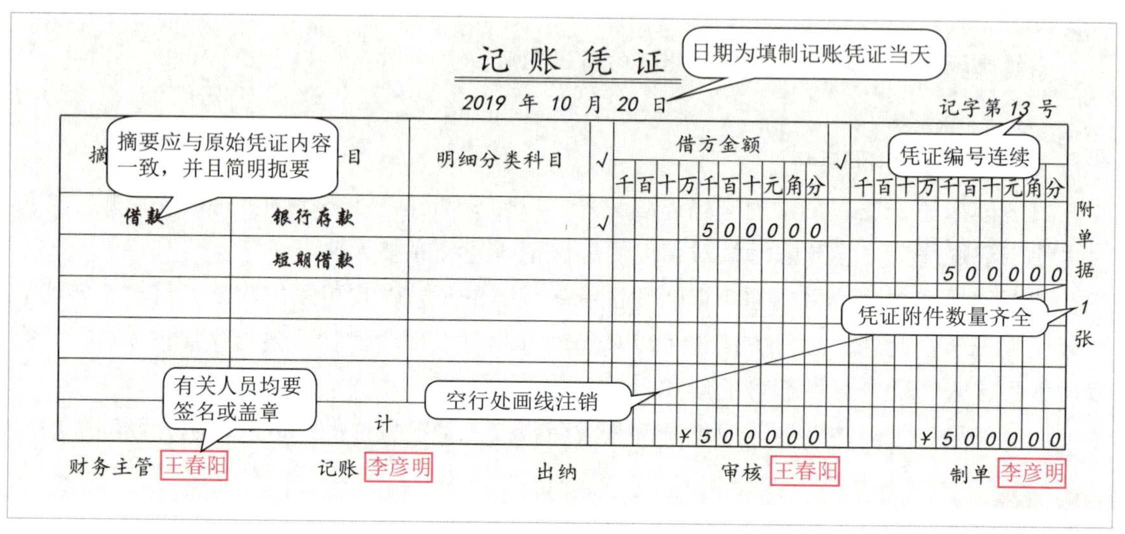

图 5-10 记账凭证的填制方法

子任务 5.3.2 记账凭证的审核

编制完记账凭证后，必须经过专门的稽核人员审核，才能登记入账。

1. 审核记账凭证的内容是否真实

审核的项目包括是否附有原始凭证，记录的内容与所附原始凭证的内容是否一致，所附原始凭证的张数是否与记账凭证所列附件张数相符等。

2. 审核会计分录是否正确

审核的项目包括应借、应贷会计科目，金额计算是否正确；借、贷双方的金额是否平衡等。

3. 审核记账凭证中的规定项目填写是否齐全，有关人员是否签章

审核中如发现差错，应及时查明原因，按规定处理和更正。如果记账之前发现记账凭证有错误，应重新填制正确的记账凭证，并将错误的记账凭证作废或撕毁。如果发现已经登记入账的记账凭证有错误，应区分情况按不同的方法进行更正。

项目小结

本项目主要介绍了会计凭证的概念、种类、填制与审核方法。通过对本项目的学习，

相信读者可以对会计凭证有一个全面的了解。

项目训练

【资料】

2019年10月10日，北京市鼎盛股份有限公司销售废旧包装箱的款项为120元，开具收据一张，如图5-11所示。

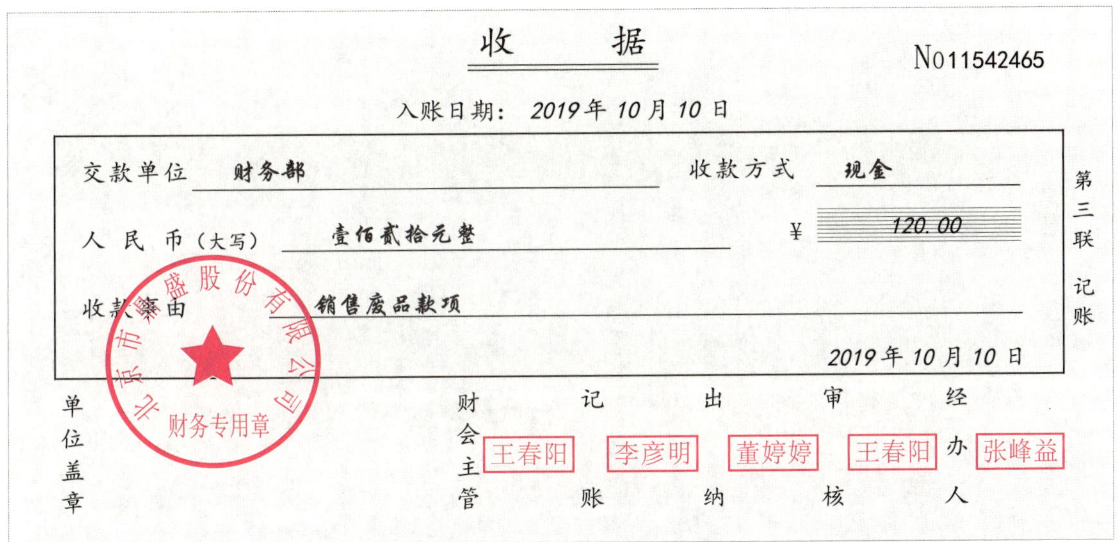

收 据

No 11542465

入账日期：2019年10月10日

交款单位 财务部　　收款方式 现金

人民币（大写） 壹佰贰拾元整　　¥ 120.00

收款事由 销售废品款项

2019年10月10日

第三联 记账

单位盖章（北京市鼎盛股份有限公司 财务专用章）　财会主管 王春阳　记账 李彦明　出纳 董婷婷　审核 王春阳　经办人 张峰益

图5-11 收据的填制方法

【要求】

请根据此张收据编写会计分录并填写记账凭证。

项目 6
登记账簿

应知应会

- 熟知会计账簿的概念和种类。
- 熟知会计账簿的内容。
- 掌握会计账簿的登记规则。
- 掌握错账的查找和更正方法。

关键词

- 会计账簿（accounting book）;
- 序时账簿（chronological book）;
- 分类账账簿（ledger book）;
- 备查账簿（memorandum account）;
- 卡片式账簿（card book）;
- 对账（accounts checking）。

本项目在本书中的地位

本项目是全书比较重要的一部分。登记账簿是登记和审核会计凭证的后续工资，同时也是为下一项目编制会计报表做铺垫。

业务综述

根据会计凭证在账簿上连续、系统、完整地记录经济事项，即登记账簿。其是会计做账的第二个环节。作为会计人员，登记会计账簿的业务主要包括以下几项：

- 启用和设立会计账簿；
- 登记会计账簿；
- 对账；
- 结账。

项目导图

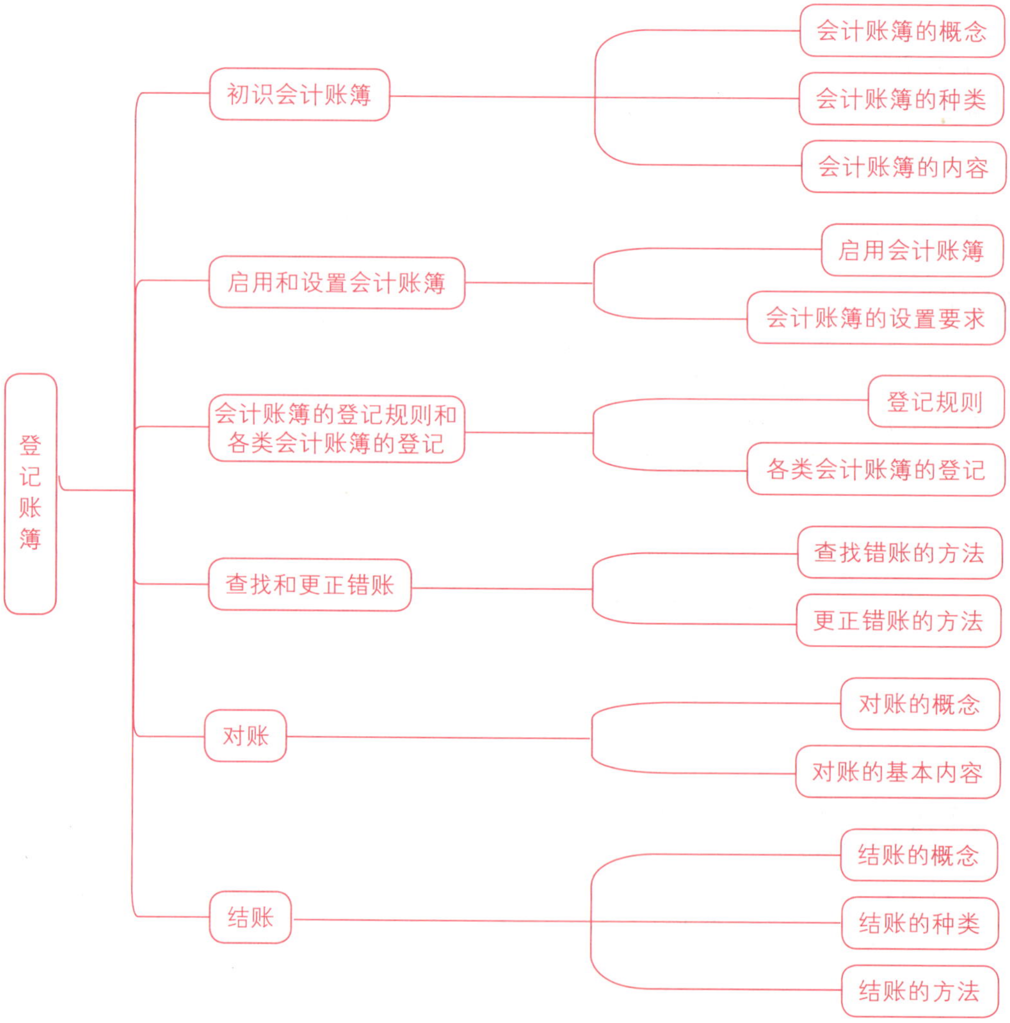

- 登记账簿
  - 初识会计账簿
    - 会计账簿的概念
    - 会计账簿的种类
    - 会计账簿的内容
  - 启用和设置会计账簿
    - 启用会计账簿
    - 会计账簿的设置要求
  - 会计账簿的登记规则和各类会计账簿的登记
    - 登记规则
    - 各类会计账簿的登记
  - 查找和更正错账
    - 查找错账的方法
    - 更正错账的方法
  - 对账
    - 对账的概念
    - 对账的基本内容
  - 结账
    - 结账的概念
    - 结账的种类
    - 结账的方法

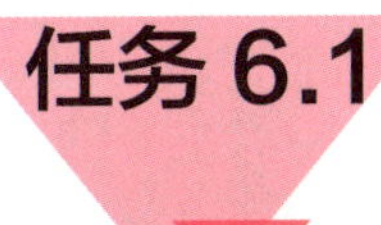

任务 6.1 初识会计账簿

情景列表	情 景 实 例
认识会计账簿	北京市鼎盛股份有限公司根据业务需要设置了库存现金日记账、银行存款日记账、原材料数量金额式明细账、管理费用三栏式明细账、生产成本明细账以及各类总账

子任务 6.1.1 会计账簿的概念

会计账簿是指由一定格式的账页组成的，以经过审核的会计凭证为依据，全面、系统、连续地记录各项经济业务的账簿。

设置和登记账簿的主要作用表现在以下 3 个方面：

（1）通过设置和登记账簿，可以系统地归纳和积累会计核算资料，为改善企业经营管理、合理使用资金提供资料。

（2）通过设置和登记账簿，可以为编制会计报表提供依据。

（3）通过设置和登记账簿，可以为开展财务分析和会计检查提供依据。

子任务 6.1.2 会计账簿的种类

1. 按照账簿用途分类

会计账簿按照用途可以分为序时账簿、分类账簿、备查账簿。

（1）序时账簿又称为日记账，是指按经济业务发生或完成时间的先后顺序进行登记的账簿。

序时账簿分为普通日记账和特种日记账。普通日记账簿是把每天发生的各项经济业务逐日逐笔地登记在日记账中，并确定会计分录，然后据以登记分类账。特种日记账是用来逐笔记录某一经济业务的序时账簿。

目前在我国，大多数单位一般只设库存现金日记账和银行存款日记账，它们又被称为特种日记账。

银行存款日记账如图 6-1 所示，库存现金日记账如图 6-2 所示。

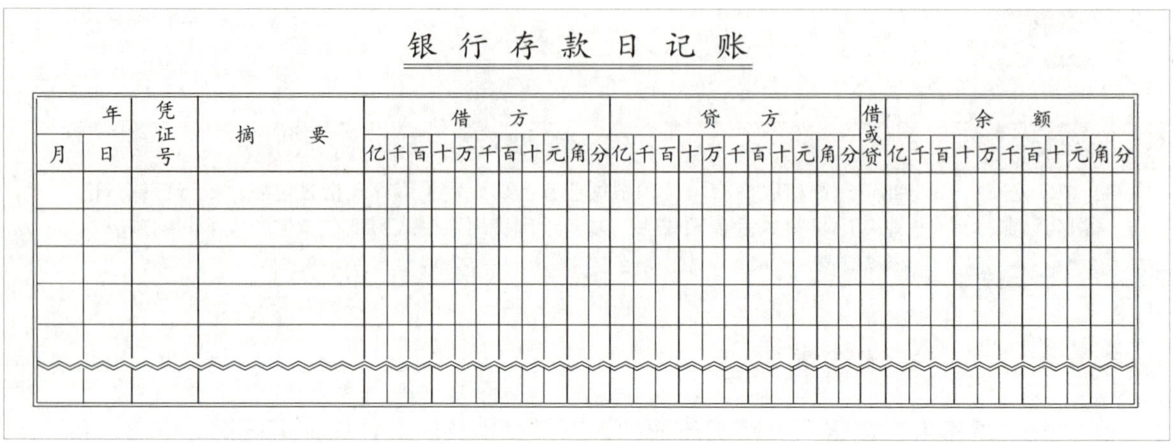

银行存款日记账

年		凭证号	摘要	借方											贷方											借或贷	余额										
月	日			亿	千	百	十	万	千	百	十	元	角	分	亿	千	百	十	万	千	百	十	元	角	分		亿	千	百	十	万	千	百	十	元	角	分

图 6-1　银行存款日记账

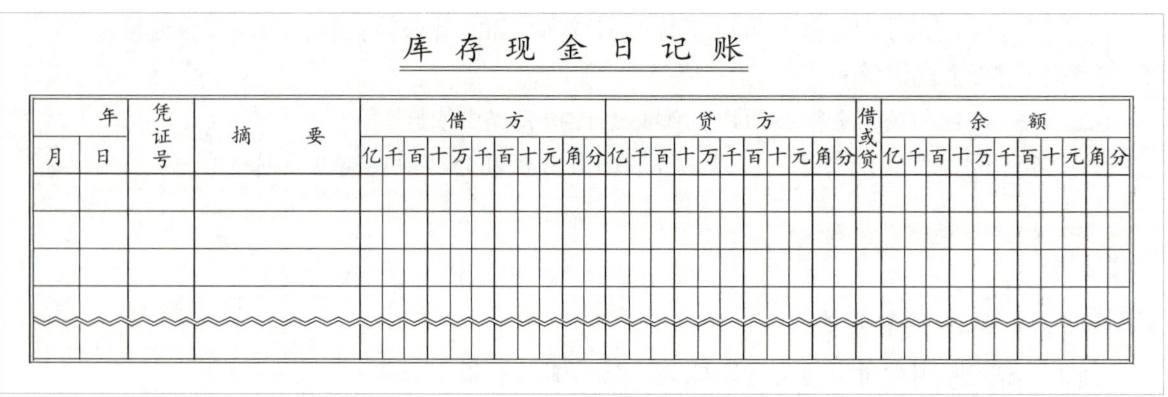

库存现金日记账

年		凭证号	摘要	借方											贷方											借或贷	余额										
月	日			亿	千	百	十	万	千	百	十	元	角	分	亿	千	百	十	万	千	百	十	元	角	分		亿	千	百	十	万	千	百	十	元	角	分

图 6-2　库存现金日记账

（2）分类账簿是指对全部经济业务按照会计要素的具体类别设置分类账户，进而予以分类登记的账簿。

分类账簿分为总分类账簿和明细分类账簿。

总分类账簿按照总分类账户分类登记经济业务事项，简称总账。明细分类账簿按照明细分类账户分类登记经济业务事项，简称明细账。

提示

分类账簿提供的核算信息是编制会计报表的主要依据。

总分类账如图 6-3 所示，生产成本明细分类账如图 6-4 所示。

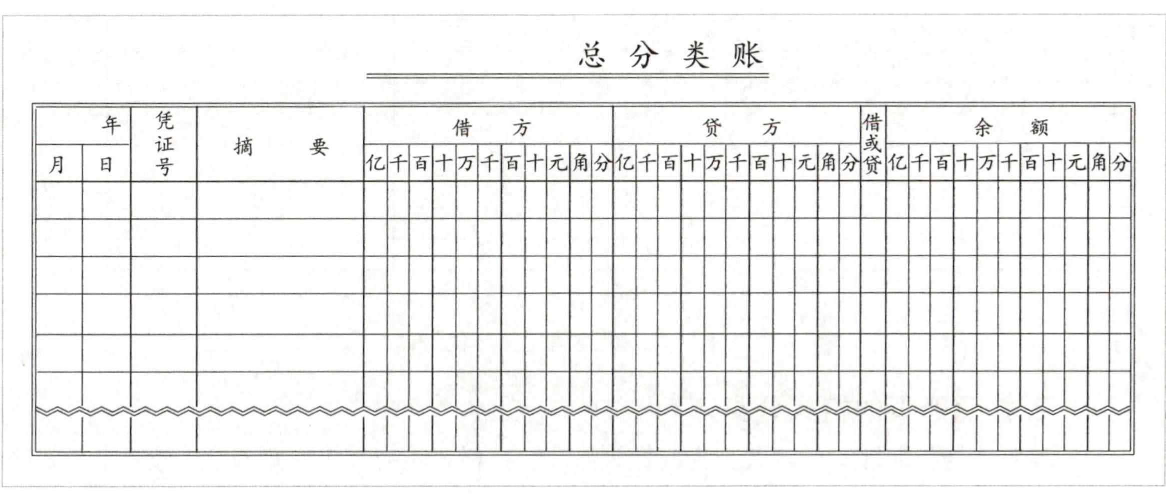

总分类账

<table>
<tr><td colspan="2">年</td><td rowspan="2">凭证号</td><td rowspan="2">摘要</td><td colspan="11">借方</td><td colspan="11">贷方</td><td rowspan="2">借或贷</td><td colspan="11">余额</td></tr>
<tr><td>月</td><td>日</td><td>亿</td><td>千</td><td>百</td><td>十</td><td>万</td><td>千</td><td>百</td><td>十</td><td>元</td><td>角</td><td>分</td><td>亿</td><td>千</td><td>百</td><td>十</td><td>万</td><td>千</td><td>百</td><td>十</td><td>元</td><td>角</td><td>分</td><td>亿</td><td>千</td><td>百</td><td>十</td><td>万</td><td>千</td><td>百</td><td>十</td><td>元</td><td>角</td><td>分</td></tr>
</table>

图 6-3　总分类账

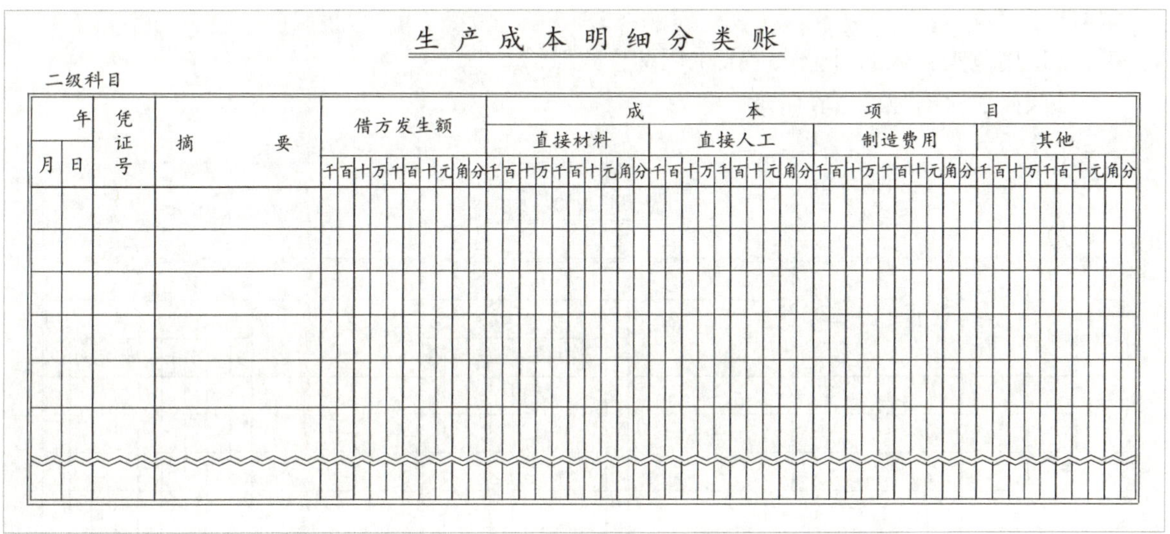

生产成本明细分类账

二级科目

<table>
<tr><td colspan="2">年</td><td rowspan="3">凭证号</td><td rowspan="3">摘要</td><td colspan="10" rowspan="2">借方发生额</td><td colspan="40">成本项目</td></tr>
<tr><td rowspan="2">月</td><td rowspan="2">日</td><td colspan="10">直接材料</td><td colspan="10">直接人工</td><td colspan="10">制造费用</td><td colspan="10">其他</td></tr>
<tr><td>千</td><td>百</td><td>十</td><td>万</td><td>千</td><td>百</td><td>十</td><td>元</td><td>角</td><td>分</td><td>千</td><td>百</td><td>十</td><td>万</td><td>千</td><td>百</td><td>十</td><td>元</td><td>角</td><td>分</td><td>千</td><td>百</td><td>十</td><td>万</td><td>千</td><td>百</td><td>十</td><td>元</td><td>角</td><td>分</td><td>千</td><td>百</td><td>十</td><td>万</td><td>千</td><td>百</td><td>十</td><td>元</td><td>角</td><td>分</td><td>千</td><td>百</td><td>十</td><td>万</td><td>千</td><td>百</td><td>十</td><td>元</td><td>角</td><td>分</td></tr>
</table>

图 6-4　生产成本明细分类账

（3）备查账簿又称辅助账簿，是指对某些能在序时账簿和分类账簿等主要账簿中进行登记或者登记不够详细的经济业务事项进行补充登记时使用的账簿。

【情景 6-1】备查账簿可由各单位根据管理需要自行设置与设计。例如北京市鼎盛股份有限公司在生产产品时经常租入制作家具的设备，因此可以自行设置“租入固定资产登记簿”，详细登记租入的生产设备的名称、租入方式、用途、使用时间、数量、规格、租金等资料。租入固定资产登记簿如图 6-5 所示。

租入固定资产登记簿

资产名称	规格	合同号	租出单位	租入日期	租期	租金	使用地点	备注

图 6-5　租入固定资产登记簿

2. 按照账页的格式分类

会计账簿按照账页的格式分为两栏式账簿、三栏式账簿、多栏式账簿、数量金额式账簿和横线登记式账簿。

（1）两栏式账簿。两栏式账簿是指账页的格式只有借方和贷方两个基本金额栏目的账簿。

适用范围：普通日记账一般采用两栏式账簿。

两栏式账簿如图 6-6 所示。

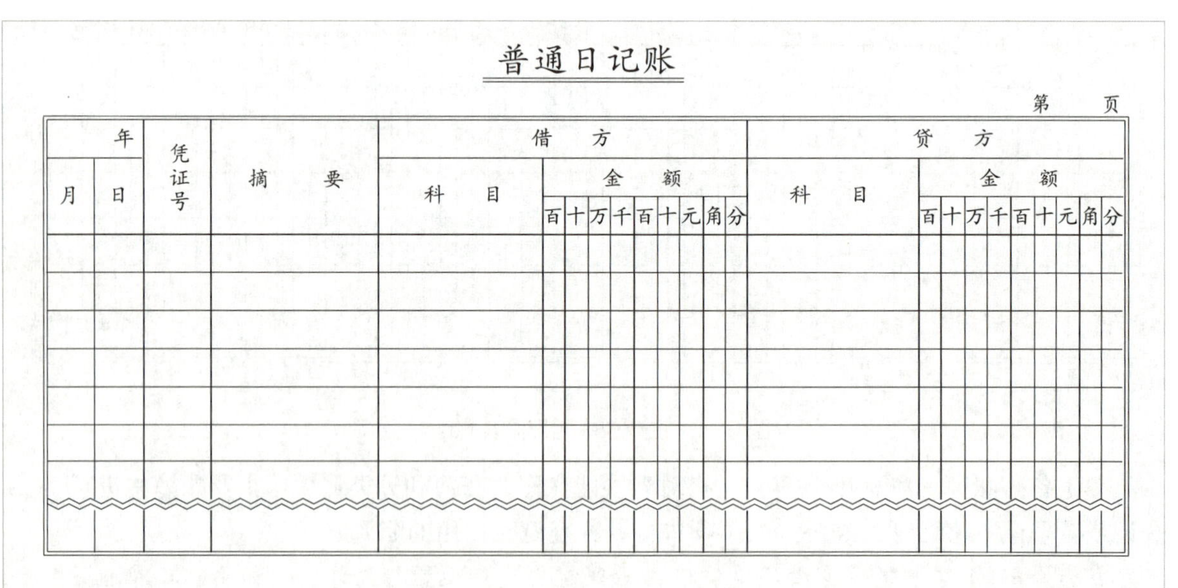

普通日记账

第　页

<table>
<tr><td colspan="2">年</td><td rowspan="3">凭证号</td><td rowspan="3">摘要</td><td colspan="10">借方</td><td colspan="10">贷方</td></tr>
<tr><td rowspan="2">月</td><td rowspan="2">日</td><td rowspan="2">科目</td><td colspan="9">金额</td><td rowspan="2">科目</td><td colspan="9">金额</td></tr>
<tr><td>百</td><td>十</td><td>万</td><td>千</td><td>百</td><td>十</td><td>元</td><td>角</td><td>分</td><td>百</td><td>十</td><td>万</td><td>千</td><td>百</td><td>十</td><td>元</td><td>角</td><td>分</td></tr>
</table>

图 6-6　两栏式账簿

（2）三栏式账簿。三栏式账簿是指其账页的格式有借方、贷方和余额三栏或者收入、支出和余额三栏的账簿。

适用范围：各种日记账、总分类账以及资本、债权债务明细账等。

三栏式账簿如图 6-7 所示。

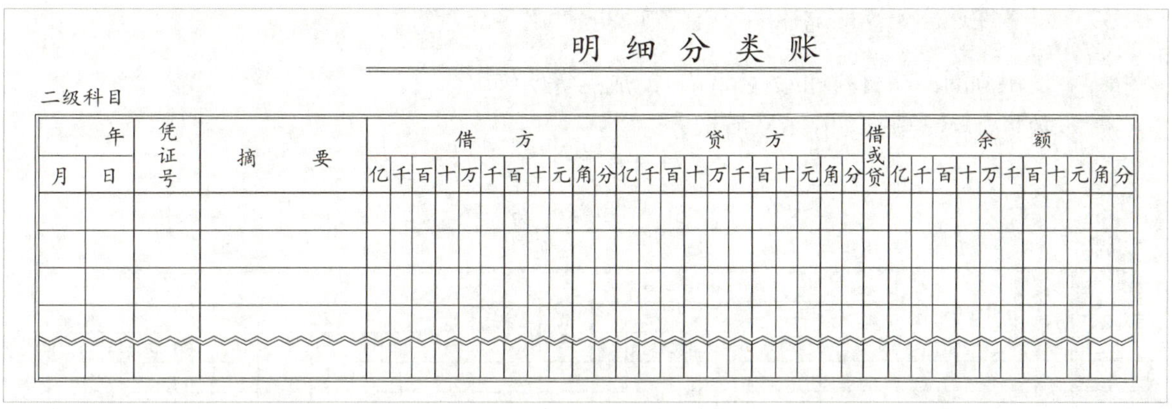

明细分类账

二级科目

年		凭证号	摘要	借方											贷方											借或贷	余额										
月	日			亿	千	百	十	万	千	百	十	元	角	分	亿	千	百	十	万	千	百	十	元	角	分		亿	千	百	十	万	千	百	十	元	角	分

图 6-7　三栏式账簿

（3）多栏式账簿。多栏式账簿是指在账页的“借方”和“贷方”栏内分别按照明细科目或某明细科目的各明细项目设置若干专栏的账簿。这种账簿可以按“借方”和“贷方”分别设专栏，也可以只设“借方”专栏，“贷方”的内容在相应的借方专栏内用红字登记，表示冲减。

适用范围：收入、费用明细分类账一般均采用这种格式的账簿。

多栏式账簿如图 6-8 所示。

制造费用明细分类账

年		凭证号	摘要	借方发生额										成本项目																																							
														修理费										其他										水电费										工资									
月	日			千	百	十	万	千	百	十	元	角	分	千	百	十	万	千	百	十	元	角	分	千	百	十	万	千	百	十	元	角	分	千	百	十	万	千	百	十	元	角	分	千	百	十	万	千	百	十	元	角	分

图 6-8　多栏式账簿

（4）数量金额式账簿。数量金额式账簿是指在账页中设置“借方”、“贷方”和“余额”或者“收入”、“发出”和“结存”三大栏，并在每一大栏内分设数量、单价和金额等三小栏的账簿。

提 示

数量金额式账簿能够反映财产物资的实际数量和价值量。

适用范围：原材料和库存商品、产成品等明细账。

数量金额式账簿如图 6-9 所示。

明 细 分 类 账

二级科目　　　　　　　　　　　　　　　　单位：元

年		凭证号	摘要	借方											贷方											结余										
月	日			数量	单价	金额									数量	单价	金额									数量	单价	金额								
						百	十	万	千	百	十	元	角	分			百	十	万	千	百	十	元	角	分			百	十	万	千	百	十	元	角	分

图 6-9　数量金额式账簿

（5）横线登记式账簿。横线登记式账簿是指账页中设置借方和贷方两个基本栏目，每一个栏目再根据需要分设若干栏次，在账页借、贷两方的同一行分别记录某一经济业务自始至终所有事项的账簿。

适用范围：需要逐笔结算的经济业务的明细账，如物资采购、应收账款等。

横线登记式账簿如图 6-10 所示。

材 料 采 购 明 细 分 类 账

2019 年 2 月份　　　　　　　　　　　　单位：元

序号	销货单位名称	材料名称	借方						贷方						备注
			日期	凭证号数	发票编号	买价	采购费用	合计	日期	凭证号数	入库单号	采购成本		合计	
1	京唐公司	木板	1	2	略	20 000	500	20 500	3	6		20 500		20 500	
2	盛世公司	皮料	20	3	略	35 000	1 000	36 000	22	13		36 000		36 000	

图 6-10　横线登记式账簿

3. 按照账簿的外形特征分类

按照账簿的外形特征可以将账簿分为订本式账簿、活页式账簿和卡片式账簿。

（1）订本式账簿。订本式账簿又称订本账，是指在账簿启用前就把具有账户基本结构并连续编号的若干张账页固定地装订成册的账簿。

订本式账簿的优点：可以避免账页散失，防止账页被随意抽换，比较安全。

订本式账簿的缺点：由于账页固定，不能根据需要增加或减少，不便于按需调整各账户的账页，也不便于分工记账。

适用范围：总分类账、库存现金日记账和银行存款日记账。

订本式账簿如图 6-11 所示。

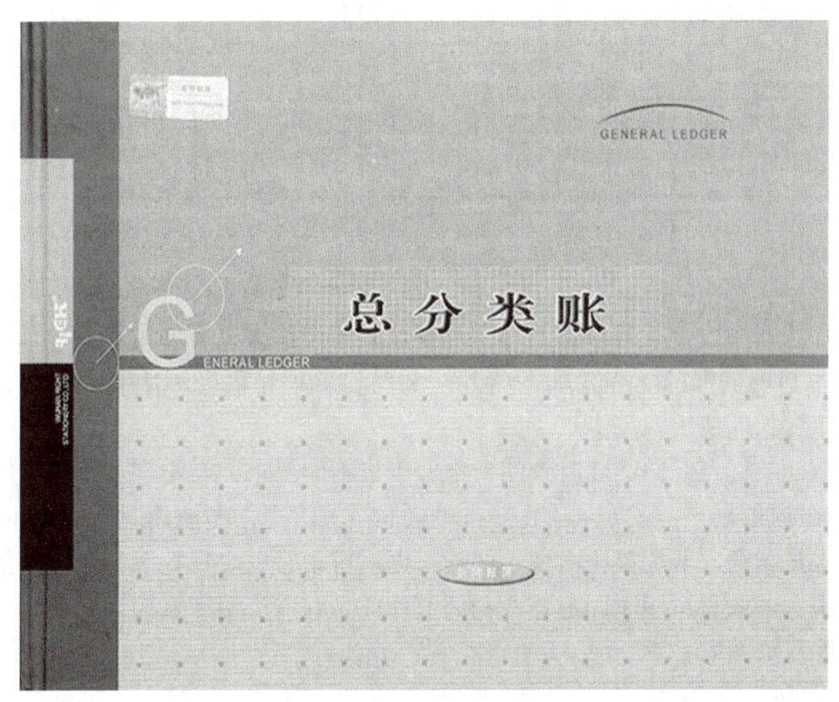

图 6-11　订本式账簿

（2）活页式账簿。活页式账簿又称活页账，是指年度内账页不固定装订成册，而是将其放置在活页账夹中的账簿。当账簿登记完毕之后（通常是一个会计年度结束之后），才能将账页予以装订，加具封面，并给各账页连续编号。

活页式账簿的优点：随时取放，便于账页的增加和重新排列以及分工记账和记账工作电算化。

活页式账簿的缺点：账页容易散失和被随意抽换。活页账在年度终了时，应及时装订成册，妥善保管。

活页式账簿的适用范围：各种明细分类账。

活页式账簿如图 6-12 所示。

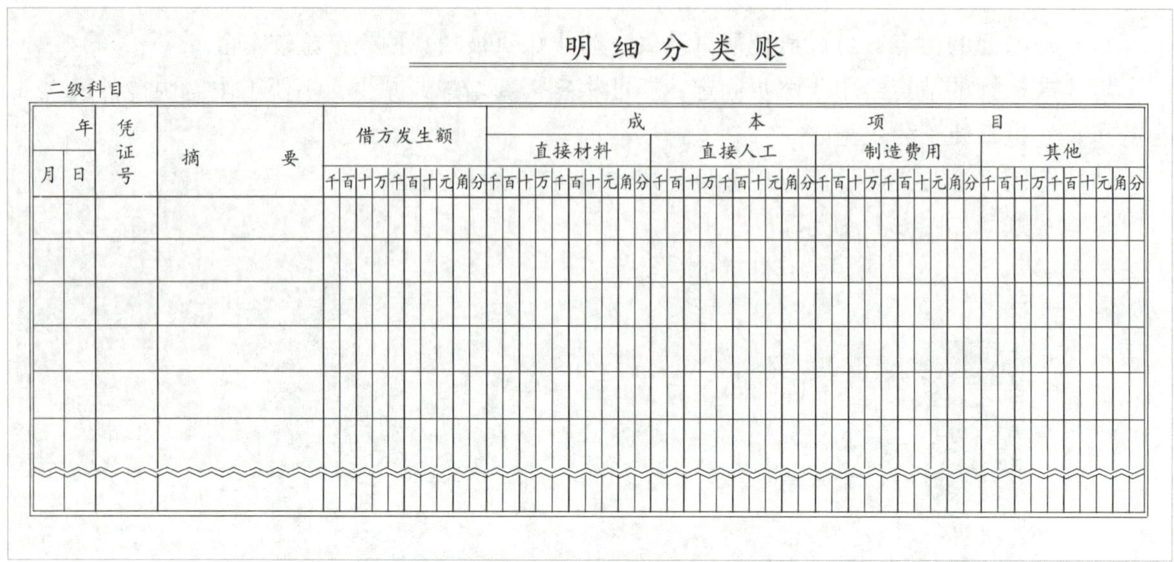
明细分类账

二级科目

年		凭证号	摘要	借方发生额	成本项目			
月	日				直接材料	直接人工	制造费用	其他
				千百十万千百十元角分	千百十万千百十元角分	千百十万千百十元角分	千百十万千百十元角分	千百十万千百十元角分

图 6-12 活页式账簿

（3）卡片式账簿。卡片式账簿又称卡片账，是指由许多具有一定格式的卡片组成，存放在一定卡片箱内的账簿。卡片账的卡片一般装在卡片箱内，不用装订成册，随时可存放，也可跨年度长期使用。

卡片式账簿的优点：便于随时查阅，也便于按不同要求归类整理，不易损坏。

卡片式账簿的缺点：账页容易散失和随意抽换。因此，在使用时应对账页连续编号，并加盖有关人员图章，卡片箱应由专人保管，更换新账后也应封扎保管，以保证其安全。

适用范围：一般只适用于固定资产和低值易耗品等资产明细账。

卡片式账簿如图 6-13 所示。

固定资产卡片

卡片编号　　日期

固定资产编号______　固定资产名称______

类别编号______　类别名称______　资产租名称______

规格型号______　使用部门______

增加方式______　存放地点______

使用状况______　使用年限（月）______　折旧方法______

开始使用日期______　已计提月份______　币种______

原值______　净残值率______　净残值______

累计折旧______　月折旧率______　本月计提折旧额______

净值______　对应折旧科目______　项目______

录入人　　录入日期

图 6-13 卡片式账簿

子任务 6.1.3 会计账簿的内容

虽然不同账簿所记录的经济内容不同，格式又多种多样，但无论何种账簿，都包括以下几项基本内容。

1. 封面

封面主要用于表明账簿的名称，如库存现金日记账、银行存款日记账、总分类账、应收账款明细账等。

2. 扉页

扉页主要用于载明经管人员一览表，其应填列的内容主要有：经管人员、移交人员和移交日期；接管人员和接管日期。

3. 账页

账页是用来记录具体经济业务的载体，其格式因记录经济业务内容的不同而有所不同，但每张账页上应载明的主要内容有：账户的名称（即会计科目），记账日期栏，记账凭证种类和号数栏，摘要栏（经济业务内容的简要说明），借方、贷方金额及余额的方向、金额栏；总页次和分页次等。

会计账簿的封面、扉页和账页分别如图 6-14、图 6-15 和图 6-16 所示。

图 6–14　封面

账簿启用表										
单位名称										单位盖章
账簿名称										
账簿编号	年 总 册 第 册									
账簿页数	本账簿共计 页 第 页									
启用日期	年 月 日 至 年 月 日									
经管人员	负责人			主办会计			记账			
	职别	姓名	盖章	职别	姓名	盖章	职别	姓名	盖章	
交接记录	职别	姓名	接管			移交				印花税票粘贴处
			年	月	日	盖章	年	月	日	盖章

图6-15 扉页

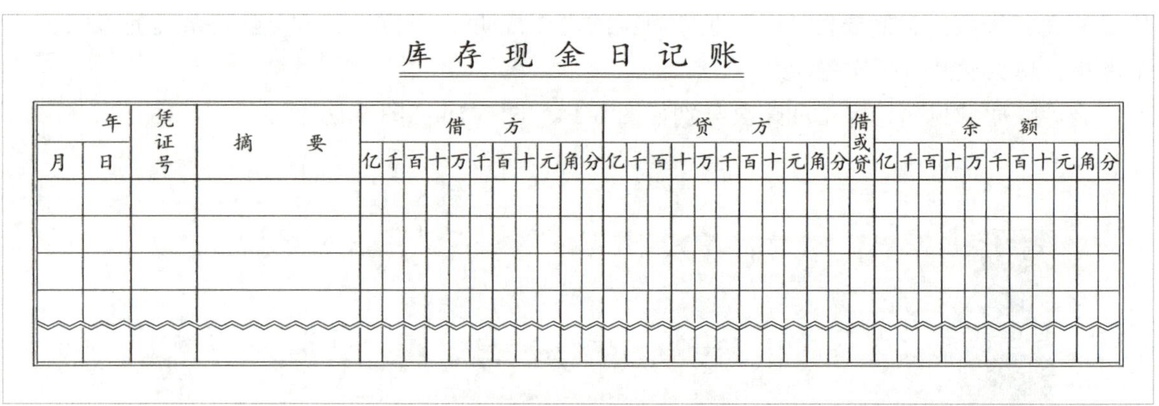

库存现金日记账

年		凭证号	摘要	借方											贷方											借或贷	余额										
月	日			亿	千	百	十	万	千	百	十	元	角	分	亿	千	百	十	万	千	百	十	元	角	分		亿	千	百	十	万	千	百	十	元	角	分

图6-16 账页

任务6.2 启用和设置会计账簿

情景列表	情　景　实　例
启用和设置会计账簿	北京市鼎盛股份有限公司启用银行存款日记账，填制了账簿的封面和封底、启用日期、启用说明、科目名称等信息

子任务 6.2.1 启用会计账簿

启用会计账簿时，应当在账簿的有关位置记录以下相关信息。

1. 设置账簿的封面和封底

各种活页账都应设置封面和封底，要求登记单位名称、账簿名称和所属会计年度。账簿的封皮一般是通用的，只要自行写好账簿的名称就可以。

2. 登记账簿启用及经管人员一览表

在启用新会计账簿时，首先将扉页上“账簿启用表”中的各项内容填写完成。“账簿启用表”，其中记载了关于该账簿的相关信息，包括单位名称、账簿名称、账簿编号、起止日期、单位负责人、主管会计、审计人员和记账人员等项目，并加盖单位公章。当会计人员发生变更时，应办理交接手续并填写“账簿启用表”中的“交接记录”（见图 6-15）。

3. 填写账户目录

应按照会计科目的编号顺序填写“目录表”中的科目名称及启用页码，这样在进行相关查找时才可以很快地定位科目页码，目录表如图 6-17 所示。

目录表

科目	编号	起讫页数	科目	编号	起讫页数	科目	编号	起讫页数
库存现金		1						
银行存款		3						
其他货币资金		5						

图 6-17 目录表

提示

在启用活页式明细分类账时，应按照所属会计科目填写科目名称和页码，在年度结账后，撤去空白账页，填写使用页码。所以在正常使用期间，活页式明细分类账的页码是不确定的，用以区别定位的就是各式的口取纸。

4. 粘贴印花税票

印花税票应粘贴在账簿的右上角，并且需要在上面画两条红色横线表示注销。

子任务 6.2.2 会计账簿的设置要求

会计账簿的设置应当符合以下要求：

（1）保证系统、全面地反映和监督经济活动的情况，满足经济管理的需要，为经济管理提供总括及明细核算资料。

（2）保证组织严密，各账簿之间既要有明确的分工，又要有密切的联系，考虑人力和物力的节约，力求避免重复或遗漏。账簿的格式应简便适用，便于登记、查找、更正错误和保管。

任务 6.3 会计账簿的登记规则和各类会计账簿的登记

情景列表	情 景 实 例
登记会计账簿	北京市鼎盛股份有限公司从银行提取 8 000 元现金备用，根据填制并审核的付款凭证登记账簿，除了登记库存现金日记账和银行存款日记账外，还要平行登记银行存款与库存现金总账

子任务 6.3.1 登记规则

账簿登记时应遵循以下规则：

（1）根据审核无误的会计凭证进行登记。

（2）做到数字准确、摘要清楚、内容完整、登记及时。

（3）登记账簿后，要在付款凭证上签名或者盖章，并在付款凭证的过账标记栏注明已经登账的符号，如画“√”等，以避免重记或漏记，如图 6-18 所示。

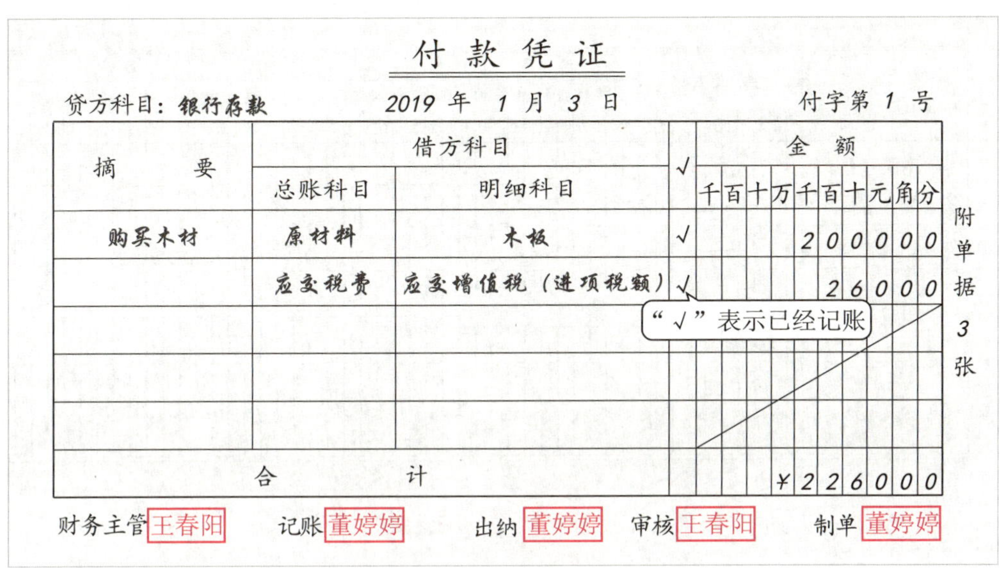

付款凭证

贷方科目：银行存款　　2019 年 1 月 3 日　　付字第 1 号

摘要	借方科目		√	金额									
	总账科目	明细科目		千	百	十	万	千	百	十	元	角	分
购买木材	原材料	木板	√					2	0	0	0	0	0
	应交税费	应交增值税（进项税额）	√						2	6	0	0	0
合计							¥	2	2	6	0	0	0

附单据 3 张

财务主管 王春阳　记账 董婷婷　出纳 董婷婷　审核 王春阳　制单 董婷婷

图 6-18　注明记账符号

（4）必须使用蓝黑墨水或碳素墨水笔登记账簿，不得使用圆珠笔（银行的复写账簿除外）或铅笔，一来可以防止涂改，二来便于长期保存。但下列情况可以使用红色墨水笔进行登记：

①按照红字冲账的记账凭证账簿中在用红字冲销错误记录，如图 6-19 所示。

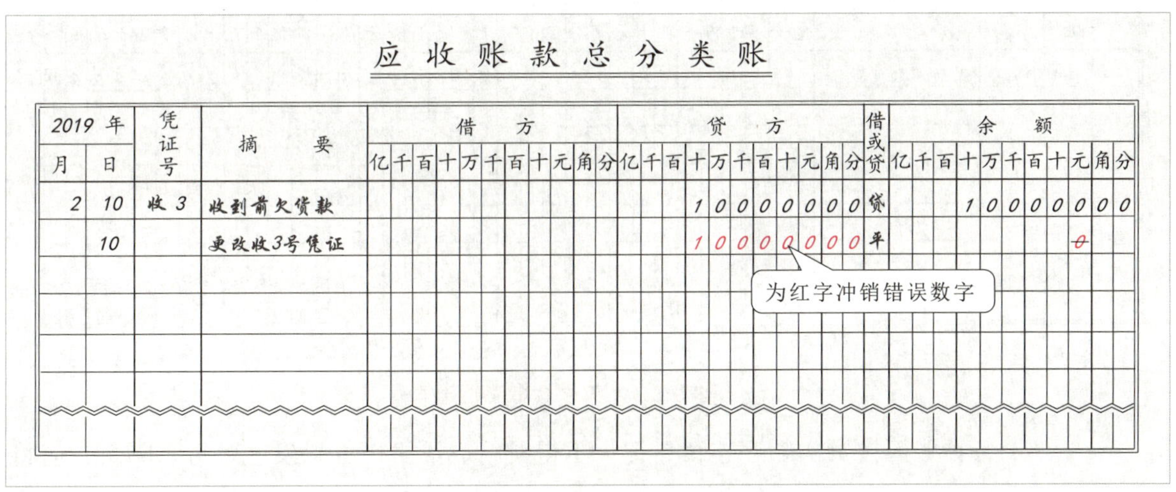

应收账款总分类账

2019 年		凭证号	摘要	借方											贷方											借或贷	余额										
月	日			亿	千	百	十	万	千	百	十	元	角	分	亿	千	百	十	万	千	百	十	元	角	分		亿	千	百	十	万	千	百	十	元	角	分
2	10	收 3	收到前欠货款															1	0	0	0	0	0	0	0	贷				1	0	0	0	0	0	0	0
	10		更改收3号凭证															1	0	0	0	0	0	0	0	平									0		

图 6-19　更改错账

②在不设“借方”或“贷方”栏的多栏式账页中，登记减少数，如图 6-20 所示。

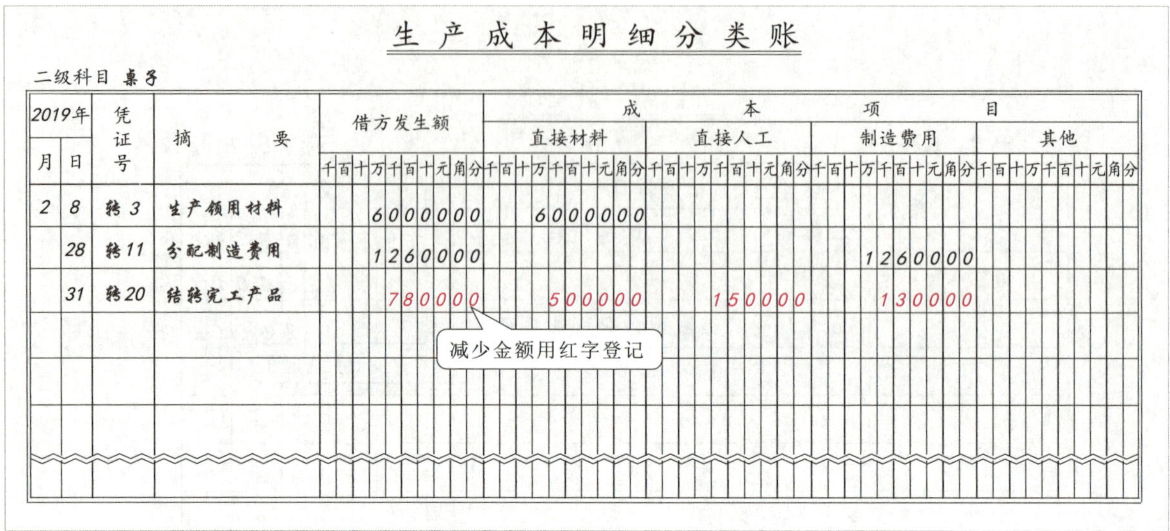

生产成本明细分类账

二级科目 桌子

2019年 月	日	凭证号	摘要	借方发生额	成本项目：直接材料	直接人工	制造费用	其他
2	8	转3	生产领用材料	6000000	6000000			
	28	转11	分配制造费用	1260000			1260000	
	31	转20	结转完工产品	780000	500000	150000	130000	

图 6-20　登记减少数

③在未设置“借或贷”的三栏式账户余额栏登记反方向余额。

④会计制度中规定可以用红字登记的其他会计记录，如结账画线等。

（5）账簿中的文字和数字书写要符合规范，易于辨认。文字和数字紧靠底线，一般占格距的 1/2，上方留适当空距，便于更正错账。没有角分的整数，小数点后的两个“0”不得省略不写，如图 6-21 所示。

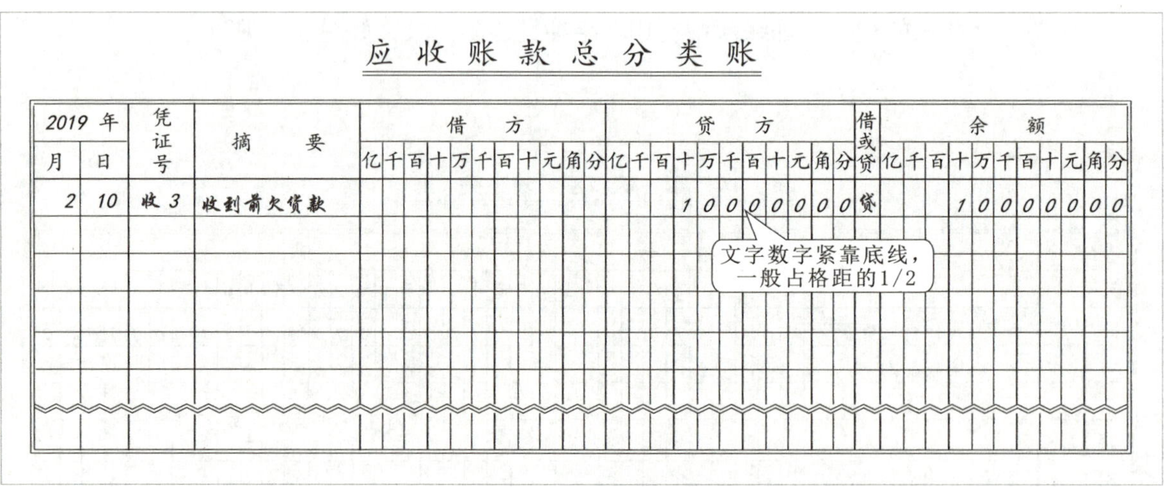

应收账款总分类账

2019年 月	日	凭证号	摘要	借方	贷方	借或贷	余额
2	10	收3	收到前欠货款		10000000	贷	10000000

图 6-21　文字、数字的书写

（6）各种账簿按页次顺序连续登记，不得跳行、隔页。如果发生跳行、隔页，应将空行、空页用红色墨水笔画对角线注销，或注明“此行空白”“此页空白”字样，并由记账人员签章，以示证明。不得撕毁订本式账簿的账页和任意抽换活页式账簿的账页，如图 6-22 所示。

应收账款总分类账

2019年 月	日	凭证号	摘要	借方（亿千百十万千百十元角分）	贷方（亿千百十万千百十元角分）	借或贷	余额（亿千百十万千百十元角分）
2	5	转2	销售桌椅	10000000		借	10000000
2	10	收3	收到前欠货款		10000000	平	θ
			此行空白 彦明				
	10	转5	销售桌椅			借	9700000

登账时如果发生跳行，应将空行用红色墨水笔画对角线注销，或注明“此行空白”字样，并由记账人员签章

图 6-22　跳行处理

（7）每一账页登记完毕结转下页时，应结出本页发生额合计数及余额，写在本页最后一行和下页第一行有关栏内，并在本页的“摘要”栏内注明“过次页”字样，在次页的“摘要”栏内注明“承前页”字样（也可只在次页第一行做承前操作）。对需要结计本月发生额的账户，结计“过次页”的本页合计数应当为自本月初起至本页末止的发生额合计数；对需要结计本年累计发生额的账户，结计“过次页”的本页合计数应当为自年初起至本页末止的累计数；对既不需要结计本月发生额，也不需要结计本年累计发生额的账户，可以只将每页末的余额结转至次页，这样就保证了相关账页之间记录的连续性，如图 6-23 所示。

应收账款总分类账

2019年 月	日	凭证号	摘要	借方（亿千百十万千百十元角分）	贷方（亿千百十万千百十元角分）	借或贷	余额（亿千百十万千百十元角分）
			承前页	3000000	10000000	贷	7000000
2	12	转8	收到前欠货款		6000000	贷	13000000
	18	转10	销			借	5000000
	20	转13	收		3000000	借	2000000
			过次页	21000000	19000000	借	2000000

每一账页登记完毕结转下页时，应结出本页发生额合计数及余额，在次页第一行“摘要”栏内注明“承前页”字样

每一账页登记完毕结转下页时，应结出本页发生额合计数及余额，注明“过次页”字样

图 6-23　结转下页

（8）定期结算账簿记录。凡结出余额的账户，需要在标明余额方向的“借或贷”栏内写明“借”或“贷”字样。没有余额的账户，应在该栏内写“平”字，并在余额栏“元”位填写“θ”表示，如图 6-24 所示。

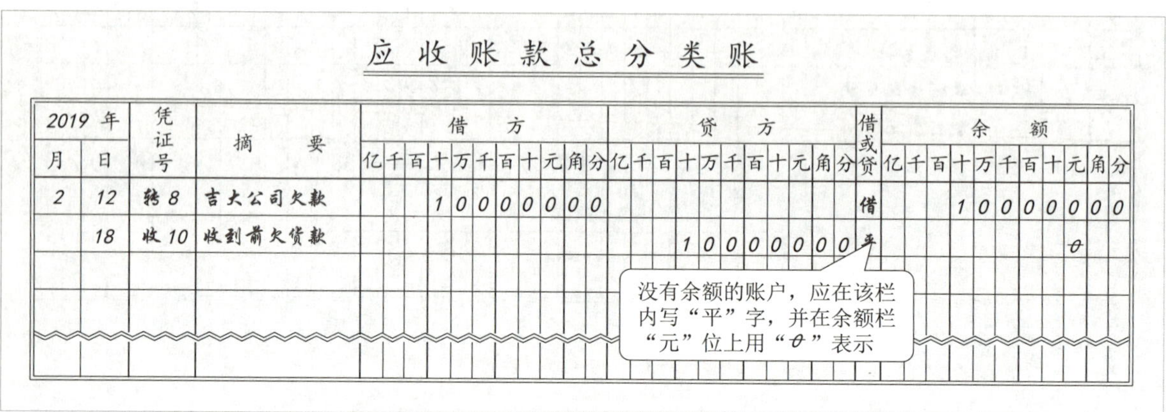

应收账款总分类账

2019 年 月	日	凭证号	摘要	借方（亿千百十万千百十元角分）	贷方（亿千百十万千百十元角分）	借或贷	余额（亿千百十万千百十元角分）
2	12	转 8	吉大公司欠款	10000000		借	10000000
	18	收 10	收到前欠货款		10000000	平	θ

图 6-24　结出余额

（9）实行会计电算化的单位，其总账和明细账应当定期打印。发生的收款和付款业务，在输入收款凭证和付款凭证的当天必须打印出库存现金日记账和银行存款日记账，并与库存现金核对无误。打印的会计账簿必须连续编号，经审核无误后装订成册，并由记账人员和会计机构负责人或会计主管人员签章，防止账页散失和被抽换，以保证会计资料的真实、完整行。

（10）账簿记录发生错误时，不得刮擦、挖补、随意涂改或用褪色药水更改字迹，也不准重新抄写，应根据错误的具体情况，按规定的方法予以更正。

子任务 6.3.2 各类会计账簿的登记

1. 登记日记账

（1）登记库存现金日记账。由出纳人员根据审核后的现金收款凭证和现金付款凭证，按经济业务发生时间的先后顺序逐日逐笔登记。具体登记方法如下：

①“日期栏”填写与现金实际收、付日期一致的记账凭证日期。

②“凭证栏”填写所入账的收、付款凭证的“字”和“号”。

③“摘要栏”填写经济业务的简要内容。

④“对方科目栏”填写与“库存现金”账户发生对应关系的账户的名称。

⑤“收入栏”“支出栏”填写每笔业务的现金实际收、付金额。

⑥库存现金日记账应进行“日清”。

提示

如果一个单位的现金收付业务不多，可不填写本日合计行，但需结出每日的余额并填写在每日所记最后一笔经济业务行的“余额栏”内；每日应将库存现金日记账的“余额”与库存现金核对，以检查每日现金收付是否有误。

登记库存现金日记账如图 6-25 所示。

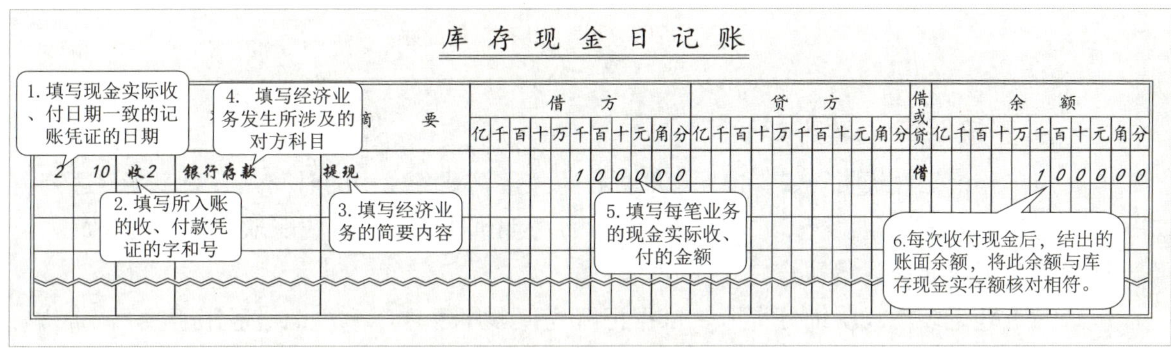

图 6-25 登记库存现金日记账

（2）登记银行存款日记账。由出纳人员根据与银行收、付业务有关的记账凭证，按时间先后顺序逐日逐笔登记。具体登记方法如下：

①“日期栏”填写与银行存款实际收、付日期一致的记账凭证日期。

②“凭证栏”填写所入账的收、付款凭证的“字”和“号”。

③“摘要栏”填写经济业务的简要内容。

④“结算凭证种类、编号栏”填写银行存款收、支的凭据名称和编号。

⑤“对方科目栏”填写与“银行存款”账户发生对应关系的账户名称。

⑥“收入栏”“支出栏”填写银行存款实际收、付的金额。

⑦银行存款日记账应定期与“对账单”进行核对。

提示

如果一个单位的银行存款收、付业务不多，可不填写本日合计行，但需结出每日的余额并填写在每日所记最后一笔经济业务行的“余额栏”内。

登记银行存款日记账如图 6-26 所示。

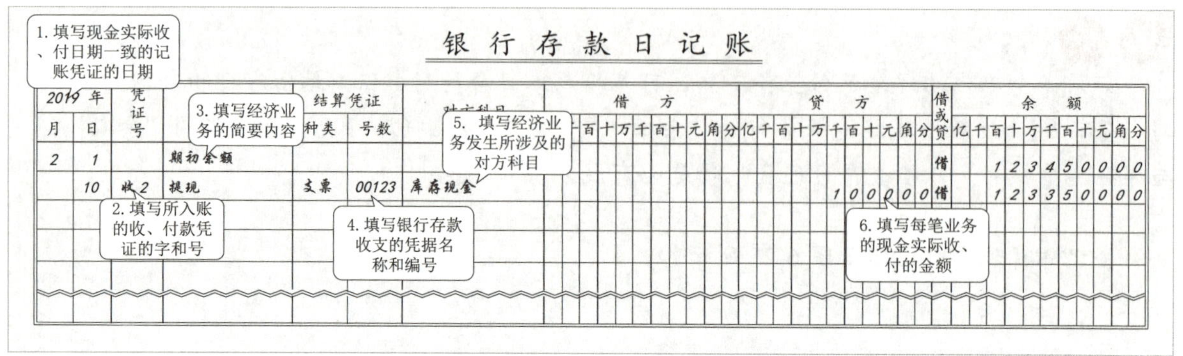

图 6-26　登记银行存款日记账

2. 登记明细分类账

（1）登记三栏式明细账。根据记账凭证，按经济业务发生的时间先后顺序逐日逐笔登记，适用于只进行金额核算的资本、债权、债务明细账，如“应收账款”“应付账款”“长期借款”“短期借款”等账户。

（2）登记多栏式明细分类账。依据记账凭证顺序逐日逐笔登记，适用于收入、成本、费用、利润和利润分配等明细账。其主要包括以下 3 种形式：

①借方多栏式（成本费用类明细账）。

②贷方多栏式（收入类明细账）。

③借方、贷方多栏式。“本年利润”“利润分配”“应交税费”等明细账一般采用此格式。

对于借方多栏式明细账，各明细项目的贷方发生额因未设置贷方专栏，如果出现贷方发生额，则用“红字”登记在借方栏的明细项目专栏内，以表示对该项目金额的冲销或转出。

（3）登记数量金额式明细账。一般由会计人员和业务人员（如仓库保管员）根据原始凭证按照经济业务发生的时间先后顺序逐日逐笔登记，适用于既要进行金额核算又要进行数量核算的存货明细账，如“原材料”“库存商品”“包装物”“低值易耗品”等存货账户。具体登记内容如下：

①凭证字、号栏。按所依据的原始凭证的字和号进行填写，如收料单的“收”字、领料单的“领”字、产成品入库单的“入”字和出库单的“出”字等。

② 3 个数量栏。填写实际入、出库和结存的财产物资的数量。

③入库单价栏和金额栏。按照所入库材料的单位成本登记。

④出库栏和结存栏中的单价栏和金额栏。登记时间及登记金额取决于企业所采用的期末存货计价方法。在采用月末一次加权平均法下，出库和结存的单价栏与金额栏只在每月

月末登记一次。

数量金额式明细账的具体登记内容如图 6-27 所示。

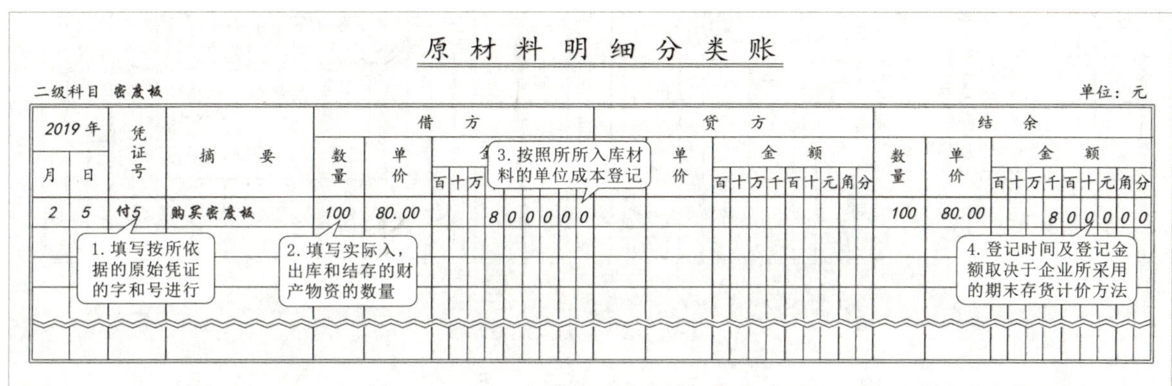

图 6-27　登记数量金额式明细账

（4）横线登记式明细账。将每一相关的业务登记在一行，从而可依据每一行各个栏目的登记是否齐全来判断该项业务的进展情况。这种明细账适用于登记材料采购、应收票据和一次性备用金业务。

3. 登记总分类账

总分类账既可以根据记账凭证逐笔登记，也可以根据经过汇总的科目汇总表或记账凭证等登记。具体登记内容如下：

（1）日期栏填写登记总账所依据的记账凭证的日期。

（2）凭证字、号栏填写登记总账所依据的记账凭证的字（如收、付、转字、科汇字、汇收字、现收字等）和编号。

（3）摘要栏填写所依据的凭证的简要内容。依据记账凭证登账的，应填写与记账凭证中的摘要内容一致的内容；依据科目汇总表登账的，可填写“某日至某日发生额”字样；依据汇总记账凭证登账的，可填写“第 × 号至第 × 号记账凭证”字样。

（4）借或贷栏表示余额的方向，填写“借”字或“贷”字。

（5）借、贷方金额栏填写依据凭证上记载的各账户的借、贷方发生额。

登记总分类账如图 6-28 所示。

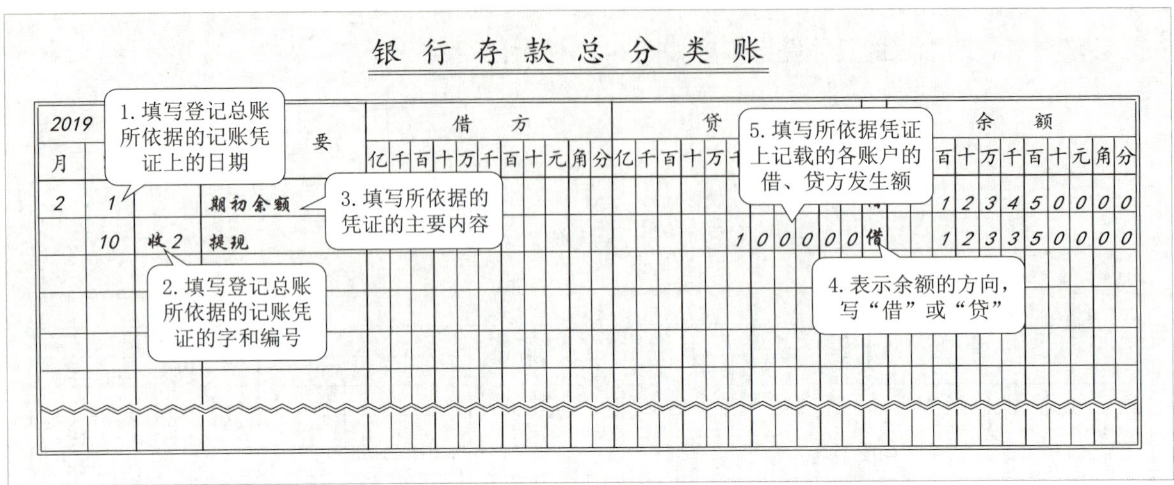

图 6-28 登记总分类账

4. 平行登记总分类账和明细分类账

平行登记是指对所发生的每一笔经济业务，在以会计凭证为依据进行登记时，要同时登记总分类账和其所属的相关明细分类账。平行登记的要点如下：

（1）依据相同。对所发生的经济业务，都要以相同的会计凭证为依据。

（2）方向相同。方向是指记账方向，即指“借方”和“贷方”。方向相同就是总分类账登记“借方”，明细分类账也要登记“借方”。同样，总分类账登记“贷方”，明细分类账也要登记“贷方”。

（3）期间相同。对每项经济业务都要在同一会计期间（如每月）进行平行登记。

（4）金额相等。每笔经济业务都要以相等的金额既登记总账，又登记其所属明细分类账。

这里的金额相等是指明细账之和等于总账。

账簿及其格式、外形特征如表 6-1 所示。

表 6-1 账簿及其格式、外形特征

账簿类别		分类账		日记账
		总分类账	明细分类账	
按账页格式分	三栏式	√	√	√
	多栏式		√	√
	数量金额式		√	
	横线登记式		√	
按外形特征	订本账	√		√
	活页账		√	
	卡片账		√	

任务 6.4 查找和更正错账

情景列表	情 景 实 例
查找错账	北京市鼎盛股份有限公司会计人员在期末平账时，发现借方合计数是 4 300 元，贷方合计数是 5 700 元，其差数是 1 400 元（5 700 − 4 300），用 1 400 除以 2 得 700 元。这 700 元可能是记错方向，即应记借方而误记贷方的错数。将这 700 元由贷方改记借方，借、贷双方的合计平衡数均是 5 000 元
更正错账	北京市鼎盛股份有限公司会计人员用银行存款支付所欠供货单位货款 17 600 元，在登记“应付账款”账户时，将 17 600 元误记为 16 700 元，科目、方向无误，采用划线更正法更正错账

子任务 6.4.1 查找错账的方法

1. 差数法

差数法是按照错账的差数查找错误的方法。

如果在记账过程中只登记了会计分录的借方或贷方，漏记了另一方，那么就会导致试算平衡中借方合计与贷方合计不等。其表现形式是：借方金额漏记，会使贷方超出该漏记的金额；贷方金额漏记，会使借方超出该漏记的金额。对于这样的差错，可由会计人员通过回忆并与相关金额的记账进行核对来查找。

2. 尾数法

尾数法一般只可以查找发生角、分错误的小数部分，借此提高整体查找差错的效率。

3. 除 2 法

除 2 法是以差数除以 2 来查找错账的方法。

当某个借方金额错记入贷方（或相反）时，出现错账的差数表现为错误的 2 倍，将此差数用 2 去除，得出的商数即是反向的金额。

理 解

北京市鼎盛股份有限公司将应记入“原材料——防火板”账户的借方金额 4 000 元误记入贷方，则该明细账户的期末余额将小于其总分类科目期末余额 8 000 元，被 2 整除的商数是 4 000 元，即为借、贷方向反向的金额。

4. 除 9 法

除 9 法是指以差数除以 9 来查找错误的方法。

分别适用于以下 3 种情况：

（1）将数字写小。

如将 500 写成 50，错误数字小于正确数字 9 倍。查找的方法是以差数除以 9 后得出的商即为写错的数字，商乘以 10 后所得的积即为正确数字。上例差数 450（即 500 － 50）除以 9，商 50 即为错数，扩大 10 倍后即可得出正确数字 500。

（2）将数字写大。

如将 80 写成 800，错误数字大于正确数字 9 倍。查找的方法是以差数除以 9 后得出的商为正确的数字，商乘以 10 后所得的积为错误数字。上例差数 720（即 800 － 80）除以 9 后，所得的商 80 为正确数字，80 乘以 10（即 800）为错误数字。

（3）将邻数写颠倒，即在过账时，把相邻的两个数互换了位置。

理解

例如，将 48 错记成 84，或将 84 错记成 48。两个数字颠倒后，个位数变成了十位数，十位数变成了个位数，这就造成了差数为 9 的倍数：如前大后小颠倒为前小后大，正确数与错误数的差额就是一个正数。这个差数除以 9 所得的商的有效数字便是相邻颠倒两数的差值。

提示

会计人员在填制会计凭证和登记账簿过程中，要灵活运用查找的方法，有时需要几种方法结合起来并用，切忌生搬硬套。

子任务 6.4.2 更正错账的方法

账簿记录错误，不准涂改、挖补、刮擦或者用药水消除字迹，亦不准重新抄写，而应根据错误的具体情况和性质，采用规范的方法予以更正。错账更正的具体方法主要有划线更正法、红字更正法和补充登记法 3 种。

1. 划线更正法

适用范围：在结账前发现账簿记录有文字或数字错误，而记账凭证没有错误。

更正方法：更正时，可在错误的文字或数字上画一条红线，在红线的上方填写正确的文字或数字，并由记账及相关人员在更正处盖章，以明确责任。

更正时不得只划销错误数字，应将全部数字划销，并保持原有数字清晰可辨，以便审查。

【情景 6-2】北京市鼎盛股份有限公司审计员王江对其公司的账簿与记账凭证进行审计时发现一笔用银行存款支付所欠供货单位货款 17 600 元的业务，其原编会计分录为：

借：应付账款　　17 600

　　贷：银行存款　　17 600

会计人员在登记“应付账款”账户时，将 17 600 元误记为 16 700 元，科目、方向无误，其更正如图 6-29 所示。

应付账款明细分类账

二级科目 大兴有限公司

2019年		凭证号	摘要	借方											贷方											借或贷	余额										
月	日			亿	千	百	十	万	千	百	十	元	角	分	亿	千	百	十	万	千	百	十	元	角	分		亿	千	百	十	万	千	百	十	元	角	分
6	1		期初余额																							贷					1	7	6	0	0	0	0
	10	付2	支付前欠货款					1 ~~1~~	7 ~~6~~	6 ~~7~~	0 ~~0~~	0 ~~0~~	0 ~~0~~	0 ~~0~~												平									θ		

图 6-29　用划线更正法更正登记错误的业务

2. 红字更正法

适用范围：

（1）因记账凭证中的应借、应贷会计科目出现错误而引起的记账错误。

（2）记账凭证和账簿记录中应借、应贷会计科目无误，只是所记金额大于应记金额。

更正方法：

（1）用红字填写一张与原错误记账凭证完全相同的记账凭证，以示注销原错误记账凭证，然后用蓝字填写一张正确的记账凭证，并据以记账。

（2）按多记金额用红字编制一张与原记账凭证应借、应贷科目完全相同的记账凭证，以冲销多记金额，并据以记账。

【情景 6-3】北京市鼎盛股份有限公司 2019 年 2 月 5 日开出现金支票 600 元，支付企业管理部门日常零星开支。编制会计分录如下：

借：管理费用　　600

　　贷：库存现金　　600

2月10日，审计员王江在查账时，发现了该编制记账凭证错用了会计科目，将银行存款误用为库存现金。因此，应采用红字更正法进行更正，并据以登记入账。相应的会计分录更正如下：

借：银行存款　　600

　　贷：库存现金　　600

凭证更正如图6-30所示。

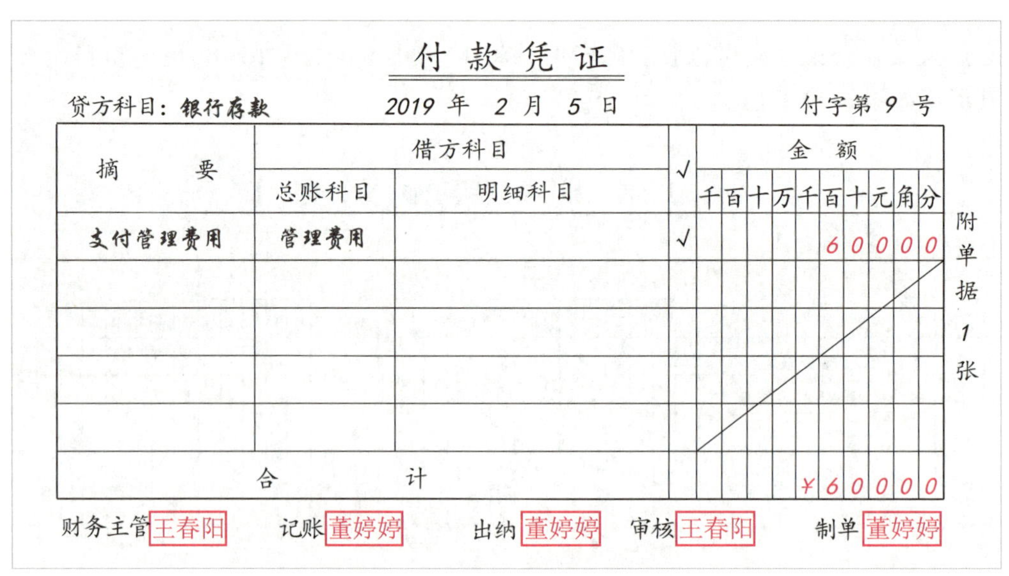

付款凭证

贷方科目：银行存款　　2019年2月5日　　付字第9号

摘要	借方科目		√	金额									
	总账科目	明细科目		千	百	十	万	千	百	十	元	角	分
支付管理费用	管理费用		√						6	0	0	0	0
合计								¥	6	0	0	0	0

附单据1张

财务主管王春阳　记账董婷婷　出纳董婷婷　审核王春阳　制单董婷婷

图6-30　付款凭证更正

【情景6-4】北京市鼎盛股份有限公司在2月末结转本月实际完工产品成本4 900元。原编记账凭证的会计分录为：

借：库存商品　　9 400

　　贷：生产成本　　9 400

审计员王江在查账时发现了该错误。该错账属于科目无误，只是将4 900元误记为9 400元，多计4 500元，应做如下更正：

借：库存商品　　4 500

　　贷：生产成本　　4 500

凭证更正如图6-31所示。

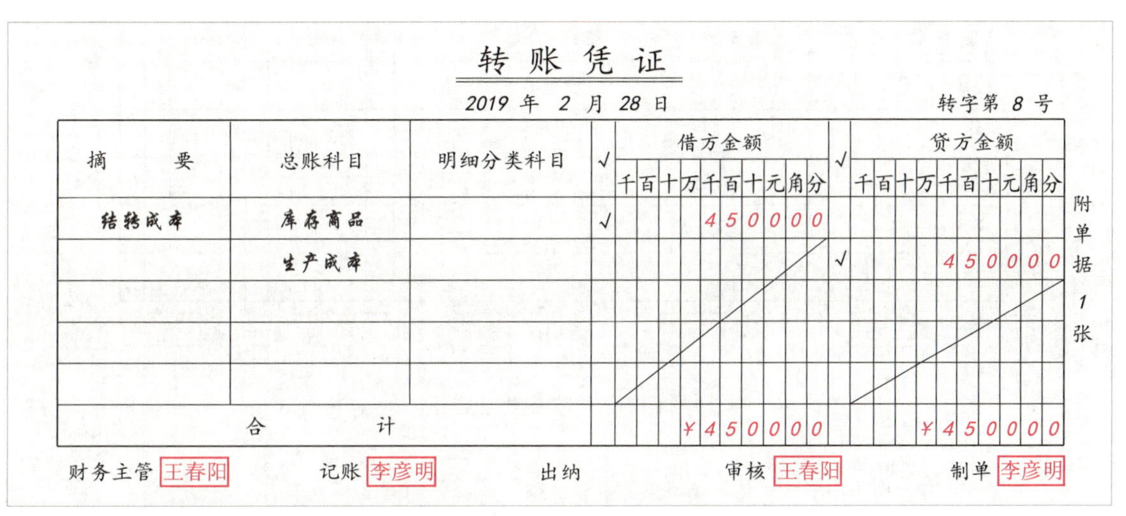

转账凭证

2019 年 2 月 28 日　　转字第 8 号

摘要	总账科目	明细分类科目	√	借方金额	√	贷方金额
结转成本	库存商品		√	450000		
	生产成本				√	450000
合计				¥450000		¥450000

附单据 1 张

财务主管 王春阳　记账 李彦明　出纳　审核 王春阳　制单 李彦明

图 6-31　转账凭证更正

3. 补充登记法

适用范围：若记账时发现记账凭证和账簿记录中应借、应贷会计科目无误，只是所记金额小于应记金额，则采用补充登记法进行更正。

更正方法：按少记的金额用蓝字编制一张与原记账凭证应借、应贷科目完全相同的记账凭证，以补充少记的金额，并据以记账。

【情景 6-5】北京市鼎盛股份有限公司 2019 年 2 月 20 日收到购货单位偿还上月所欠贷款 7 600 元。原编记账凭证的会计分录为：

借：银行存款　　6 700

　　贷：应收账款——北京市中华家具厂　　6 700

审计员王江在查账时发现了该笔数字记录错误的业务。该错账属于科目无误，只是将 7 600 元误记为 6 700 元，少计 900 元，应做如下更正：

借：银行存款　　900

　　贷：应收账款——北京市中华家具厂　　900

凭证更正如图 6-32 所示。

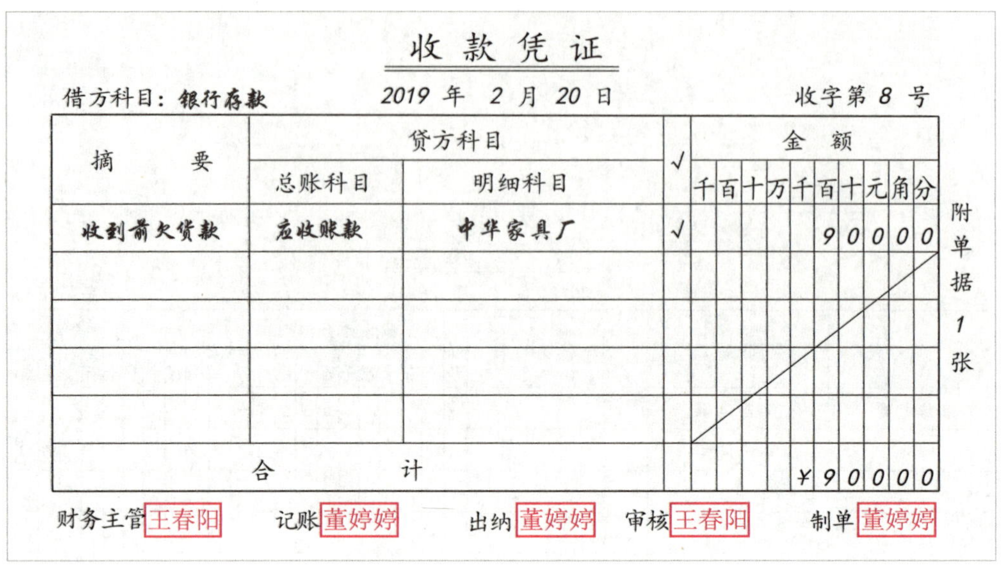

收款凭证

借方科目：银行存款　　2019 年 2 月 20 日　　收字第 8 号

摘要	贷方科目		√	金额									
	总账科目	明细科目		千	百	十	万	千	百	十	元	角	分
收到前欠货款	应收账款	中华家具厂	√						9	0	0	0	0
合计								¥	9	0	0	0	0

附单据 1 张

财务主管 王春阳　记账 董婷婷　出纳 董婷婷　审核 王春阳　制单 董婷婷

图 6-32　收款凭证更正

任务 6.5 对账

情景列表	情 景 实 例
对账	北京市鼎盛股份有限公司会计人员每天下班前，都要将库存现金日记账账面余额与库存现金数额核对，检查账实是否相符

子任务 6.5.1 对账的概念

对账是指对各种账簿记录进行核对的工作。对账一般是在月末、季末、年末所有经济业务登记入账后、结账前进行。

提示

账簿记录的真实可靠并不完全取决于账簿本身，还涉及账簿与会计凭证的关系，以及账簿记录与实际情况是否一致等问题。

子任务 6.5.2 对账的基本内容

会计对账工作的主要内容包括账证核对、账账核对、账实核对。

1. 账证核对

账证核对是将账簿记录与会计凭证进行核对，核对账簿记录与原始凭证，以及记账凭证的时间，凭证字号、内容、金额是否一致，记账方向是否相符。

账证相符是保证账账相符、账实相符的基础。

2. 账账核对

账账核对即利用各种账簿之间的钩稽关系，通过对账簿间进行相互核对，做到账账相符。账簿之间的核对包括以下内容：

（1）核对总分类账簿的记录。

（2）总分类账簿与所属明细分类账簿核对。

（3）总分类账簿与序时账簿核对。

（4）明细分类账簿之间的核对。

3. 账实核对

账实核对即将各项财产物资、债权债务等账面余额与实有数额进行核对，做到账实相符。核对内容主要包括：

（1）库存现金日记账账面余额与库存现金数额是否相符。

（2）银行存款日记账账面余额与银行对账单的余额是否相符。

（3）各项财产物资明细账账面余额与财产物资的实有数额是否相符。

（4）有关债权债务明细账账面余额与对方单位的账面记录是否相符等。

任务 6.6 结账

情景列表	情　景　实　例
结账	月末，北京市鼎盛股份有限公司会计人员在库存现金日记账的最后一笔经济业务记录下面画单红线，结出本月发生额和余额，并将期末余额转入到下一期

子任务 6.6.1 结账的概念

结账就是在把一定时期（月份、季度、半年度、年度）内所发生的经济业务全部登记入账的基础上，结计出所有账户的本期发生额和期末余额，并做出结账标记，表示本期账簿登记已经结束，再结合账簿记录编制会计报表，并将期末余额转入下期的一项会计工作。

子任务 6.6.2 结账的种类

结账按其结算时期不同，主要有月结、季结和年结三种。

子任务 6.6.3 结账的方法

（1）对不需按月结计本期发生额的账户，月末结账时，只需要在最后一笔经济业务记录之下通栏画单红线，不需要再结计一次余额。如各项债权、债务明细账和各种财产物资明细账等每次记账以后，都要随时结出余额，每月最后一笔余额即为月末余额。

【情景 6-6】应收账款明细分类账结账方法如图 6-33 所示。

应 收 账 款 明 细 分 类 账

二级科目 东风工厂

2019年		凭证号	摘要	借方											贷方											借或贷	余额										
月	日			亿	千	百	十	万	千	百	十	元	角	分	亿	千	百	十	万	千	百	十	元	角	分		亿	千	百	十	万	千	百	十	元	角	分
1	1		期初余额																							借						2	5	0	0	0	0
	2	转2	东风工厂欠款					7	5	0	0	0														借					7	7	5	0	0	0	0
	5	收2	收回欠款																7	5	0	0	0	0	0	借						2	5	0	0	0	0

在最后一笔经济业务记录之下通栏画单红线

图 6-33 应收账款明细账结账方法

结账的标志就是画线，目的是突出有关数字，表示本期的会计记录已经截止或结束，并将本期与下期的记录明显区分。

（2）对于库存现金、银行存款日记账和需要按月结计发生额的收入、费用等明细账，每月结账时，要在最后一笔经济业务记录下面通栏画单红线，结出本月发生额和余额。

在摘要栏内注明"本月合计"字样，在下面通栏画单红线。

【情景 6-7】银行存款日记账结账方法如图 6-34 所示。

银行存款日记账

2019年 月	日	凭证号	摘要	借方	贷方	借或贷	余额
9	1		期初余额			借	26980000
	18	收5	收销货款	23000000		借	49980000
	22	付6	付材[illegible]		2000000	借	47980000
	29	付7	购买[illegible]		104500	借	47875500
	30	付9	付货款		9000000	借	38875500
			本月合计	23000000	11104500	借	38875500

图 6-34 银行存款日记账结账方法

（3）对需要结计本年累计发生额的账户，既要进行本月发生额的月结，又要进行年度累计发生额的月结。如“本年利润”“利润分配”总账及所属明细账、采用“表结法”下的损益类账户等。

每月结账时，先在该月最后一笔经济业务记录的下一行（月结行）紧靠上线画通栏单红线，进行月结；然后再在“月结行”的下一行（本年累计行），结出自年初始至本月末止的累计发生额和月末余额，在摘要栏内注明“本年累计”字样，并在本年累计行的下一行紧靠上线通栏画双红线。

【情景 6-8】主营业务收入明细分类账结账方法如图 6-35 所示。

主营业务收入明细分类账

二级科目桌子

2019年 月	日	凭证号	摘要	借方	贷方	借或贷	余额
1	3	收1	销售桌子		2400000	贷	2400000
	8	转2	销售桌子		2400000	贷	4800000
	10	转3	销售桌子		3600000	贷	8400000
	15	收3	销售桌子		3600000	贷	12000000
	23	转16	结转损益	12000000		平	θ
			本月合计	[illegible]00	12000000	平	θ
			本年累计	[illegible]00	12000000	平	θ

图 6-35 主营业务收入明细分类账结账方法

（4）对总账账户平时只需结出月末余额。年终结账时要将所有的总账账户结出全年发生额和年末余额。在摘要栏内注明“本年累计”字样，并在合计数下通栏画双红线。库存商品总分类账结算方法如图 6-36 所示。

库存商品总分类账

2019年 月	日	凭证号	摘要	借方	贷方	借或贷	余额
12	1		期初余额			借	8660000
	31	转11	结转完工产品	2460000		借	11124000
	31	转14	结转销售成本		7100000	借	4024000
			本月合计	2460000	7100000	借	4024000
			本年累计	2460000	7100000	借	4024000

本年累计行的下一行紧靠上线通栏画双红线

图 6-36　库存商品总分类账结算方法①

年度终了结账时，有余额的账户，要将其余额结转下年，并在“摘要”栏内注明“结转下年”字样；在下一会计年度新建有关会计账户的第一行“余额”栏内，填写上年结转的余额，即将有余额的账户的余额直接计入新账“余额”栏内，并在“摘要”栏注明“上年结转”字样。结转时不需要编制记账凭证。库存商品总分类账结算方法如图 6-37 所示。

总分类账

在下一会计年度新建有关会计账户的第一行余额栏内，填写上年结转的余额，即将有余额的账户的余额直接计入新账余额栏内，并在摘要栏注明“上年结转”字样。

2019年 月	日	凭证号	摘要	借方	贷方	借或贷	余额
12	1		上年结转			借	8660000
	31	转11	结转完工产品	2460000		借	11124000
	31	转14	结转销售成本		7100000	借	4024000
			本月合计	2460000	7100000	借	4024000
			本年合计	2460000	7100000	借	4024000
			结转下年			借	4024000

年度终了结账时，有余额的账户，要将其余额结转下年，并在摘要栏内注明“结转下年”字样

图 6-37　库存商品总分类账结算方法②

项目小结

本项目主要介绍了会计账簿的概念和种类，会计账簿的启用、设置要求和登记规则；介绍了错账的查找和更正方法，以及对账和结账的方法。通过对本项目的学习，相信读者可以对会计账簿和会计账簿的使用有一个基本的了解。

项目训练

【资料】

北京市鼎盛股份有限公司2019年6月20日开出现金支票1 200元，支付企业管理部门日常零星开支。会计人员编制了下列记账凭证的会计分录：

借：管理费用　　1 200

　　贷：库存现金　　1 200

7月10日，审计人员在查账时发现了该记账凭证错用了会计科目，将银行存款误用为库存现金。

【要求】

根据上述内容分析北京市鼎盛股份有限公司应采用哪种更正凭证的方法来进行更正。

项目 7
财产清查

应知应会

- 了解财产清查的概念和种类。
- 了解盘存制度。
- 掌握财产清查的方法。
- 了解财产清查的程序。
- 掌握财产清查的账务处理。

关键词

- 财产清查（property inventory）；
- 永续盘存制（perpetual inventory system）；
- 实地盘存制（physical inventory system）。

本项目在本书中的地位

本项目是全书比较重要的一个项目，掌握财产清查的程序和过程能够对理解并掌握如何登记会计账簿起到补充和完善的作用。

业务综述

财产清查是检查财产物资实际数与账簿登记数是否相一致的会计工作。会计人员在财产清查过程中的具体工作是：

- 清查货币资金；
- 清查实物资产；
- 清查往来款项；
- 对清查结果进行账务处理。

项目导图

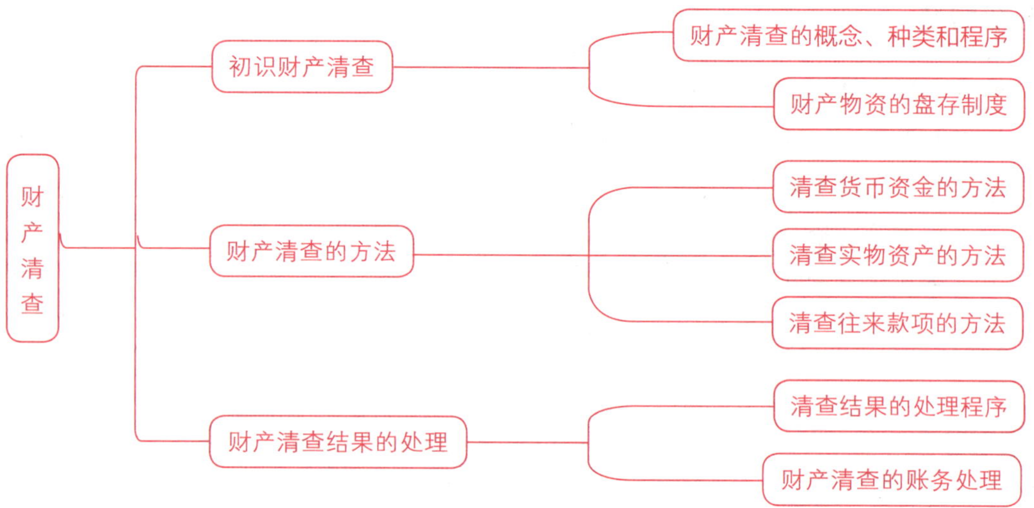

任务 7.1 初识财产清查

情景列表	情 景 实 例
认识财产清查	北京市鼎盛股份有限公司出纳人员每日业务终了清点核对一次库存现金，每月至少同银行核对一次银行存款

子任务 7.1.1 财产清查的概念

财产清查是指通过对货币资金、实物资产和往来款项等财产物资进行盘点或核对，确定其实存数，查明账存数与实存数是否相符的一种专门方法。

会计部门要在财产清查之前做到账账相符、账证相符，为财产清查提供可靠依据。

子任务 7.1.2 财产清查的种类

（1）按照清查范围分类，可以分为全面清查和局部清查，具体如表 7-1 所示。

表 7-1 全面清查和局部清查

种类	全面清查	局部清查
内容	是指对本单位所有的财产物资进行全面的盘点与核对	是指根据需要只对部分财产物资进行盘点和核对
特点	范围大、内容多、时间长、参与人员多	范围小、内容少、时间短、参与人员少，但专业性较强
范围	年终决算之前，单位撤销、合并或改变隶属关系前，中外合资、国内合资前，企业股份制改制前，开展全面的资产评估、清产核资前，单位主要领导调离工作前	现金（出纳人员每日业务终了清点核对一次）； 银行存款（出纳人员每月至少同银行核对一次）； 库存商品、原材料等存货（年内轮流盘点或重点抽查，贵重物资每月盘点一次）； 固定资产（一般于年底与同他资产一起进行全面清查）； 债权债务（每年至少应同对方核对 1 ~ 2 次）

（2）按照清查时间分类，可以分为定期清查和不定期清查，具体如表 7-2 所示。

表 7-2　定期清查和不定期清查

种类	定期清查	不定期清查
内容	根据管理制度的规定或预先计划安排的时间对财产物资进行的清查	根据实际需要对财产物资进行的临时性清查
特点	一般在年末、季末或月末结账时进行	具体时间不确定，如果工作需要，可随时进行
范围	可以是全面清查，也可以是局部清查	多数情况下是局部清查，如改换财产物资保管人员进行的有关财产物资的清查，发生意外灾害等进行的损失情况的清查，财政、税收、审计等部门进行突击会计检查等；也可以是全面清查，如单位撤销、合并或改变隶属关系而进行的全面清查

（3）按照清查的执行系统分类，可以分为内部清查和外部清查，具体如表 7-3 所示。

表 7-3　内部清查和外部清查

种类	内部清查	外部清查
内容	是指由本单位内部自行组织清查工作小组所进行的财产清查工作。大多数财产清查都是内部清查	是指由上级主管部门、审计机关、司法部门、注册会计师根据国家有关规定或情况需要对本单位所进行的财产清查。一般来讲，进行外部清查时应有本单位相关人员参加

子任务 7.1.3　财产清查的程序

财产清查一般包括以下程序：

（1）建立财产清查组织 。

提示

清查单位应成立由以会计师或主管领导为组长的财产清查领导小组，成员应包括财务、生产、技术、设备、行政等各有关部门人员。

（2）组织清查人员学习有关政策规定，掌握有关法律、法规和相关业务知识，以提高财产清查工作的质量。

（3）确定清查对象、范围，明确清查任务，并拟定财产清查任务书。

（4）制订清查方案，具体安排清查内容、时间、步骤、方法，以及必要的清查前准备工作。

（5）清查时本着先清查数量、核对有关账簿记录等，后认定质量的原则进行。

（6）填制盘存清单。

（7）根据盘存清单填制实物、往来账项清查结果报告表。

财产清查不仅包括资产实存数量和质量的检查，还应包括资产价值量的测定，并关注资产是否发生减值情况。

子任务 7.1.4 财产物资的盘存制度

财产物资的盘存制度是指在日常会计核算中确定财产物资账面结存数量的方法。财产物资的盘存制度包括永续盘存制和实地盘存制两种。

1. 永续盘存制

（1）永续盘存制的概念。永续盘存制是指在会计核算过程中通过设置存货明细账，并根据会计凭证逐笔登记存货的收入数（增加）和发出数（减少），随时可结出财产物资结存数的一种方法。

（2）永续盘存制的方法。收入和发出某项财产时，应根据有关会计凭证及时将收入数和发出数（包括收入数量和金额及发出数量和金额）登记在相应的明细账簿的收入栏和发出栏，并将收入与发出所引起的该项财产的结存数额及时结出，登记在账簿的结存栏内。

（3）永续盘存制的计算公式如下：

账面期末结存数＝账面期初结存数＋本期增加数－本期减少数

（4）永续盘存制的优缺点。永续盘存制优点是便于随时掌握财产物资的账面结存数，当发生溢缺时有利于查明原因、明确责任、及时纠正，加强财产物资的管理和控制。缺点是会计核算工作量较大。

2. 实地盘存制

（1）实地盘存制的概念。实地盘存制是指在会计核算过程中，对于各种财产物资，平时只登记其收入数，不登记其发出数，会计期末通过实地盘点确定实际盘存数，倒挤计算出本期发出财产物资数量的一种方法。

（2）实地盘存制的具体做法。①对于某项财产的增减变动，平时只依据会计凭证将增加数量和金额登记在相应账簿的收入栏内；②至于该项财产的减少数，则不在账簿中逐笔登记；③到结账时（一般为月末）根据实地盘点的数量作为账存数量，计算结余金额，作为账存金额。

（3）实地盘存制的公式。

期初结存数＋本期增加数－期末结存数＝本期耗用或销售存货数

期末结存数＝实际库存数量 × 存货单位成本

实际库存数量＝实地盘点数量＋已提未销数量－已销未提数量＋在途数量本期减少数

（4）实地盘存制的优缺点。实地盘存制的主要优点是会计核算工作量较小；缺点是不便于随时掌握财产物资的账面结存数和财产物资的溢缺情况，且手续不严密，倒挤出的财产物资的减少数中可能存在一些非正常因素，不利于对财产物资的管理和控制。

任务 7.2 财产清查的方法

情景列表	情景实例
熟悉财产清查的方法	北京市鼎盛股份有限公司出纳人员采用实地盘点法对库存现金进行清查。通过盘点，确定现金实存数，然后与库存现金日记账的账面结存数进行核对，查明账实是否相符

子任务 7.2.1 清查货币资金的方法

清查货币资金主要包括清查库存现金和清查银行存款两种。

1. 清查库存现金的方法

库存现金一般应采用实地盘点法进行清查。通过实地盘点，确定现金实存数，然后与库存现金日记账的账面结存数进行核对，以查明账实是否相符。

2. 清查银行存款的方法

银行存款的清查通常采用与开户银行核对账目的方法，企业每月须将企业“银行存款日记账”与“银行对账单”逐笔、逐项进行核对并确定是否存在错弊。

银行存款的清查应按以下顺序进行：

（1）核对“银行存款日记账”与“银行对账单”余额。银行对账单是指由企业开户银行所记录的、反映该银行存款存入和使用情况的记录单。

银行对账单如图 7-1 所示。

银行对账单

账号：110205650542873333

单位：北京市鼎盛股份有限公司　　2019 年 1 月 31 日

交易日期	交易摘要	票号	借方（支出）	贷方（收入）	余额
2019年1月1日	结余				1 000.00
2019年1月3日	存入	862548		10 000.00	11 000.00
2019年1月8日	支取	925842	5 000.00		6 000.00
2019年1月10日	存入	201538		15 000.00	21 000.00
2019年1月18日	存入	235474		3 000.00	24 000.00
2019年1月28日	支取	233500	7 000.00		17 000.00

图 7-1　银行对账单

将“银行存款日记账”与“银行对账单”进行核对时，首先应核对两者的余额，如果余额相符，一般表明双方账簿记录正确；如两者余额不符，则存在两种可能：一是双方或一方记账有错误；二是存在未达账项。

（2）查找未达账项。未达账项是企业和银行之间由于记账时间不一致而发生的一方已入账，另一方未入账的事项。企业与银行之间的未达账项，分为以下四种情况：

①企业已收，银行未收，即企业已经收款入账，银行尚未收款入账的事项。

②企业已付，银行未付，即企业已经付款入账，银行尚未付款入账的事项。例如企业开出转账支票并已入账，而持票人尚未到银行办理转账业务。

③银行已收，企业未收，即银行已经收款入账，企业尚未收款入账的事项。

④银行已付，企业未付，即银行已经付款入账，企业尚未付款入账的事项。

提示

其中①、④两种未达账项会使企业银行存款日记账余额大于银行对账单余额。②、③两种未达账项会使企业银行存款日记账余额小于银行对账单余额。

（3）编制银行存款余额调节表。银行存款余额调节表的编制方法是：以双方账面余额为基础，各自分别加上对方已收款入账而己方尚未入账的数额，减去对方已付款入账而己方尚未入账的数额。具体公式为

企业银行存款日记账余额＋银行已收企业未收款－银行已付企业未付款＝银行对账单存款余额＋企业已收银行未收款－企业已付银行未付款。

“银行存款余额调节表”编制完毕后，如调节后余额相符，说明银行存款账实相符，应由清查人员、出纳人员和会计主管在“银行存款余额调节表”上签字后将其存档保管。如果调节后余额不符，则说明企业和开户银行双方记账过程可能存在错误。如属于开户银行错误，应当交由银行核查更正；如属于企业错误，应查明错误所在，区别漏记、重记、错记或串记等情况，分别采用不同的方法进行更正。

提示

“银行存款余额调节表”是一种对账记录或对账工具，不能作为调整账面记录的依据，即不能根据银行存款余额调节表中的未达账项来调整银行存款账面记录，未达账项只有在收到有关凭证后才能进行有关的账务处理。

（4）将“银行存款余额调节表”调整平衡，经主管会计签章后，呈报开户银行。凡有几个银行户头以及开设有外币存款户头的单位，应分别按存款户头开设“银行存款日记账”。每月月底，应分别将各户头的“银行存款日记账”与各户头的“银行对账单”核对，并分别编制各户头的“银行存款余额调节表”。

【情景 7-1】根据北京市鼎盛股份有限公司 2019 年 9 月基本存款账户的“银行存款日记账”（见图 7-2）和本月底银行送来的“银行对账单”（见图 7-3），查找 2019 年 9 月的未达账项。

银行存款日记账

2019年 月	日	凭证号	摘要	借方（亿千百十万千百十元角分）	√	贷方（亿千百十万千百十元角分）	√	余额（亿千百十万千百十元角分）
9	1		期初余额					500000
	8	略	购买材料			100000		400000
	3		收到货款	1500000				1900000
	13		提现			300000		1600000
	18		销售产品	1000000				2600000
	30		收到前欠货款	250000				2850000

图 7-2 银行存款日记账

银行对账单

账号：110205650542873333

单位：北京市鼎盛股份有限公司 2019 年 9 月 30 日

交易日期	交易摘要	票号	借方（支出）	贷方（收入）	余额
2019年9月1日	结余				5 000.00
2019年9月5日	存入	104306	1 000.00		4 000.00
2019年9月8日	支取	102326		15 000.00	19 000.00
2019年9月13日	存入	201382	5 000.00		14 000.00
2019年9月18日	存入	235543		8 000.00	22 000.00
2019年9月30日	支取	102562		2 500.00	24 500.00

图 7-3 银行对账单

2019 年 9 月 30 日，“企业银行存款日记账”月末余额为 28 500 元，“银行对账单”余额为 24 500 元。经逐笔核对，发现下列未达账项：①银行代企业支付水电费 5 000 元，而企业未收到付款通知；②企业开出现金支票 3 000 元，已登记入账，但持票人尚未到银行提取现金；③银行代企业收回货款 8 000 元并登记入账，但企业尚未收到收款通知；④企业销售产品，计 10 000 元，已登记入账，而银行尚未入账。要求：编制银行存款余额调节表，具体如图 7-4 至图 7-6 所示。

银行存款日记账

2019 年 月	日	凭证号	摘要	借方（亿千百十万千百十元角分）	√	贷方（亿千百十万千百十元角分）	√	余额（亿千百十万千百十元角分）
9	1		期初余额					500000
	8	略	购买材料			100000	√	400000
	3		收到货款	1500000	√			1900000
	13		提现			300000		1600000
	18		销售产品	1000000				2600000
	30		收到前欠货款	250000	√			2850000

图 7-4　核对银行存款日记账

银行对账单

账号：1102056505428733333

单位：北京市鼎盛股份有限公司　　2019 年　9 月 30 日

交易日期	交易摘要	票号	借方（支出）	贷方（收入）	余额
2019年9月1日	结余				5 000.00
2019年9月5日	存入	104306	√1 000.00		4 000.00
2019年9月8日	支取	102326		√15 000.00	19 000.00
2019年9月13日	存入	201382	5 000.00		14 000.00
2019年9月18日	存入	235543		8 000.00	22 000.00
2019年9月30日	支取	102562		√2 500.00	24 500.00

图 7-5　核对银行对账单

银行存款余额调节表

编制单位：北京市鼎盛股份有限公司　2019 年 9 月 30 日　单位：元

项 目	金 额	项 目	金 额
企业方银行存款账面余额	28 500.00	银行方对账单余额	24 500.00
加：银行已收款记账、企业尚未记账的款项	8 000.00	加：企业已收款记账、银行尚未记账的款项	10 000.00
减：银行已付款记账、企业尚未记账的款项	5 000.00	减：企业已付款记账、银行尚未记账的款项	3 000.00
调节后的存款余额	31 500.00	调节后的存款余额	31 500.00

财务主管 王春阳　　制单 董婷婷

图 7-6　银行存款余额调节表

子任务 7.2.2 清查实物资产的方法

1. 清查实物资产的概念和种类

实物的清查是指对固定资产、材料、在产品、产成品等具有实物形态的财产物资进行的清查。实物清查常用的清查方法有实地盘点法和技术推算法。

（1）实地盘点法，是指通过点数、过磅、量尺等方法来确定实物财产的实有数额。这种方法一般适用范围较广。

（2）技术推算法，是指通过量方、计尺等技术方法，结合有关数据，推算财产物资实存数的一种方法。这种方法适用于成堆量大价值又不高而难以逐一清点的财产物资的清查。例如，露天堆放的煤炭等。

2. 清查实物资产的程序

（1）盘点实物资产的保管人员必须在场，并参加盘点工作。对实物资产的数量进行清查的同时，还要对实物资产的质量进行鉴定。

（2）登记盘存单。盘点实物资产后，应将盘点情况如实逐项登记在盘存单上，并由盘点人员和实物保管人员签章。

盘存单是记录实物资产盘点结果的书面证明，也是反映财产物资实有数的原始凭证。盘存单如图 7-7 所示。

盘存单

编制单位：北京市鼎盛股份有限公司　　2019 年 1 月 31 日

存放地点：一车间　　财产类别：原材料　　编号：02

序号	名称	规格	计量单位	盘点数量	单价	金额	备注
1	玻璃纸		千克	1 500	15.00	22 500.00	
2	桌布		米	1 000	10.00	10 000.00	

第二联：财务部门记账

盘点人：李彦明　　保管人：李 南

图 7-7　盘存单

（3）编制账存实存对比表。盘点完毕，将“盘存单”中所记录的实存数与账面结存数相核对，如发现实物盘点结果与账面结存结果不相符时，应根据“盘存单”和有关账簿记录，填制“账存实存对比表”，以确定实物财产的盘盈数或盘亏数。

提示

“账存实存对比表”是财产清查的重要报表，是调整账面记录的原始凭证。

账存实存对比表如图 7-8 所示。

账存实存对比表

编制单位：北京市鼎盛股份有限公司　　2019 年 2 月 28 日　　编号：02

名称	计量单位	单价（元）	实存		账存		盘盈		盘亏		备注
			数量	金额	数量	金额	数量	金额	数量	金额	
玻璃纸	千克	15.00	1 500	22 500.00	1 200	18 000.00	300	4 500.00			
碳素布	米	15.00	1 000	10 000.00	1 000	10 000.00					

第二联：财务部门记账

盘点人：李彦明　　保管人：李 南

图 7-8　账存实存对比表

子任务 7.2.3 清查往来款项的方法

采用与对方单位核对账目的方法来清查往来款项。具体方法为：在检查本单位结算往来款项账目正确性和完整性的基础上，根据有关明细分类账的记录按单位编制对账单，送交对方单位进行核对。

清查往来款项的一般程序如下。

1. 检查“往来明细账”余额

清查之前，首先检查本单位各种往来款项账簿上的记录是否登记完毕、是否准确。

2. 编制往来款项对账单

往来款项对账单分为上、下两联，上联为与往来单位进行核对的函证，需根据“往来明细账”注明需核对公司名称、结账日期、应收应付款金额等，并加盖单位印章后送达往来单位。下联为回单，为往来单位核对后的回复函，如对方单位核对相符，应由往来单位在回单上注明“核对无误”字样，并盖章退回；如发现数额不符，往来单位应在回单上注明不符情况，或另抄对账单退回，作为进一步核对的依据。

3. 编制往来款项清查结果报告表

往来款项清查结束后，应根据清查中发现的问题，及时编制“往来款项清查结果报告表”，列明核对相符与不符的金额。对于不相符金额，如果确系记录有误，应按规定手续进行更正，如果有未达账项，应进行调整，待收到正式凭证后，再进行账簿调整。对于有争执的款项以及无法收回的款项，应在报告单上详细列明情况，以便及时采取措施进行处理，避免或减少坏账损失。

任务 7.3 财产清查结果的处理

情景列表	情　景　实　例
对库存现金清查结果进行账务处理	北京市鼎盛股份有限公司在现金清查中发现现金溢余 800 元。经查，其中 600 元属于少支付给内蒙古万里林业公司的款项，另外 200 元原因不明
对存货清查结果进行账务处理	北京市鼎盛股份有限公司在财产清查中，发现 1 号仓库所储花梨木盘盈 6 根，经查是计量不准造成，报请公司经理会议批准后，做冲减管理费用处理
对固定资产清查结果进行账务处理	北京市鼎盛股份有限公司在财产清查过程中，发现一台未入账的设备，重置成本为 20 000 元，将其作为前期差错进行处理

子任务 7.3.1 清查结果的处理程序

财产清查中发现问题需要按规定的程序报经上级部门批准后才能进行会计处理。其处理的主要步骤如下。

1. 审批之前

根据“盘存单”“账存实存对比表”“现金盘点表”等已经查实的数据资料，填制记账凭证，记入有关账簿，使账簿记录与实际盘存数相符。同时根据权限，将处理建议报股东大会或董事会、经理（厂长）会议，或类似机构批准。

2. 审批之后

企业应严格按照有关部门对财产清查结果提出的处理意见进行账务处理，填制有关记账凭证，登记有关账簿，并追回由于责任者原因造成的财产损失。

子任务 7.3.2 财产清查的账务处理

为了核算和监督企业在财产清查中查明的各项财产物资的盘盈、盘亏和毁损及其处理情况，企业应设置“待处理财产损溢”账户。

“待处理财产损溢”账户属于双重性质的资产类账户，下设“待处理流动资产损溢”和“待处理非流动资产损溢”两个明细分类账户进行明细分类核算。

该账户的借方登记已发生但尚未处理的盘亏数和毁损数，以及经批准转销的盘盈数；贷方登记已发生但尚未处理的盘盈数，以及经批准后转销的盘亏数和毁损数。处理后，“待处理财产损溢”账户应无余额。

1. 清查库存现金的账务处理

（1）库存现金盘盈时按管理权限报经批准后，可以用以下几种方法进行账务处理。

①属于应支付给有关人员或单位的现金，借记“待处理财产损溢——待处理流动资产损溢”账户，贷记“其他应付款——某个人或单位”账户。

②属于无法查明原因的现金溢余，经批准后，借记“待处理财产损溢——待处理流动资产损溢”账户，贷记“营业外收入”账户。

【情景 7-2】2019 年 12 月 29 日，北京市鼎盛股份有限公司在现金清查中发现现金溢余 800 元。12 月 30 日，上述现金溢余经查其中 600 元属于少支付给内蒙古万里林业公司的款项，另外 200 元原因不明。

12 月 29 日，会计人员根据“现金盘点表”(报账联略)，编制会计分录如下：

借：库存现金　　800

　　贷：待处理财产损溢——待处理流动资产损溢　　800

根据上述会计分录，填制记账凭证，登记“库存现金”日记账及总账，做到账实相符。

12 月 30 日，经查上述现金溢余属于应支付给内蒙古万里林业公司的现金，经批准后转为“其他应付款”，剩下的 200 元原因不明，转作营业外收入，根据“现金盘点表”，编制会计分录如下：

借：待处理财产损溢——待处理流动资产损溢　800
　　贷：其他应付款——内蒙古万里林业公司　600
　　　　营业外收入　200

（2）库存现金盘亏时，按管理权限报经批准后，可以用以下几种方法进行账务处理。

①属于由责任人赔偿的部分，借记“其他应收款——××”账户，贷记“待处理财产损溢——待处理流动资产损溢”账户。

②属于应由保险公司赔偿的部分，借记“其他应收款——某保险公司”账户，贷记“待处理财产损溢——待处理流动资产损溢”账户。

③属于无法查明的其他原因，根据管理权限，经批准后，借记“管理费用”账户，贷记“待处理财产损溢——待处理流动资产损溢”账户。

【情景 7-3】2019 年 12 月 29 日，北京市鼎盛股份有限公司在现金清查中发现现金短缺 300 元。

① 12 月 29 日，会计人员根据“现金盘点表”，编制会计分录如下：

借：待处理财产损溢——待处理流动资产损溢　300
　　贷：库存现金　300

②根据上述会计分录，登记“库存现金”日记账及总账，做到账实相符。

③ 12 月 30 日，经查上述现金短款为出纳人员失职造成，由出纳人员董婷婷赔偿。会计人员根据处理决定，依照“现金盘点表”，编制会计分录如下：

借：其他应收款——董婷婷　300
　　贷：待处理财产损溢——待处理流动资产损溢　300

2. 清查存货的账务处理

（1）盘盈的存货，应按其重置成本作为入账价值，借记“原材料”“库存商品”等账户，贷记“待处理财产损溢——待处理流动资产损溢”账户。

对于盘盈的存货，应及时查明原因，按管理权限报经批准后，借记“待处理财产损溢”账户，贷记“管理费用”账户。

【情景 7-4】2019 年 12 月 28 日，北京市鼎盛股份有限公司在财产清查中，发现 1 号仓库所储花梨木盘盈 6 根，市场价每根 1 000 元，计 6 000 元。

① 12 月 28 日，会计人员根据“盘存单”及“账存实存对比表”，调整有关账户的数额，编制会计分录如下：

借：原材料——花梨木　6 000
　　贷：待处理财产损溢——待处理流动资产损溢　6 000

②根据上述会计分录，登记“原材料——花梨木”总账及明细账，做到账实相符。

③ 12 月 30 日，经查明，花梨木盘盈是因计量不准造成，经批准冲减本月管理费用。

会计人员根据“账存实存对比表”(批复联)，编制会计分录如下：

借：待处理财产损溢——待处理流动资产损溢　6 000
　　贷：管理费用　6 000

（2）盘亏的存货按管理权限报经批准后，可以用以下几种方法进行账务处理。

①属于自然损耗产生的定额内合理损耗，收发计量上的错误，经批准记入“管理费用”账户。

②属于超定额短缺以及存货毁损，能确定过失人的应由过失人负责赔偿，记入“其他应收款”账户；属于保险公司赔偿的，应向保险公司索赔，记入“其他应收款”账户；扣除过失人或保险公司赔款后的净损失，经批准计入“管理费用”账户。

③属于自然灾害及意外事故所造成的损失，应将可收回的残料价值借记“原材料”账户；应将向保险公司索赔的款项借记“其他应收款”账户；应将扣除残料价值、可收回的保险赔偿和过失人的赔偿后的净损失作为非常损失，借记“营业外支出”账户。

④属于无法收回的其他损失，在报经批准后，记入“管理费用”账户。

【情景 7-5】北京市鼎盛股份有限公司盘亏不饱和聚酯漆 100 千克，实际总成本 300 元，紫外线光硬化涂料毁损 50 千克，实际总成本 1 000 元。经查，不饱和聚酯漆属于自然损耗产生的定额内损耗；紫外线光硬化涂料系管理不善造成的毁损，预计可收回残料 400 元，应向保管人员吴丽索赔 100 元，尚未收到保管人员的赔款（假定不考虑增值税）。

在报经批准前，根据“账存实存对比表”确定的材料盘亏数调整账面记录，编制会计分录如下：

借：待处理财产损溢——待处理流动资产损溢　1 300
　　贷：原材料——不饱和聚酯漆　300
　　　　　　　——紫外线光硬化涂料　1 000

经批准后，转销材料盘亏的会计分录如下：

借：管理费用　800
　　其他应收款——吴丽　100
　　原材料　400
　　贷：待处理财产损溢——待处理流动资产损溢　1 300

3. 清查固定资产的账务处理

（1）盘盈的固定资产作为前期差错更正处理，通常按其重置成本作为入账价值借记“固定资产”账户，贷记“以前年度损益调整”账户。

【情景 7-6】北京市鼎盛股份有限公司在财产清查过程中，发现一台未入账的设备，重置成本为 20 000 元。该盘盈固定资产作为前期差错进行处理。假设不考虑增值税转型，该企业在盘盈固定资产时，应作如下会计处理：

借：固定资产　20 000
　　贷：以前年度损益调整　20 000

（2）固定资产盘亏时，按盘亏固定资产的账面价值借记“待处理财产损溢——待处理非流动资产损溢”账户，按已提折旧额，借记“累计折旧”账户，按其原价，贷记“固定资产”账户。涉及增值税和递延所得税的，还应按相关规定处理。

对于盘亏的固定资产，应及时查明原因，按管理权限报经批准后，按过失人及保险公司应赔偿额，借记“其他应收款”账户，按盘亏固定资产的原价扣除累计折旧后所得的过失人及保险公司赔偿差额，借记“营业外支出”账户，按盘亏固定资产的账面价值，贷记“待处理财产损溢——待处理非流动资产损溢”账户。

【情景 7-7】北京市鼎盛股份有限公司在财产清查中发现短缺设备一台，账面原价 50 000 元，已提折旧 10 000 元（假定不考虑增值税转型）。

在报经批准前根据“账存实存对比表”确定的固定资产盘亏数，调整账簿记录。企业编制会计分录如下：

借：待处理财产损溢——待处理固定资产损溢　　40 000
　　累计折旧　　10 000
　　贷：固定资产　　50 000

在批准后，根据批准处理意见，转销固定资产盘亏的会计分录如下：

借：营业外支出　　40 000
　　贷：待处理财产损溢——待处理固定资产损溢　　40 000

项目小结

本项目主要介绍了财产清查的概念、种类、程序、方法和账务处理，包括清查货币资金、清查实物资产，以及清查往来款项。通过对本项目的学习，相信读者可以对财产清查的内容及其相应的会计处理方法有一个全面的了解。

项目训练

【资料】

北京市鼎盛股份有限公司 2019 年 5 月 31 日的银行存款日记账月末余额为 23 000 元，银行对账单余额为 19 000 元。其“银行存款日记账”及本月底银行送来的“银行对账单”分别如图 7-9 及图 7-10 所示。

银行存款日记账

2019年		凭证号	摘要	借方（亿千百十万千百十元角分）	贷方（亿千百十万千百十元角分）	借或贷	余额（亿千百十万千百十元角分）
月	日						
5	1		期初余额				500000
	5	略	购买材料		200000		300000
	8		收到货款	1500000			1800000
	13		提现		300000		1500000
	18		销售产品	1000000			2500000
	31		收到前欠货款	200000			2700000

图 7-9 银行存款日记账

银行对账单

账号：110205650542873333

单位：北京市鼎盛股份有限公司 2019 年 5 月 31 日

交易日期	交易摘要	票号	借方（支出）	贷方（收入）	余额
2019年5月1日	结余				5 000.00
2019年5月5日	存入	203568	1 000.00		4 000.00
2019年5月8日	支取	568231		12 000.00	16 000.00
2019年5月13日	存入	203652	2 000.00		14 000.00
2019年5月18日	存入	695543		8 000.00	22 000.00
2019年5月31日	支取	102562		3 000.00	25 000.00

图 7-10 银行对账单

【要求】

根据以上资料查找出 2019 年 5 月的未达账项并编制银行存款余额调节表。

项目 8 编制会计报表

应知应会

- 了解会计报表的概念和种类。
- 熟知资产负债表的格式。
- 掌握资产负债表的编制方法。
- 熟知利润表的格式。
- 掌握利润表的编制方法。

关键词

- 会计报表（accounting statement）;
- 动态会计报表（dynamic accounting statement）;
- 个别会计报表（individual accounting statements）;
- 年度会计报表（annual accounting statement）;
- 资产负债表（balance sheet）;
- 利润表（profit statement）。

本项目在本书中的地位

本项目是全书非常重要的一部分。编制会计报表是会计核算工作的最终环节，是填制和审核会计凭证、登记账簿等内容的延续。

业务综述

会计报表是反映企业财务状况、经营成果和现金流量的一种报告，是会计核算工作的最终环节。会计人员所编制的会计报表主要包括：

- 资产负债表；
- 利润表。

项目导图

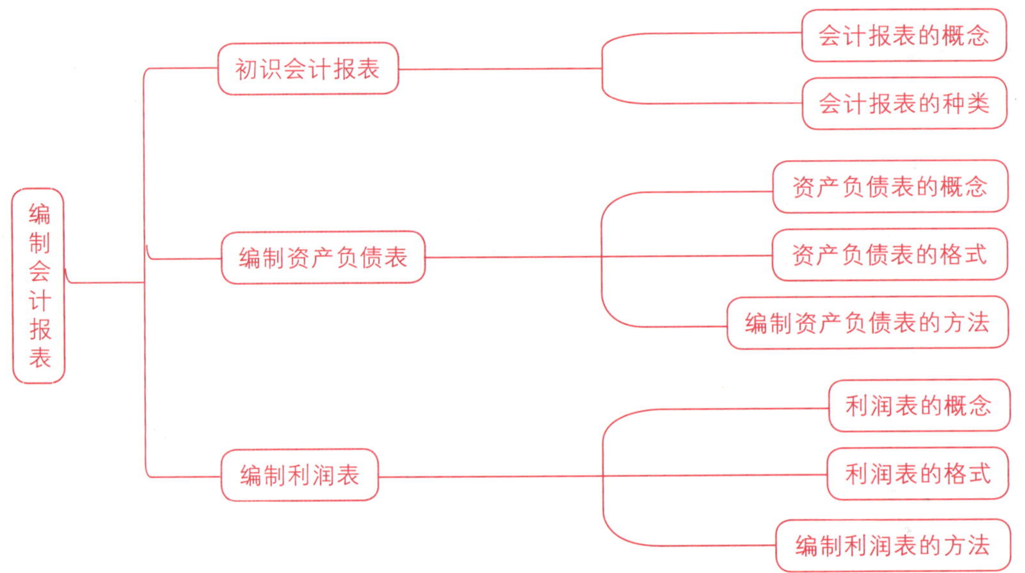

任务 8.1 初识会计报表

情景列表	情 景 实 例
认识会计报表	2019 年末，北京市鼎盛股份有限公司会计按照企业会计准则的要求编制了资产负债表、利润表和现金流量表

子任务 8.1.1 会计报表的概念

会计报表是指企业对外提供的反映企业某一特定日期的财务状况和某一会计期间的经营成果、现金流量等的报告。

子任务 8.1.2 会计报表的种类

1. 按会计报表所反映的经济内容不同分类

按会计报表所反映的经济内容不同，会计报表可分为静态报表和动态报表。

（1）静态报表：是指反映企业某一特定日资产、负债和所有者权益状况的会计报表，如资产负债表。

静态报表一般根据有关账户的“余额”填列。

（2）动态报表：是指反映企业在一定时期的经营成果或现金流量情况的会计报表，如利润表或现金流量表。

动态报表一般根据有关账户的“发生额”填列。

2. 按编报会计报表的会计主体不同分类

按编报会计报表的会计主体不同，会计报表可分为个别会计报表和合并会计报表。

（1）个别会计报表：是指只反映企业本身的财务状况、经营成果和现金流量的会计报表。

（2）合并会计报表：是以母公司和子公司组成的企业集团为会计主体，以母公司和子公司编制的个别会计报表为基础，由母公司编制的反映整个企业集团财务状况、经营成果和现金流量的会计报表。

母公司是指持有其他公司一定比例以上股份，或者根据协议能够控制、支配其他公司的公司；子公司指全部股份或者达到控股程度的股份被另一公司控制，或者依照协议被另一公司实际控制的公司，是相对于母公司而言处于被控制、受支配地位的公司。

3. 按会计报表编报期间的不同分类

按会计报表编报期间的不同，会计报表可分为中期会计报表和年度会计报表。

（1）中期会计报表：是指以短于一个完整的会计年度的报告期为基础编制的会计报表，包括月报、季报和半年报。中期会计报表至少应包括资产负债表、利润表、现金流量表和附注。

中期的资产负债表、利润表和现金流量表应当是完整的报表，中期会计报表的附注可以适当简化。

（2）年度会计报表：是以一个完整的会计年度为报告期总括反映企业年终财务状况和经营成果的报表。年度会计报表应当是完整的财务报表，包括资产负债表、利润表、现金流量表、所有者权益变动表和附注。

提示

在我国一个完整的会计年度是指从1月1日至12月31日。

报表分类如表8-1所示。

表8-1　报表分类

内　容	分　类
按照会计报表所反映的经济内容不同	静态报表
	动态报表
按照编报会计报表的会计主体不同	个别会计报表
	合并会计报表
按照会计报表编报期间的不同	中期会计报表
	年度会计报表

任务 8.2 编制资产负债表

情景列表	情 景 实 例
编制资产负债表	2019 年末，北京市鼎盛股份有限公司根据期末余额汇总表编制本企业资产负债表

子任务 8.2.1 资产负债表的概念

资产负债表是反映企业在某一特定日期财务状况的会计报表。

某一特定日期是指具体某一天，如北京市鼎盛股份有限公司 2019 年资产负债表的填制日期为 2019 年 12 月 31 日。

资产负债表的编制基础是“资产＝负债＋所有者权益”这一会计恒等式。

子任务 8.2.2 资产负债表的格式

我国资产负债表的格式为账户式，分为左、右两方。左方反映企业所拥有的全部资产，右方反映企业的负债和所有者权益。负债具有优先偿还的特性，列示于所有者权益之前。根据会计等式的基本原理，左方的资产总额等于右方的负债和所有者权益的总额。

资产负债表左、右两方各项目前后顺序是按其流动性排列的。

1. 资产项目

（1）流动资产。流动资产包括在一年或超过一年的一个经营周期内可以变现或耗用、售出的全部资产。在资产负债表上排列为：货币资金、交易性金融资产、衍生金融资产、应收票据、应收账款、应收款项融资、预付款项、其他应收款、存货、合同资产、持有待售资产、一年内到期的非流动资产、其他流动资产等。

（2）非流动资产。非流动资产包括变现能力在一年或超过一年的一个经营周期以上的资产。在资产负债表上排列为：债权投资、其他债权投资、长期应收款、长期股权投资、其他权益工具投资、其他非流动金融资产、投资性房地产、固定资产、在建工程、生产性生物资产、油气资产、使用权资产、无形资产、开发支出、商誉、长期待摊费用、递延所得税资产、其他非流动资产等。

2. 负债项目

（1）流动负债。流动负债包括偿还期在一年以内的全部负债。在资产负债表上排列顺序为：短期借款、交易性金融负债、衍生金融负债、应付票据、应付账款、预收款项、合同负债、应付职工薪酬、应交税费、其他应付款、持有待售负债、一年内到期的非流动负债、其他流动负债等。

（2）非流动负债。非流动负债包括偿还期在一年或超过一年的一个经营周期以上的债务。在资产负债表上排列顺序为：长期借款、应付债券、租赁负债、长期应付款、预计负债、递延收益、递延所得税负债、其他非流动负债等。

3. 所有者权益项目

所有者权益包括所有者投资、企业在生产经营过程中形成的盈余公积和未分配利润。在资产负债表上的排列顺序为：实收资本、其他权益工具、资本公积、其他综合收益、专项储备、盈余公积、未分配利润等。账户式资产负债表如表 8-2 所示。

表 8-2　资产负债表（账户式）

会企 01 表

编制单位：　　　　年　月　日　　　　单位：元

资产	期末余额	年初余额	负债和所有者权益（或股东权益）	期末余额	年初余额
流动资产：			流动负债：		
货币资金			短期借款		
交易性金融资产			交易性金融负债		
衍生金融资产			衍生金融负债		
应收票据			应付票据		
应收账款			应付账款		
应收款项融资			预收款项		
预付款项			合同负债		
其他应收款			应付职工薪酬		
存货			应交税费		
合同资产			其他应付款		
持有待售资产			持有待售负债		
一年内到期的非流动资产			一年内到期的非流动负债		
其他流动资产			其他流动负债		
流动资产合计			流动负债合计		
非流动资产：			非流动负债：		

（续表）

资产	期末余额	年初余额	负债和所有者权益（或股东权益）	期末余额	年初余额
债权投资			长期借款		
其他债权投资			应付债券		
长期应收款			其中：优先股		
长期股权投资			永续债		
其他权益工具投资			租赁负债		
其他非流动金融资产			长期应付款		
投资性房地产			预计负债		
固定资产			递延收益		
在建工程			递延所得税负债		
生产性生物资产			其他非流动负债		
油气资产			非流动负债合计		
使用权资产			负债合计		
无形资产			所有者权益（或股东权益）：		
开发支出			实收资本（或股本）		
商誉			其他权益工具		
长期待摊费用			其中：优先股		
递延所得税资产			永续债		
其他非流动资产			资本公积		
非流动资产合计			减：库存股		
			其他综合收益		
			专项储备		
			盈余公积		
			未分配利润		
			所有者权益（或股东权益）合计		
资产总计			负债和所有者权益（或股东权益）总计		

子任务 8.2.3 编制资产负债表的方法

资产负债表各项目均需填列“年初余额”和“期末余额”两栏。

1. 年初余额

资产负债表“年初余额”栏内各项数字，应根据上年末资产负债表“期末余额”栏内所列数字填列。

2. 期末余额

资产负债表“期末余额”栏内各项数字，应根据资产、负债和所有者权益类账户的期末余额填列。具体填列方法是：

（1）根据总账账户的期末余额直接填列。报表项目名称与总账账户名称相同时，一般可根据总账余额直接填列。

“交易性金融资产”“短期借款”“应付票据”“应付职工薪酬”“应交税费”“递延所得税负债”“预计负债”“实收资本”“资本公积”“盈余公积”等项目根据总账余额直接填列。

提示

“实收资本”总账余额为 60 000 000 元，则资产负债表“实收资本”一项填写 60 000 000 元。

（2）根据若干总账账户的期末余额分析计算后填列。资产负债表某些项目需要根据若干总账账户的期末余额计算填列，例如：

①货币资金项目 = 库存现金＋银行存款＋其他货币资金。

②存货项目 = 物资采购＋原材料＋自制半成品＋库存商品＋发出商品 ± 材料成本差异＋周转材料＋委托加工物资＋生产成本＋商品进销差价＋委托代销商品－存货跌价准备等。

提示

“库存现金”账户余额为 1 500 元，“银行存款”账户余额为 250 000 元，“其他货币资金”账户余额为 500 000 元，则资产负债表“货币资金”一项填写 751 500 元。

（3）根据有关明细账账户的期末余额分析填列。“应收账款”“预收账款”“应付账款”“预付账款”等项目应根据明细账余额资料按以下方法计算填列。

①“应收账款”项目 = “应收账款”明细账借方余额 ＋“预收账款”明细账借方余额－“坏账准备”科目中有关应收账款计提的坏账准备余额。

②“预收账款”项目 =“应收账款”明细账贷方余额 ＋“预收账款”明细账贷方余额。

③“应付账款”项目 =“应付账款”明细账贷方余额 ＋“预付账款”明细账贷方余额。

④“预付账款”项目 = “应付账款”明细账借方余额 ＋“预付账款”明细账借方余额－“坏账准备”科目中有关预付款项计提的坏账准备余额。

提示

“应收账款”总账余额为600 000元，其中明细账借方余额为700 000元，明细账贷方余额为100 000元；“坏账准备”总账余额为7 500元；“预收账款”总账余额为60 000元，其中明细账借方余额为5 000元，明细账贷方余额为5 500元；则资产负债表“应收账款”一项填写697 500元（由700 000 + 5 000 − 7 500计算得出）。

（4）根据总账账户和明细账账户余额分析计算填列。

①“长期借款”项目，需要根据“长期借款”总账账户期末余额扣除“长期借款”明细账户中将在一年内到期且企业不能自主地将清偿义务展期的长期借款后的金额计算填列。

②“应付债券”项目，需要根据“应付债券”总账账户期末余额扣除“应付债券”明细账户中将在一年内到期的金额计算填列。

提示

“长期借款”总账余额为68 000 000元，其中一年内到期且不能延期偿还的金额为8 000 000元，则资产负债表“长期借款”一项填写60 000 000元（由68 000 000 − 8 000 000计算得出）。

（5）根据有关账户余额减去其备抵账户余额后的净额填列。

①资产负债表中的“应收票据”“应收账款”“长期股权投资”“在建工程”等项目，应根据总账账户的期末余额减去“坏账准备”“长期股权投资减值准备”“在建工程减值准备”等备抵账户余额后的净额填列。

②“固定资产”项目，应当根据“固定资产”总账账户的期末余额减去“累计折旧”“固定资产减值准备”备抵账户余额后的净额填列。

③“无形资产”项目，应当根据“无形资产”总账账户的期末余额减去“累计摊销”“无形资产减值准备”备抵账户余额后的净额填列。

提示

“固定资产”总账余额为75 000 000元，其“累计折旧”总账余额为800 000元，“固定资产减值准备”总账余额为80 000元，则资产负债表“固定资产”一项填写74 120 000（由75 000 000 − 800 000 − 80 000计算得出）。

【情景8-1】北京市鼎盛股份有限公司2019年12月31日有关账户期末余额如表8-3所示。

表 8-3　账户期末余额表

单位：元

账户名称	借方余额	贷方余额	账户名称	借方余额	贷方余额
库存现金	9 360.00		短期借款		500 000.00
银行存款	350 144.00		应付票据		12 250.00
应收账款	127 549.00		应付账款		65 520.00
坏账准备		1 035.00	应付职工薪酬		8 286.00
其他应收款	6 200.00		应交税费		10 000.00
原材料	28 440.00		实收资本		1 000 000.00
库存商品	680 655.00		盈余公积		1 808.00
存货跌价准备		976.00	利润分配		1 455.00
固定资产	405 346.00				
累计折旧		5 040.00			
固定资产减值准备		1 324.00			
合计	1 607 694.00	8 375.00	合计		1 599 319.00

补充信息：假定“应收账款”明细账户中没有贷方余额的明细账户，“坏账准备”贷方余额全部是“应收账款”提取的坏账准备，“应付账款”明细账户中没有借方余额的明细账户，“预付账款”和“预收账款”总账和其明细账户均无余额，年初余额略。

要求：根据上述资料编制北京市鼎盛股份有限公司 2019 年 12 月 31 日的资产负债表。

步骤 1：按照报表项目的内涵，根据账户余额确定报表项目余额。

需要分析计算的项目包括如下：

①“货币资金”项目：反映企业库存现金、银行存款、外埠存款、银行汇票存款、银行本票存款等的合计数。本项目应根据“库存现金”“银行存款”和“其他货币资金”账户的期末借方余额合计填列，即

“货币资金”项目期末余额 =9 360 + 350 144=359 504（元）

②“应收账款”项目：反映资产负债表日以摊余成本计量的，企业因销售商品、提供服务等经营活动应收取的款项。该项目应根据“应收账款”科目的期末余额，减去“坏账准备”科目中相关坏账准备期末余额后的金额分析填列。

根据本例账户余额和补充信息，“应收账款”项目的期末余额计算如下

“应收账款”项目期末余额 =127 549 — 1 035=126 514（元）

提 示

如果“应收账款”账户所属明细账户期末有贷方余额，应与“预收账款”明细账户的期末贷方余额加在一起，在本表负债中的“预收账款”项目填列。这时，实际的应收账款余额就会相应增加。如本例，假如“应收账款”明细账户中有一个是贷方余额为10 000元，则这10 000元要填列到负债的“预收账款”项目中去，而“应收账款”项目的期末余额就相应增加为了136 514（126 514 + 10 000）元。与此相类似的还有“应付账款”和“预付账款”两个项目，前项根据“应付账款”和“预付账款”两个账户所属有关明细账户期末贷方余额合计数填列；后项则根据这两个账户所属有关明细账户期末借方余额合计数，减去“坏账准备”账户贷方余额中的相应部分后的净额填列。

③“存货”项目：反映企业期末库存、在途和加工中的各项存货的预计可变现净值，包括各种材料、商品、在产品、包装物、低值易耗品等。本项目应根据“在途物资”“原材料”“库存商品”“周转材料”“生产成本”等账户的期末借方余额合计数，减去“存货跌价准备”账户期末贷方余额后的净额填列。本例“存货”项目期末余额计算如下

“存货”项目期末余额 =28 440 + 680 655 − 976=708 119（元）

④“固定资产”项目：反映企业的固定资产预计可收回净值。本项目应根据“固定资产”账户的期末借方余额，减去“累计折旧”和“固定资产减值准备”账户的期末贷方余额以及“固定资产清理”账户的期末余额后的净额填列。本例“固定资产”项目期末余额计算如下：

“固定资产”项目期末余额 =405 346 − 5 040 − 1 324=398 982（元）

其次为直接填列的项目。

本例中，除了上述项目以外，其余单项项目的期末余额都根据相应账户的期末余额直接确定。其中，“未分配利润”项目根据“利润分配”账户期末贷方余额直接填列。

提 示

编制中期报表时，“未分配利润”项目应根据“本年利润”账户和“利润分配”账户的余额计算填列。如果是亏损，以“—”号填列。

步骤2：将步骤中确定的报表项目余额填入资产负债表相应项目“期末余额”栏内。

步骤3：根据表内已填报表项目余额，加计表内“流动资产合计”等6个类别项目的合计数或总计数，并填入相应项目的“期末余额”栏内。

步骤4：加计表内最末一行两个“总计”数，填入表内，并核对相等。

步骤5：将上年末资产负债表“期末余额”抄入表内相应项目的“年初余额”栏内（本例略）。

步骤6：填写表头各要素，并在“北京市鼎盛股份有限公司”处加盖公章。

编制完成的北京市鼎盛股份有限公司2019年12月31日资产负债表如表8-4所示。

表 8-4 资产负债表

会企 01 表

编制单位：北京市鼎盛股份有限公司 2019 年 12 月 31 日 单位：元

资产	期末余额	年初余额	负债和所有者权益（或股东权益）	期末余额	年初余额
流动资产：			流动负债：		
货币资金	359 504	略	短期借款	500 000	略
交易性金融资产			交易性金融负债		
衍生金融资产			衍生金融负债		
应收票据	126 514		应付票据	77 770	
应收账款			应付账款		
应收款项融资			预收款项		
预付款项			合同负债		
其他应收款	6 200		应付职工薪酬	8 286	
存货	708 119		应交税费	10 000	
合同资产			其他应付款		
持有待售资产			持有待售负债		
一年内到期的非流动资产			一年内到期的非流动负债		
其他流动资产			其他流动负债		
流动资产合计	1 200 337		流动负债合计	596 056	
非流动资产：			非流动负债：		
债权投资			长期借款		
其他债权投资			应付债券		
长期应收款			长期应付款		
长期股权投资			应付债券		
长期应收款			其中：优先股		
长期股权投资			永续债		
其他权益工具投资			租赁负债		
其他非流动金融资产			长期应付款		
投资性房地产			预计负债		
固定资产	398 982		递延收益		
在建工程			递延所得税负债		
生产性生物资产			非流动负债合计		
油气资产			负债合计	596 056	
无形资产			所有者权益（或股东权益）		
开发支出			实收资本（或股本）	1 000 000	
商誉			资本公积		
长期待摊费用			减：库存股		
递延所得税资产			其他综合收益		
其他非流动资产			专项储备		
非流动资产合计	398 982		盈余公积	1 808	
			未分配利润	1 455	
			所有者权益（或股东权益）合计	1 003 263	
资产总计	1 599 319		负债和所有者权益（或股东权益）总计	1 599 319	

任务 8.3 编制利润表

情景列表	情景实例
编制利润表	2019 年末，北京市鼎盛股份有限公司根据各损益账户结转之前的发生额，编制一张本企业利润表

子任务 8.3.1 利润表的概念

利润表是反映企业在一定会计期间的经营成果的财务报表。

一定时期指一段时间，如北京市鼎盛股份有限公司 2019 年利润表的填制日期为 2019 年 1 月 1 日至 2019 年 12 月 31 日。

提示

资产负债表相当于企业资产状况的一张照片，利润表相当于企业生产经营过程的一段视频。

利润表的编制基础是“收入－费用＝利润”，将一定会计期间（如年度、季度、月份）的收入与其同一会计期间相关的费用进行配比，据以计算出企业一定时期的净利润（或净亏损）。

子任务 8.3.2 利润表的格式

我国企业的利润表采用多步式。多步式利润表是通过对当期的收入、费用、支出项目按性质加以归类，按利润形成的主要环节列示一些中间性利润指标，如主营业务利润、营业利润、利润总额、净利润等，分步计算当期净损益。

多步式利润表的结构主要包括以下内容：

（1）以营业收入为基础，减去营业成本、税金及附加、销售费用、管理费用、研发费用、财务费用，加其他收益、投资收益（或－投资损失）、净敞口套期收益（或－净敞口套期损失）、公允价值变动收益（或－公允价值变动损失）、信用减值损失（或－信用减值损失）、资产减值损失（或－资产减值损失）、资产处置收益（或－资产处置损失），计算出营业利润。

（2）以营业利润为基础，加上营业外收入、减去营业外支出，计算出利润总额。

（3）以利润总额为基础，减去所得税费用，计算出净利润。

子任务 8.3.3 编制利润表的方法

利润表中各项目均须填列“本期金额”和“上期金额”两栏。

“上期金额”栏内的各项数字，应根据上年该期利润表的“本期金额”栏内所列数字填列。

“本期金额”栏内各期数字，除“基本每股收益”和“稀释每股收益”项目外，应当按照相关账户的本期发生额填列。利润表如表 8-5 所示。

表 8-5 利润表（多步式）

会企 02 表

编制单位： 年度 单位：元

项　目	本期金额	上期金额
一、营业收入		
减：营业成本		
税金及附加		
销售费用		
管理费用		
研发费用		
财务费用		
其中：利息费用		
利息收入		
加：其他收益		
投资收益（损失以“—”号填列）		
其中：对联营企业和合营企业的投资收益		
以摊余成本计量的金融资产终止确认收益（损失以“—”号填列）		
净敞口套期收益（损失以“—”号填列）		
公允价值变动收益（损失以“—”号填列）		
信用减值损失（损失以“—”号填列）		
资产减值损失（损失以“—”号填列）		
资产处置收益（损失以“—”号填列）		
二、营业利润（亏损以“—”号填列）		
加：营业外收入		
减：营业外支出		
三、利润总额（亏损以“—”号填列）		

（续表）

项 目	本期金额	上期金额
减：所得税费用		
四、净利润（净亏损以“-”号填列）		
（一）持续经营净利润（净亏损以“—”号填列）		
（二）终止经营净利润（净亏损以“—”号填列）		
五、其他综合收益的税后净额		
（一）不能重分类进损益的其他综合收益		
1. 重新计量设定受益计划变动额		
2. 权益法下不能转损益的其他综合收益		
3. 其他权益工具投资公允价值变动		
4. 企业自身信用风险公允价值变动		
……		
（二）将重分类进损益的其他综合收益		
1. 权益法下可转损益的其他综合收益		
2. 其他债权投资公允价值变动		
3. 金融资产重分类计入其他综合收益的金额		
4. 其他债权投资信用减值准备		
5. 现金流量套期储备		
6. 外币财务报表折算差额		
……		
六、综合收益总额		
七、每股收益：		
（一）基本每股收益		
（二）稀释每股收益		

（1）按照有关账户的发生额直接填列。如“税金及附加”“销售费用”“管理费用”“财务费用”“资产减值损失”“公允价值变动收益”“营业外收入”“营业外支出”“所得税费用”等项目，应根据有关账户的发生额直接填列。

（2）按照有关账户的发生额分析计算填列。①“营业收入”项目，应根据“主营业务收入”“其他业务收入”账户的发生额分析计算填列。②“营业成本”项目，应根据“主营业务成本”“其他业务成本”账户的发生额分析计算填列。

（3）“营业利润”“利润总额”和“净利润”项目，应按以下公式计算填列：

营业利润＝营业收入－营业成本－税金及附加－销售费用－管理费用－研发费用－财务费用＋其他收益＋投资收益（或－投资损失）＋净敞口套期收益（或－净敞口套期损失）＋公允价值变动收益（或－公允价值变动损失）＋信用减值损失（或－信用减值损失）＋资产减值损失（或－资产减值损失）＋资产处置收益（或－资产处置损失）

利润总额＝营业利润＋营业外收入－营业外支出

净利润＝利润总额－所得税费用

提示

由于年终结账时，全年的收入和支出已全部转入“本年利润”账户，并且通过收支对比结出本年净利润的数额，因此，应将年报中的“净利润”数字与“本年利润”账户结转到“利润分配—未分配利润”账户的数字相核对，以检查报表编制和账簿记录的正确性。

【情景 8-2】北京市鼎盛股份有限公司 2019 年 12 月份各损益账户结转之前的发生额如表 8-6 所示（“上期金额”略）。

表 8-6　损益类账户发生额

单位：元

科目名称	借方发生额	贷方发生额	科目名称	借方发生额	贷方发生额
主营业务收入	100 000	3 000 000	管理费用	180 000	
主营业务成本	1 600 000	80 000	财务费用	20 000	
其他业务收入		20 000	资产减值损失	8 000	
其他业务成本	10 000		营业外收入		90 000
税金及附加	100 000		营业外支出	40 000	
销售费用	190 000		所得税费用	280 000	

要求：根据上述资料编制北京市鼎盛股份有限公司 2019 年 12 月份的利润表。

步骤 1：按照报表项目的内涵，根据各账户净发生额确定报表项目金额。

①需要加计的项目：

“营业收入”项目金额＝（3 000 000 － 100 000）＋ 20 000=2 920 000（元）

“营业成本”项目金额＝（1 600 000 － 80 000）＋ 10 000=1 530 000（元）

②直接填列的项目：除了上述两个项目以外，其余单项项目直接按账户净发生额确定报表项目金额。

步骤 2：将步骤 1 所确定的金额填入表内相应项目“本期金额”栏内。

步骤 3：计算营业利润、利润总额和净利润金额，并填入表内相应项目“本期金额”栏内。

步骤4：填写表头各要素，并在“北京市鼎盛股份有限公司”处加盖公章。

编制完成的北京市鼎盛股份有限公司2019年12月份利润表如表8-7所示。

表8-7 利润表

编制单位：北京市鼎盛股份有限公司　　2019年12月　　单位：千元

项目	本期金额	上期金额
一、营业收入	2 920	略
减：营业成本	1 530	
税金及附加	100	
销售费用	190	
管理费用	180	
研发费用		
财务费用	20	
其中：利息费用		
利息收入		
加：其他收益		
投资收益（损失以“—”号填列）		
其中：对联营企业和合营企业的投资收益		
以摊余成本计量的金融资产终止确认收益（损失以“—”号填列		
净敞口套期收益（损失以“—”号填列）		
公允价值变动收益（损失以“—”号填列）		
信用减值损失（损失以“—”号填列）		
资产减值损失（损失以“—”号填列）	8	
资产处置收益（损失以“—”号填列）		
二、营业利润（亏损以“—”号填列）	892	
加：营业外收入	90	
减：营业外支出	40	
三、利润总额（亏损以“—”号填列）	942	
减：所得税费用	280	
四、净利润（净亏损以“—”号填列）	662	
（一）持续经营净利润（净亏损以“—”号填列）	662	
（二）终止经营净利润（净亏损以“—”号填列）		
五、其他综合收益的税后净额		
（一）不能重分类进损益的其他综合收益		

（续表）

项目	本期金额	上期金额
1．重新计量设定受益计划变动额		
2．权益法下不能转损益的其他综合收益		
3．其他权益工具投资公允价值变动		
4．企业自身信用风险公允价值变动		
……		
（二）将重分类进损益的其他综合收益		
1．权益法下可转损益的其他综合收益		
2．其他债权投资公允价值变动		
3．金融资产重分类计入其他综合收益的金额		
4．其他债权投资信用减值准备		
5．现金流量套期储备		
6．外币财务报表折算差额		
……		
六、综合收益总额		
七、每股收益：		
（一）基本每股收益		
（二）稀释每股收益		

项目小结

本项目主要介绍了会计报表的概念、种类和编制方法，包括如何编制资产负债表和利润表。通过对本项目的学习，相信读者可以对会计报表的内容和编制方法有一个基本的了解。

项目训练

【资料】

北京市鼎盛股份有限公司有关账户期末余额如下：应收票据的借方余额为 2 000 元，坏账准备的贷方余额为 1 200 元；应付票据的贷方余额为 22 000 元。应收账款、预付账款、应付账款和预收账款的明细账户期末余额表如表 8-8 所示。

表 8-8 各总账账户的明细账户期末余额表

总账账户	明细账户	借方余额	贷方余额
应收账款	A 公司	100 000	
	B 公司		26 000
预付账款	C 公司	85 000	
	D 公司		18 000
应付账款	C 公司	26 800	
	D 公司		42 000
预收账款	A 公司	8 000	
	B 公司		555 000

【要求】

根据上述资料，确定应收票据及应收账款、应付票据及应付账款、预收账款和预付账款。

项目 9
账务处理程序

应知应会

- 了解账务处理程序的作用
- 了解账务处理程序的种类
- 掌握记账凭证账务处理程序的应用
- 掌握汇总记账凭证账务处理程序的应用
- 掌握科目汇总表账务处理程序的应用

关键词

- 账务处理程序（accounting treatment program）
- 记账凭证账务处理程序（proof of charge to an account accounting treatment program）
- 汇总记账凭证账务处理程序（summary accounting treatment procedures of proof of charge to an account）
- 科目汇总表账务处理程序（accounting of course summary table）

本项目在本书中的地位

本项目是全书比较重要的一部分。会计核算组织程序或会计核算形式，是指会计凭证、会计账簿、财务报表相结合的方式，包括账簿组织和记账程序。主要的账务处理程序有记账凭证账务处理程序、汇总记账凭证账务处理程序和科目汇总表账务处理程序。

业务综述

“经济越发展，会计越重要。”作为一名会计人员，首先应该掌握的理论知识包括：

- 账务处理程序的概念；
- 账务处理程序的意义；
- 账务处理程序的种类（包括记账凭证账务处理程序、汇总记账凭证账务处理程序、科目汇总表账务处理程序）。

项目导图

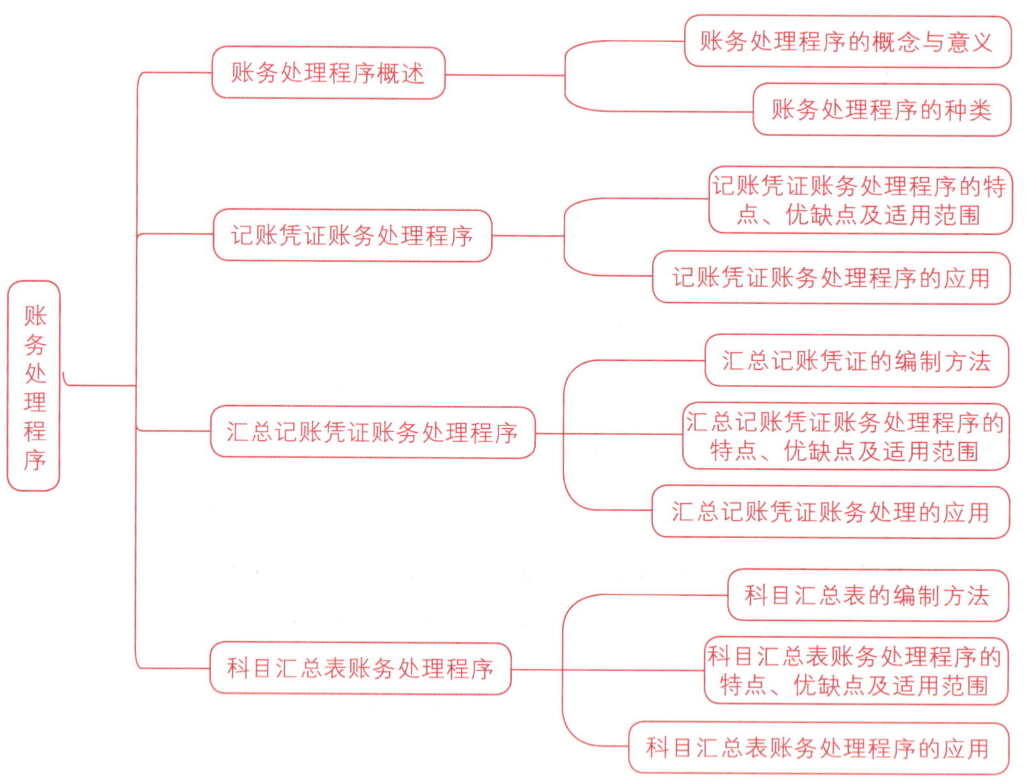

任务 9.1 账务处理程序概述

情景列表	情　景　实　例
科目汇总表账务处理程序	北京市鼎盛股份有限公司 9 月份发生的经济业务首先根据经济业务由有关人员编制记账凭证，到 9 月底根据记账凭证编制科目汇总表，然后在根据科目汇总表登记 9 月份的总分类账

子任务 9.1.1 账务处理程序的概念与意义

1. 账务处理程序的概念

账务处理程序又称会计核算组织程序或会计核算形式，是指会计凭证、会计账簿与财务报表相结合的方式，包括账簿组织和记账程序。账簿组织是指会计凭证和会计账簿的种类、格式，会计凭证与会计账簿之间的联系方法；记账程序是指由填制、审核原始凭证到填制、审核记账凭证，登记日记账、明细分类账和总分类账，编制财务报表的工作程序和方法等。

2. 账务处理程序的意义

科学、合理地选择账务处理程序的意义主要包括如下：

（1）有利于规范会计工作，保证会计信息加工过程的严密性，提高会计信息质量。

（2）有利于保证会计记录的完整性和正确性，增强会计信息的可靠性。

（3）有利于减少不必要的会计核算环节，提高会计工作效率，保证会计信息的及时性。

子任务 9.1.2 账务处理程序的种类

企业常用的账务处理程序主要有记账凭证账务处理程序、汇总记账凭证账务处理程序和科目汇总表账务处理程序等。它们之间的主要区别为登记总分类账的依据和方法不同。

1. 记账凭证账务处理程序

记账凭证账务处理程序是指对发生的经济业务先根据原始凭证或汇总原始凭证填制记账凭证，再直接根据记账凭证登记总分类账的一种账务处理程序。

2. 汇总记账凭证账务处理程序

汇总记账凭证账务处理程序是指先根据原始凭证或汇总原始凭证填制记账凭证，定期根据记账凭证分类编制汇总收款凭证、汇总付款凭证和汇总转账凭证，再根据汇总记账凭证登记总分类账的一种账务处理程序。

汇总收款凭证如图 9-1 所示。

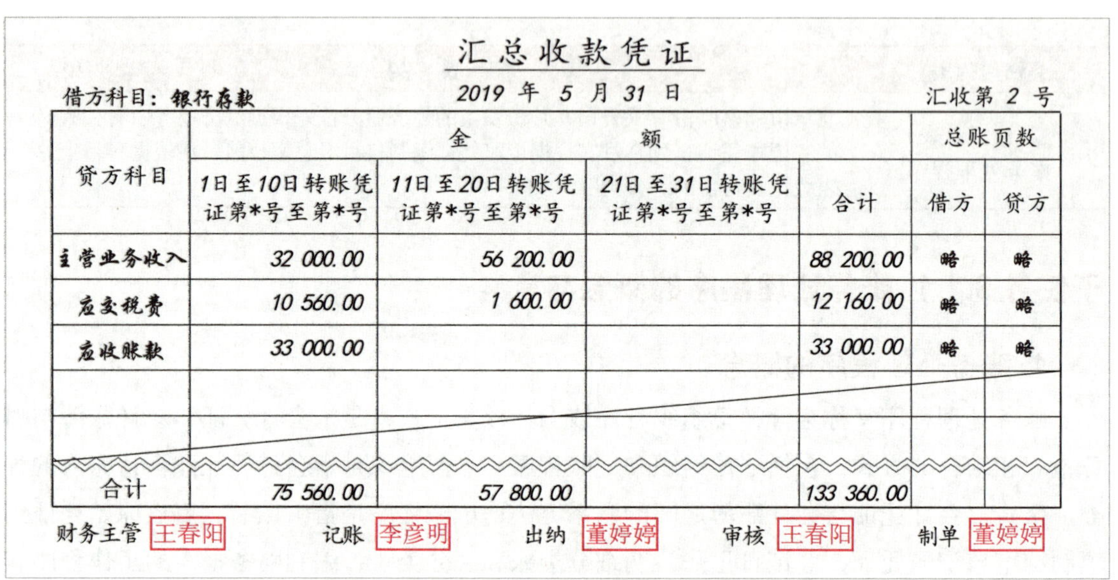

汇总收款凭证

借方科目：银行存款　　2019 年 5 月 31 日　　汇收第 2 号

贷方科目	金额				总账页数	
	1日至10日转账凭证第*号至第*号	11日至20日转账凭证第*号至第*号	21日至31日转账凭证第*号至第*号	合计	借方	贷方
主营业务收入	32 000.00	56 200.00		88 200.00	略	略
应交税费	10 560.00	1 600.00		12 160.00	略	略
应收账款	33 000.00			33 000.00	略	略
合计	75 560.00	57 800.00		133 360.00		

财务主管 王春阳　　记账 李彦明　　出纳 董婷婷　　审核 王春阳　　制单 董婷婷

图 9-1　汇总收款凭证

3. 科目汇总表账务处理程序

科目汇总表账务处理程序又称记账凭证汇总表账务处理程序，是指根据记账凭证定期编制科目汇总表，再根据科目汇总表登记总分类账的一种账务处理程序。

科目汇总表如图 9-2 所示。

科目汇总表

第　号至第　号　自 2019年 5 月 1 日至 2019 年 5 月 31 日　　汇字第 1 号

总页	借（增、收）方金额												会计科目	贷（减、付）方金额											
	张数	亿	千	百	十	万	千	百	十	元	角	分		张数	亿	千	百	十	万	千	百	十	元	角	分
							5	0	0	0	0	0	库存现金							3	0	0	0	0	0
					3	3	5	3	1	2	0	0	银行存款					4	0	0	9	4	8	0	0
					3	9	2	3	1	2	0	0	应收账款						8	8	0	0	0	0	0
							3	0	0	0	0	0	其他应收款												
					1	8	4	0	0	0	0	0	原材料						3	9	6	0	0	0	0
					6	7	4	1	0	0	0	0	库存商品					2	1	5	8	8	4	2	0
													累计折旧						1	9	5	0	0	0	0
					1	4	2	6	0	0	0	0	应付职工薪酬					1	4	2	6	0	0	0	0
					1	2	3	8	4	4	0	0	应交税费					1	5	2	3	9	3	6	0
					2	3	8	5	5	7	8	0	本年利润					5	5	1	4	0	0	0	0
					1	8	8	7	0	0	0	0	生产成本					6	7	4	1	0	0	0	0
						3	4	1	0	0	0	0	制造费用						3	4	1	0	0	0	0
					5	5	1	4	0	0	0	0	主营业务收入					5	5	1	4	0	0	0	0
					2	1	5	8	8	4	2	0	主营业务成本					2	1	5	8	8	4	2	0
							5	8	3	3	6	0	税金及附加							5	8	3	3	6	0
						1	6	8	4	0	0	0	管理费用						1	6	8	4	0	0	0
				3	1	1	1	4	8	3	6	0	合　计				3	1	1	1	4	8	3	6	0

图 9-2　科目汇总表

任务 9.2 记账凭证账务处理程序

情景列表	情　景　实　例
记账凭证账务处理程序	直接根据记账凭证登记总分类账

子任务 9.2.1 记账凭证账务处理程序的特点、优缺点及适用范围

1. 记账凭证账务处理程序的特点

记账凭证账务处理程序的特点是直接根据记账凭证对总分类账进行逐笔登记，是最为简单的一种登记方法。

2. 记账凭证账务处理程序的优缺点

（1）优点：记账凭证账务处理程序简单明了、易于理解，在总分类账上能够较详细地登记所发生的经济业务情况。

（2）缺点：登记总分类账工作量较大，账页耗用多，预留账页的数量难以把握。

3. 记账凭证账务处理程序的适用范围

记账凭证账务处理程序一般只适用于规模较小、经济业务量较少、会计凭证不多的会计主体。

记账凭证账务处理程序是最基本的账务处理程序，其他账务处理程序都是以它为基础的。

子任务 9.2.2 记账凭证账务处理程序的应用

1. 记账凭证账务处理程序的编制流程

（1）根据原始凭证填制汇总原始凭证。

（2）根据原始凭证或汇总原始凭证填制收款凭证、付款凭证和转账凭证，也可以填制通用记账凭证。

（3）根据收款凭证、付款凭证逐笔登记库存现金日记账和银行存款日记账。

（4）根据原始凭证、汇总原始凭证和记账凭证，登记各种明细分类账。

（5）根据记账凭证逐笔登记总分类账。

（6）期末，将库存现金日记账、银行存款日记账和明细分类账的余额与有关总分类账的余额核对相符。

（7）期末，根据总分类账和明细分类账的记录，编制财务报表。

记账凭证账务处理程序的编制流程如图 9-3 所示。

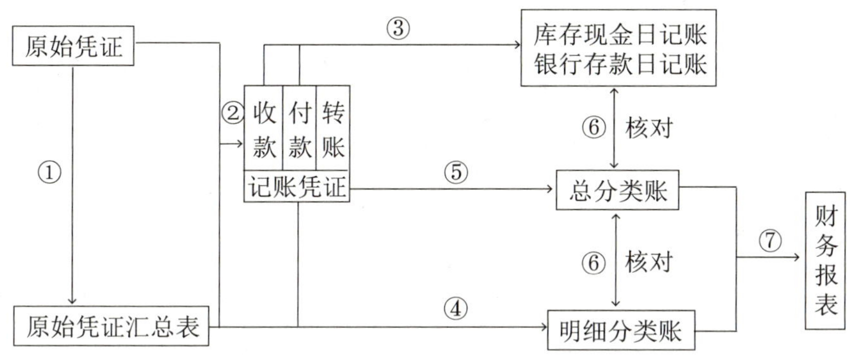

图 9-3 记账凭证账务处理程序编制流程图

2. 记账凭证账务处理程序方法举例

【情景 9-1】2019 年 5 月 3 日，北京市鼎盛股份有限公司向北京市宝珠建材批发有限公司购入松木 200 立方米，单价 800 元，增值税税率 13%，价税合计 180 800 元，以银行转账支票支付。松木 200 立方米已验收入库。凭证如图 9-4 至图 9-7 所示。

中国工商银行
转账支票存根

10653210
21845023

附加信息

出票日期 2019 年 5 月 3 日

收款人：北京市宝珠建材批发有限公司

金 额：¥180 800.00

用 途：购买松木

单位主管 张海波 会计 董婷婷

北京市石钞证券印制有限责任公司，2019年印制

图 9-4 转账支票存根

北京增值税专用发票　№ 09620321

1100193130

机器编号：235228921302

发票联

1100193130
09620321

开票日期：2019年05月03日

购买方	名　　称：北京市鼎盛股份有限公司 纳税人识别号：110223523113656123 地址、电话：北京市房山区大兴路111号　010-87862574 开户行及账号：工行北京朝阳区支行　110205650542873333	密码区	1-*+*/5-2*83<**-4*667-0*0> 6*9*/62+24+232-290-0+*+882 1*<//348</415*40<5+23568*/ 2>121/9*/62+36+253*8-2/0-8

货物或应税劳务、服务名称	规格型号	单位	数量	单价	金额	税率	税额
*林业产品*松木		立方米	200	800.00	160000.00	13%	20800.00
合　　计					¥160000.00		¥20800.00
价税合计（大写）	⊗ 壹拾捌万零捌佰元整				（小写）¥180800.00		

销售方	名　　称：北京市宝珠建材批发有限公司 纳税人识别号：110603006951408123 地址、电话：北京市通州区通园街12号　010-27601023 开户行及账号：中国工商银行北京通州区支行　160300583638652103	备注	北京市宝珠建材批发有限公司 110603006951408123 发票专用章

收款人：张鑫　　复核：罗月　　开票人：岳玉环　　销售方：（章）

税总函[2019] 311 号北京印钞有限公司

第三联：发票联　购买方记账凭证

图 9-5　增值税专用发票

材料入库单

2019 年 5 月 3 日　　　　第 1 号

材料名称	计量单位	入库数量	单位成本	金　额	用　途
松木	立方米	200	800.00	160 000.00	
合　计		200		¥160 000.00	

财务经理 王春阳　　部门主任 刘宇洋　　制单 贾瑞鑫

第三联 财务部门记账

图 9-6　材料入库单

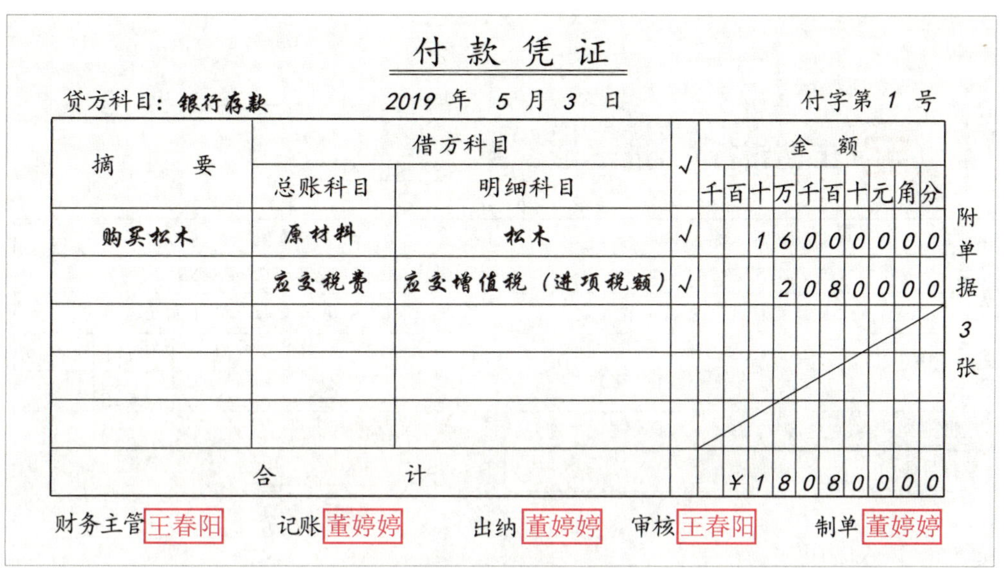

付 款 凭 证

贷方科目：银行存款　　　　2019 年 5 月 3 日　　　　付字第 1 号

摘　要	借方科目		√	金额									
	总账科目	明细科目		千	百	十	万	千	百	十	元	角	分
购买松木	原材料	松木	√			1	6	0	0	0	0	0	0
	应交税费	应交增值税（进项税额）	√				2	0	8	0	0	0	0
合　计					¥	1	8	0	8	0	0	0	0

附单据 3 张

财务主管 王春阳　　记账 董婷婷　　出纳 董婷婷　　审核 王春阳　　制单 董婷婷

图 9-7　付款凭证

【情景 9-2】2019 年 5 月 3 日，北京市鼎盛股份有限公司向北京市好再来高档家具店出售衣柜 30 组，每组售价 2 200 元，增值税税率 13%，价税合计 74 580 元，转账支票存入银行。凭证如图 9-8 至图 9-11 所示。

北京增值税专用发票

1100193130　　　　№ 06302131　　1100193130　06302131

机器编码 212228921302　　此联不作报销、扣税凭证使用

开票日期：2019年05月03日

购买方　名　　称：北京市好再来高档家具店
纳税人识别号：110202362136565123
地 址 、电 话：北京市昌平区果园街31号010-20136520
开户行及账号：工行北京昌平区支行110205685429845261

密码区
1-*+*/3-6*30<**-4*554-0*0>
416*/62+36+141-524-0+*+882
1*<//192</415*40<5+14904*/
642>739*/62+36+8230102/0-5

货物或应税劳务、服务名称	规格型号	单位	数量	单价	金额	税率	税额
*家具*衣柜		组	30	2200.00	66000.00	13%	8580.00
合　计					¥66000.00		¥8580.00
价税合计（大写）	⊗ 柒万肆仟伍佰捌拾元整				（小写） ¥ 74580.00		

销售方　名　　称：北京市鼎盛股份有限公司
纳税人识别号：110223523113656123
地 址 、电 话：北京市房山区大兴路111号　010-87862574
开户行及账号：工行北京朝阳区支行　110205650542873333

备注

收款人：董婷婷　　复核：王春阳　　开票人：李彦明　　销售方：（章）

税总函[2019] 362 号北京东港安全印刷有限公司

第一联：记账联　销售方记账凭证

图 9-8　增值税专用发票

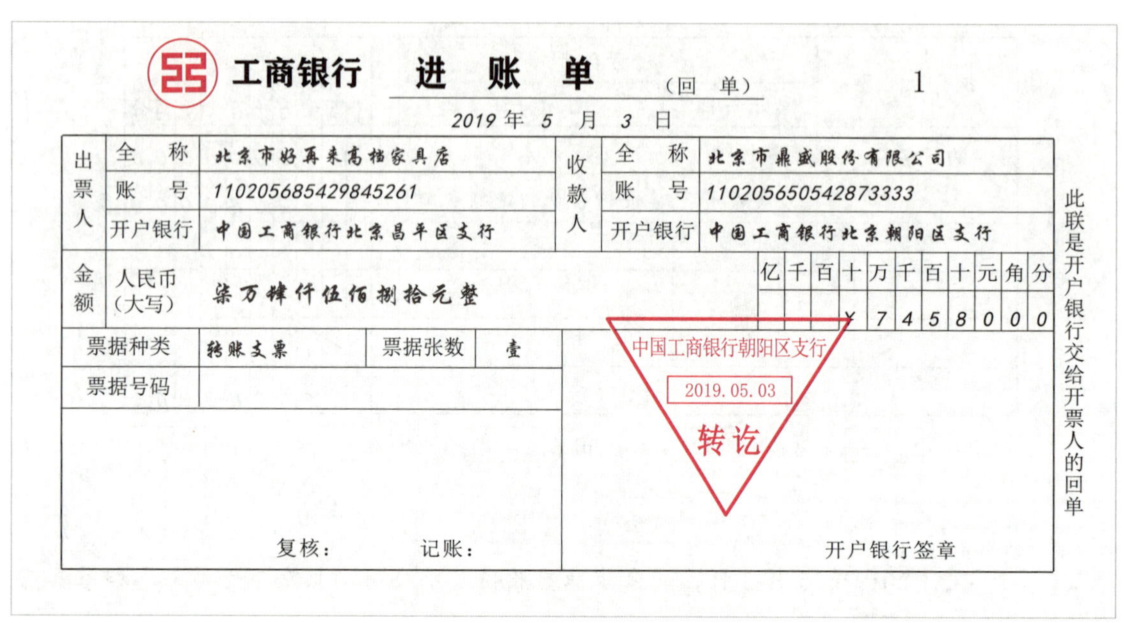

工商银行 进 账 单 （回 单） 1

2019 年 5 月 3 日

出票人	全　称	北京市好再来高档家具店	收款人	全　称	北京市鼎盛股份有限公司
	账　号	110205685429845261		账　号	110205650542873333
	开户银行	中国工商银行北京昌平区支行		开户银行	中国工商银行北京朝阳区支行
金额	人民币（大写）	柒万肆仟伍佰捌拾元整			¥ 7 4 5 8 0 0 0
票据种类	转账支票	票据张数	壹		
票据号码					
复核：	记账：			开户银行签章	

图 9-9　工商银行进账单

产品出库单

第 1 号

单位 北京市好再来高档家具店　　2019 年 5 月 3 日

编号	成品名称	规格	单位	数量	单价	金　额	过账	附注
101	衣柜		组	30	2 200.00	66 000.00		
合			计			¥66 000.00		

第二联：会计记账联

仓库负责人 张 凯　　保管员 刘明旋　　销售经理 李 雪　　制单 高 佳

图 9-10　产品出库单

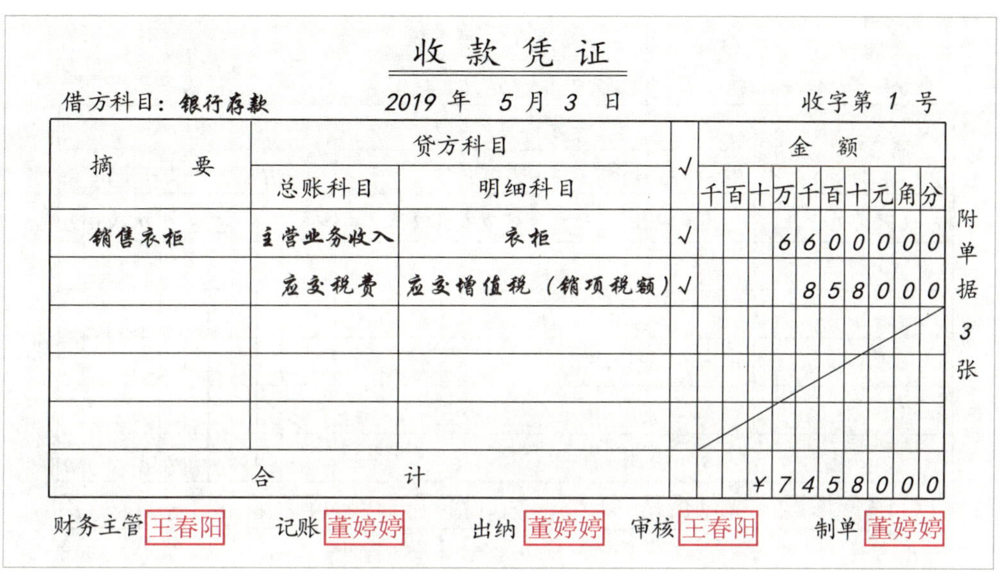

收款凭证

借方科目：银行存款　　2019 年 5 月 3 日　　收字第 1 号

摘要	贷方科目 总账科目	明细科目	√	金额 千	百	十	万	千	百	十	元	角	分
销售衣柜	主营业务收入	衣柜	√				6	6	0	0	0	0	0
	应交税费	应交增值税（销项税额）	√					8	5	8	0	0	0
合计						¥	7	4	5	8	0	0	0

附单据 3 张

财务主管 王春阳　记账 董婷婷　出纳 董婷婷　审核 王春阳　制单 董婷婷

图 9-11　收款凭证

【情景 9-3】2019 年 5 月 4 日，北京市鼎盛股份有限公司收到北京市伊万家具有限公司还来前欠货款 88 000 元，银行转账支票送存银行。凭证如图 9-12、图 9-13 所示。

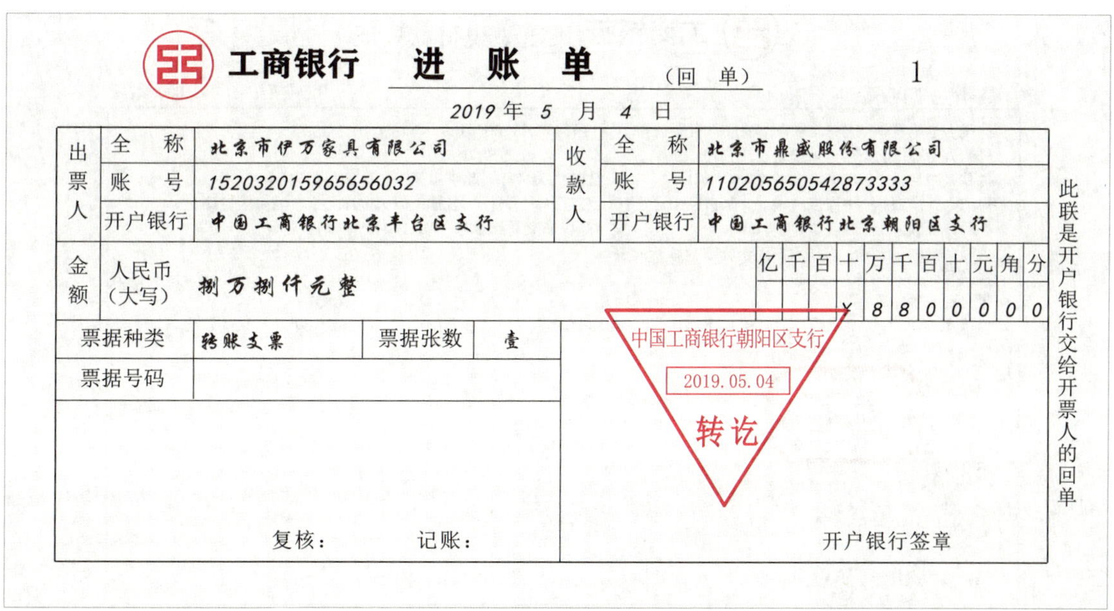

工商银行　**进　账　单**（回　单）　1

2019 年 5 月 4 日

出票人	全称	北京市伊万家具有限公司	收款人	全称	北京市鼎盛股份有限公司
	账号	152032015965656032		账号	110205650542873333
	开户银行	中国工商银行北京丰台区支行		开户银行	中国工商银行北京朝阳区支行
金额	人民币（大写）	捌万捌仟元整		亿千百十万千百十元角分	¥8800000
票据种类	转账支票	票据张数	壹		
票据号码					

复核：　记账：　开户银行签章

中国工商银行朝阳区支行　2019.05.04　转讫

此联是开户银行交给开票人的回单

图 9-12　工商银行进账单

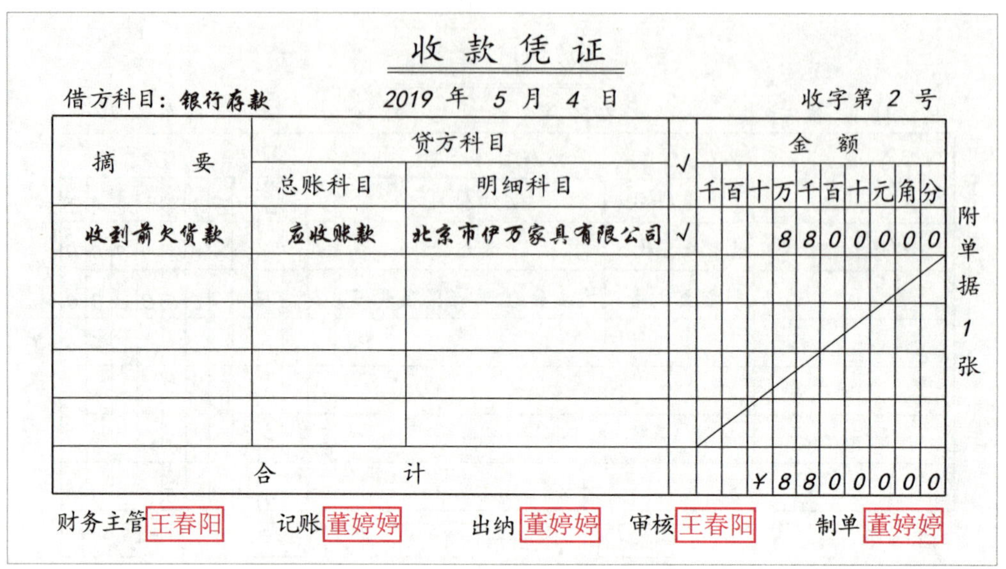

收款凭证

借方科目：银行存款　　2019 年 5 月 4 日　　收字第 2 号

摘要	贷方科目		√	金额									
	总账科目	明细科目		千	百	十	万	千	百	十	元	角	分
收到前欠货款	应收账款	北京市伊万家具有限公司	√				8	8	0	0	0	0	0
合计						¥	8	8	0	0	0	0	0

附单据 1 张

财务主管 王春阳　记账 董婷婷　出纳 董婷婷　审核 王春阳　制单 董婷婷

图 9-13　收款凭证

【情景 9-4】2019 年 5 月 5 日，缴纳上月的应交增值税 35 620 元。凭证如图 9-14、图 9-15 所示。

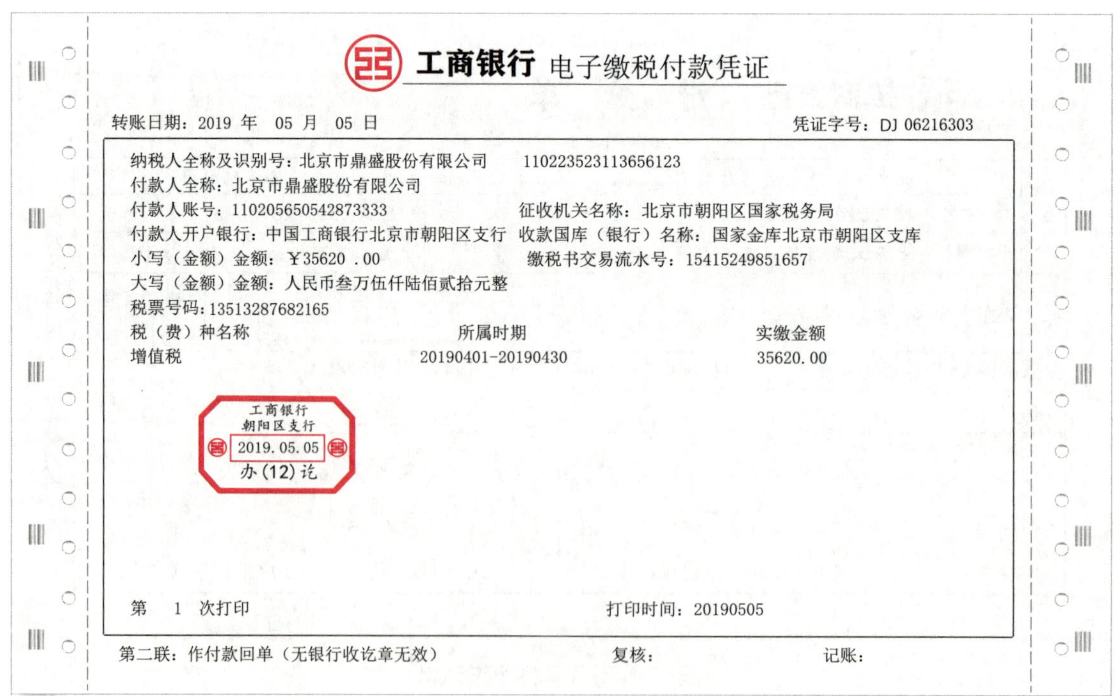

工商银行 电子缴税付款凭证

转账日期：2019 年　05 月　05 日　　凭证字号：DJ 06216303

纳税人全称及识别号：北京市鼎盛股份有限公司　110223523113656123
付款人全称：北京市鼎盛股份有限公司
付款人账号：110205650542873333　　征收机关名称：北京市朝阳区国家税务局
付款人开户银行：中国工商银行北京市朝阳区支行　收款国库（银行）名称：国家金库北京市朝阳区支库
小写（金额）金额：￥35620 .00　　缴税书交易流水号：15415249851657
大写（金额）金额：人民币叁万伍仟陆佰贰拾元整
税票号码：13513287682165

税（费）种名称	所属时期	实缴金额
增值税	20190401-20190430	35620. 00

第　1　次打印　　打印时间：20190505

第二联：作付款回单（无银行收讫章无效）　　复核：　　记账：

图 9-14　完税凭证

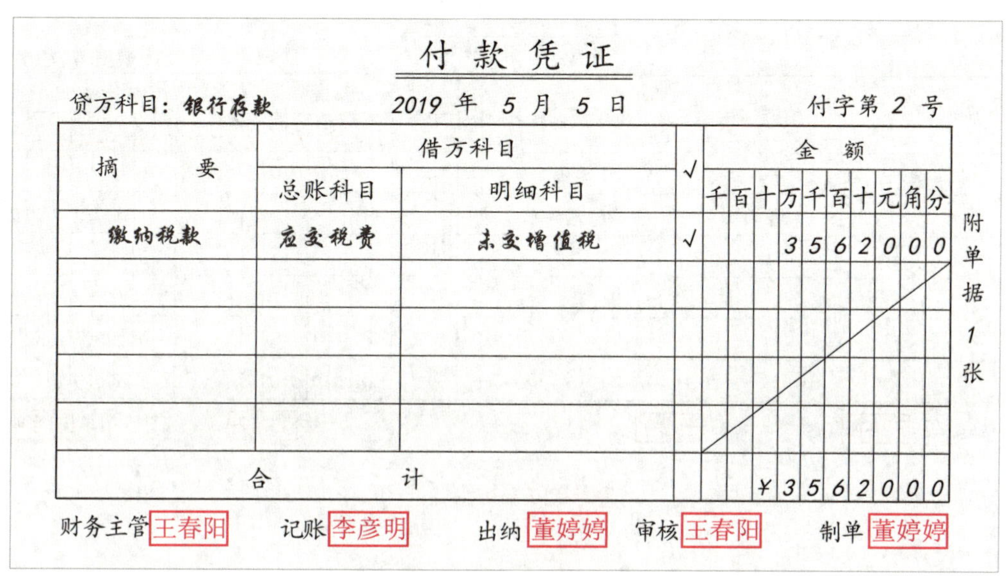

付 款 凭 证

贷方科目：银行存款　　2019 年 5 月 5 日　　付字第 2 号

摘要	借方科目 总账科目	借方科目 明细科目	√	金额
缴纳税款	应交税费	未交增值税	√	3562000
合计				¥3562000

附单据 1 张

财务主管 王春阳　记账 李彦明　出纳 董婷婷　审核 王春阳　制单 董婷婷

图 9-15 付款凭证

【情景 9-5】2019 年 5 月 5 日，仓库发出桃花芯木 30 立方米，单价 200 元，全部用于生产衣柜。凭证如图 9-16、图 9-17 所示。

领 料 单

领用部门 生产车间

产品项目 生产衣柜

2019 年 5 月 5 日　　字 1 号

编号	名称及规格	单位	数量 请领	数量 实领	单价	总值	分页	用途
001	桃花芯木	立方米	30	30	200.00	6 000.00		
合计								

二 交财务部门记账

财务部门主管 张庆明　记账 王　欢　保管部门主管 张　凯　发料 刘明旋　领料部门主管 张　扬　领料 刘　祥

图 9-16 领料单

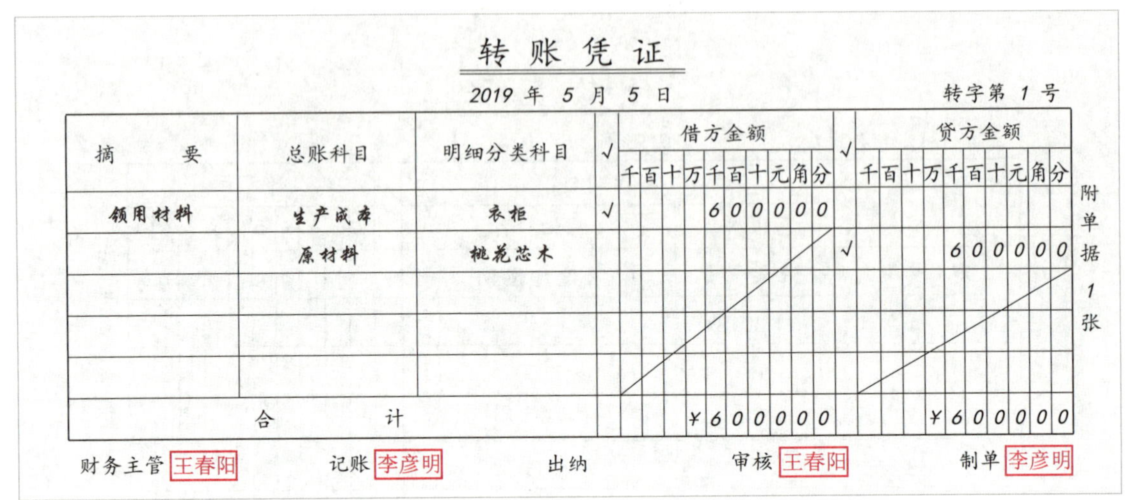

转 账 凭 证

2019 年 5 月 5 日　　转字第 1 号

摘要	总账科目	明细分类科目	√	借方金额	√	贷方金额
领用材料	生产成本	衣柜	√	600000		
	原材料	桃花芯木			√	600000
合计				¥600000		¥600000

附单据 1 张

财务主管 王春阳　记账 李彦明　出纳　审核 王春阳　制单 李彦明

图 9-17　转账凭证

【情景 9-6】2019 年 5 月 8 日，北京市鼎盛股份有限公司向北京市伊万家具有限公司出售衣柜 50 组，每组售价 2 200 元，双人床 10 张，每张售价 8 600 元，增值税税率为 13%，价税合计 221 480 元，货款尚未收到。凭证如图 9-18 至图 9-20 所示。

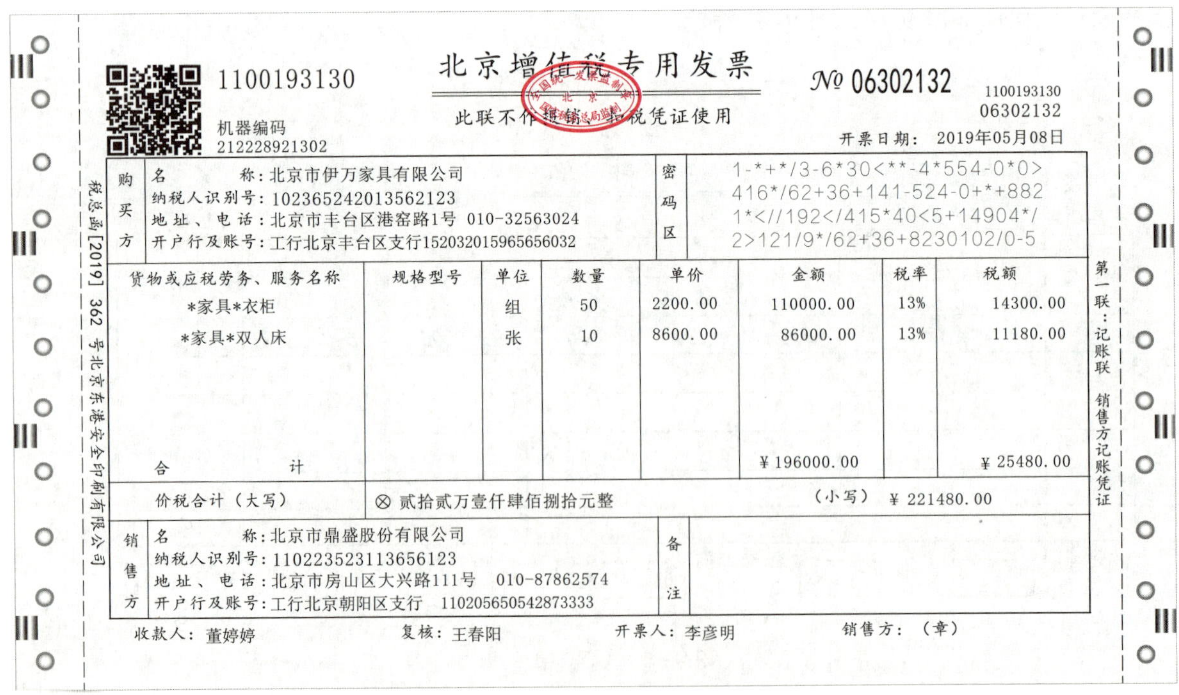

1100193130　　北京增值税专用发票　　№ 06302132

此联不作报销、扣税凭证使用

机器编码 212228921302　　1100193130 06302132　开票日期：2019年05月08日

购买方　名称：北京市伊万家具有限公司　纳税人识别号：102365242013562123　地址、电话：北京市丰台区港窑路1号 010-32563024　开户行及账号：工行北京丰台区支行15203201596565603２

密码区　1-*+*/3-6*30<**-4*554-0*0> 416*/62+36+141-524-0+*+882 1*<//192</415*40<5+14904*/ 2>121/9*/62+36+8230102/0-5

货物或应税劳务、服务名称	规格型号	单位	数量	单价	金额	税率	税额
*家具*衣柜		组	50	2200.00	110000.00	13%	14300.00
*家具*双人床		张	10	8600.00	86000.00	13%	11180.00
合计					¥196000.00		¥25480.00
价税合计（大写）	⊗贰拾贰万壹仟肆佰捌拾元整				（小写） ¥221480.00		

销售方　名称：北京市鼎盛股份有限公司　纳税人识别号：110223523113656123　地址、电话：北京市房山区大兴路111号 010-87862574　开户行及账号：工行北京朝阳区支行 110205650542873333　备注

收款人：董婷婷　复核：王春阳　开票人：李彦明　销售方：（章）

第一联：记账联　销售方记账凭证

税总函[2019] 362 号北京东港安全印制有限公司

图 9-18　增值税专用发票

产品出库单

第 2 号

单位 北京市伊万家具有限公司　　　　2019 年 5 月 8 日

编号	成品名称	规格	单位	数量	单价	金　额	过账	附注
101	衣柜		组	50	2 200.00	110 000.00		
102	双人床		张	10	8 600.00	86 000.00		
合				计		¥196 000.00		

第二联：会计记账联

仓库负责人 张凯　　保管员 刘明旋　　销售经理 李雪　　制单 高佳

图 9-19　产品出库单

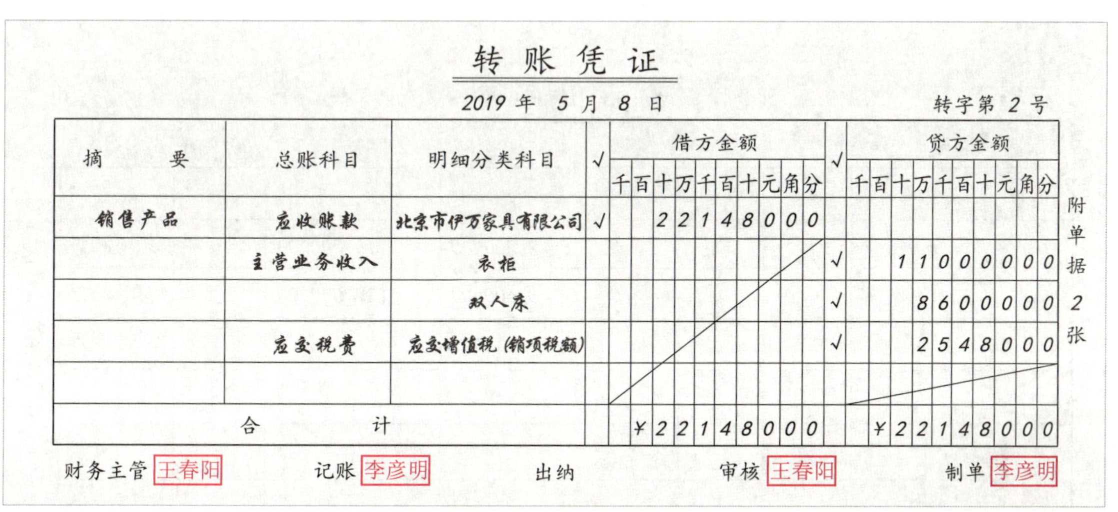

转 账 凭 证

2019 年　5 月　8 日　　　　转字第 2 号

摘　要	总账科目	明细分类科目	√	借方金额										√	贷方金额									
				千	百	十	万	千	百	十	元	角	分		千	百	十	万	千	百	十	元	角	分
销售产品	应收账款	北京市伊万家具有限公司	√			2	2	1	4	8	0	0	0											
	主营业务收入	衣柜												√			1	1	0	0	0	0	0	0
		双人床												√				8	6	0	0	0	0	0
	应交税费	应交增值税（销项税额）												√				2	5	4	8	0	0	0
合		计			¥	2	2	1	4	8	0	0	0			¥	2	2	1	4	8	0	0	0

附单据 2 张

财务主管 王春阳　　记账 李彦明　　出纳　　审核 王春阳　　制单 李彦明

图 9-20　转账凭证

【情景 9-7】2019 年 5 月 10 日，北京市鼎盛股份有限公司向北京市好再来高档家具店出售双人床 15 张，每张售价 8 600 元，衣柜 6 组，每组售价 2 200 元，增值税税率为 13%，价税合计 160 686 元，货款尚未收到。凭证如图 9-21 至图 9-23 所示。

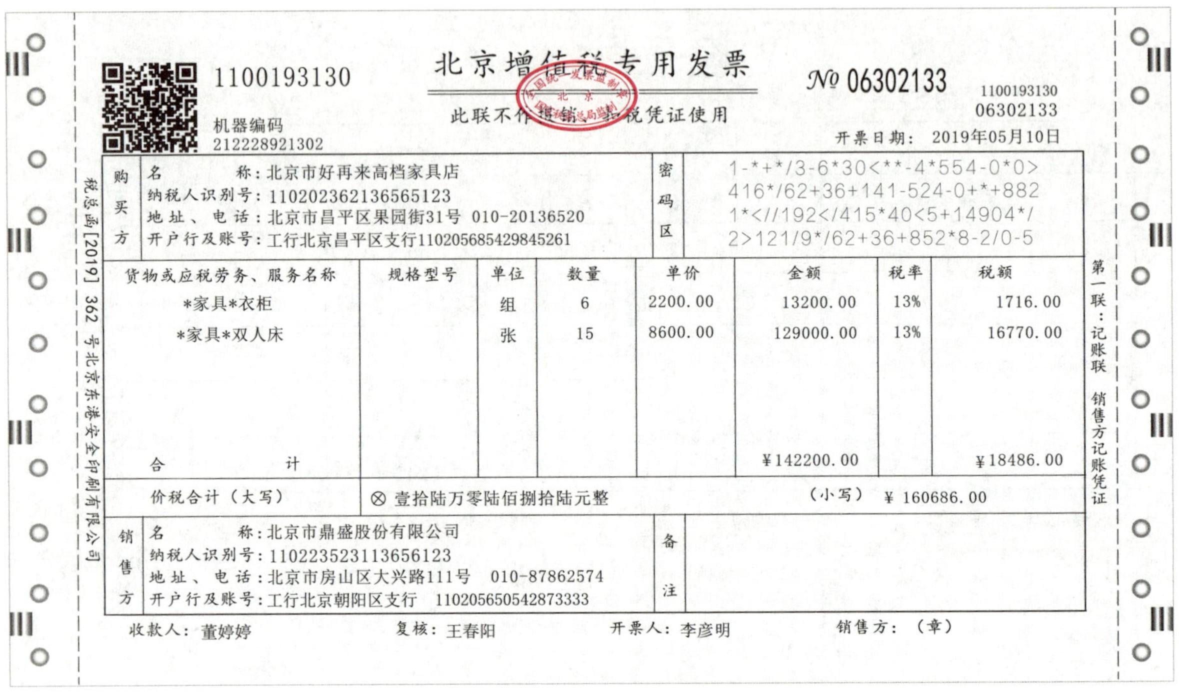

北京增值税专用发票

1100193130　　№ 06302133　　1100193130 06302133

此联不作报销、扣税凭证使用

机器编码 212228921302　　开票日期：2019年05月10日

购买方	名称：北京市好再来高档家具店 纳税人识别号：110202362136565123 地址、电话：北京市昌平区果园街31号 010-20136520 开户行及账号：工行北京昌平区支行110205685429845261	密码区	1-*+*/3-6*30<**-4*554-0*0> 416*/62+36+141-524-0+*+882 1*<//192</415*40<5+14904*/ 2>121/9*/62+36+852*8-2/0-5

货物或应税劳务、服务名称	规格型号	单位	数量	单价	金额	税率	税额
*家具*衣柜		组	6	2200.00	13200.00	13%	1716.00
*家具*双人床		张	15	8600.00	129000.00	13%	16770.00
合计					¥142200.00		¥18486.00
价税合计（大写）	⊗壹拾陆万零陆佰捌拾陆元整				（小写）¥160686.00		

销售方	名称：北京市鼎盛股份有限公司 纳税人识别号：110223523113656123 地址、电话：北京市房山区大兴路111号 010-87862574 开户行及账号：工行北京朝阳区支行 110205650542873333	备注	

收款人：董婷婷　　复核：王春阳　　开票人：李彦明　　销售方：（章）

第一联：记账联 销售方记账凭证

税总函［2019］362 号北京东港安全印制有限公司

图 9-21　增值税专用发票

产品出库单

第 3 号

单位 北京市好再来高档家具店　　2019 年 5 月 10 日

编号	成品名称	规格	单位	数量	单价	金额	过账	附注
101	衣柜		组	6	2 200.00	13 200.00		
102	双人床		张	15	8 600.00	129 000.00		
合				计		¥142 200.00		

仓库负责人 张凯　　保管员 刘明旋　　销售经理 李雪　　制单 高佳

第二联：会计记账联

图 9-22　产品出库单

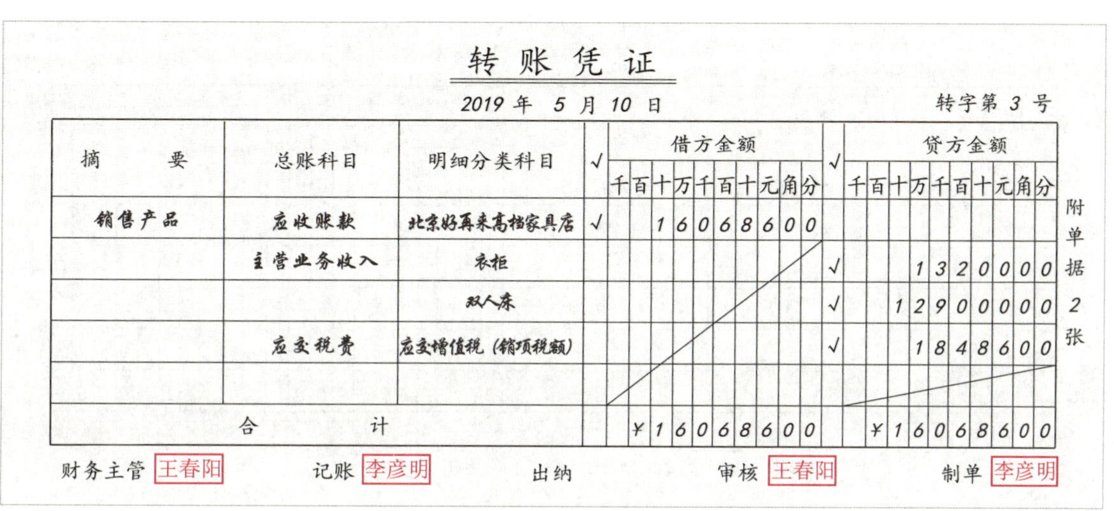

转 账 凭 证

2019 年 5 月 10 日　　转字第 3 号

摘要	总账科目	明细分类科目	√	借方金额（千百十万千百十元角分）	√	贷方金额（千百十万千百十元角分）
销售产品	应收账款	北京好再来高档家具店	√	16068600		
	主营业务收入	衣柜			√	1320000
		双人床			√	12900000
	应交税费	应交增值税（销项税额）			√	1848600
合计				¥16068600		¥16068600

附单据 2 张

财务主管 王春阳　记账 李彦明　出纳　审核 王春阳　制单 李彦明

图 9-23　转账凭证

【情景 9-8】2019 年 5 月 11 日，仓库发出密度板材料 20 张，单价 100 元，用于生产衣柜。凭证如图 9-24、图 9-25 所示。

领 料 单

领用部门　生产车间

产品项目　生产衣柜

2019 年 5 月 11 日　　字 2 号

编号	名称及规格	单位	数量：请领	数量：实领	单价	总值	分页	用途
002	密度板	张	20	20	100.00	2 000.00		
合计					100.00	2 000.00		

二　交财务部门记账

财务部门主管 张庆明　记账 王　欢　保管部门主管 张　凯　发料 刘明旋　领料部门主管 张　扬　领料 刘　祥

图 9-24　领料单

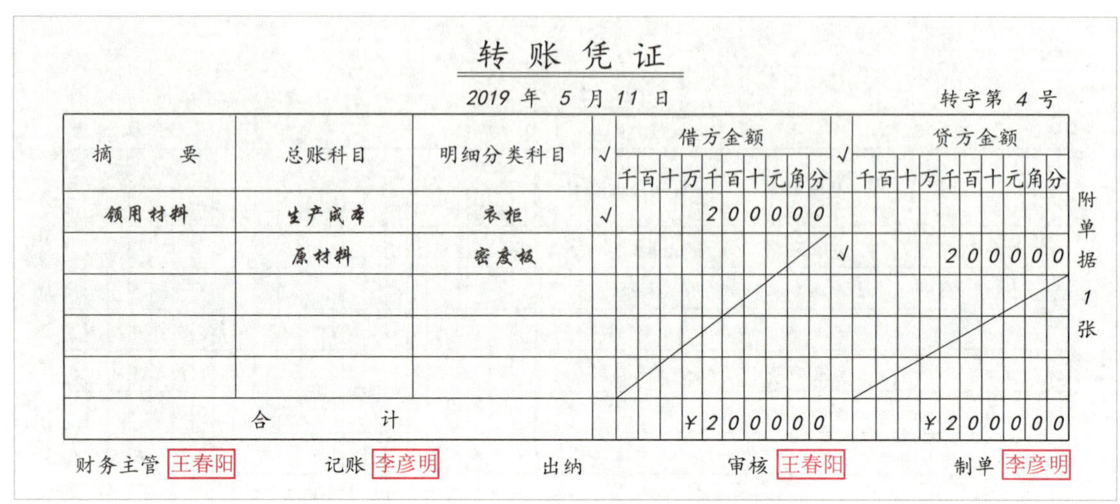

转账凭证

2019 年 5 月 11 日　　转字第 4 号

摘要	总账科目	明细分类科目	√	借方金额	√	贷方金额
领用材料	生产成本	衣柜	√	200000		
	原材料	密度板			√	200000
合计				¥200000		¥200000

附单据 1 张

财务主管 王春阳　记账 李彦明　出纳　审核 王春阳　制单 李彦明

图 9-25　转账凭证

【情景 9-9】2019 年 5 月 12 日，以银行转账支票支付北京佳美修理厂雕花机修理费 776.70 元，增值税普通税率 3%。凭证如图 9-26 至图 9-28 所示。

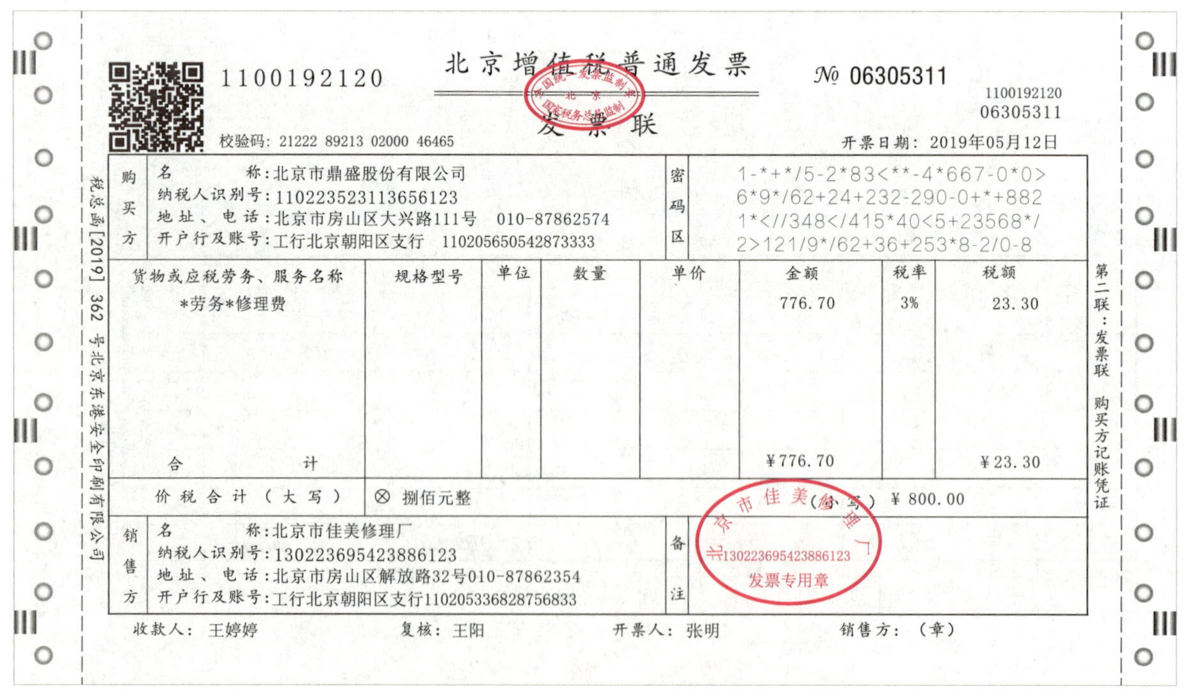

1100192120　北京增值税普通发票　№ 06305311

1100192120
06305311

发票联

校验码：21222 89213 02000 46465　　开票日期：2019年05月12日

购买方	名称：北京市鼎盛股份有限公司 纳税人识别号：110223523113656123 地址、电话：北京市房山区大兴路111号 010-87862574 开户行及账号：工行北京朝阳区支行 110205650542873333	密码区	1-*+*/5-2*83<**-4*667-0*0> 6*9*/62+24+232-290-0+*+882 1*<//348</415*40<5+23568*/ 2>121/9*/62+36+253*8-2/0-8

货物或应税劳务、服务名称	规格型号	单位	数量	单价	金额	税率	税额
*劳务*修理费					776.70	3%	23.30
合计					¥776.70		¥23.30
价税合计（大写）	⊗ 捌佰元整				（小写）¥ 800.00		

销售方	名称：北京市佳美修理厂 纳税人识别号：130223695423886123 地址、电话：北京市房山区解放路32号010-87862354 开户行及账号：工行北京朝阳区支行110205336828756833	备注	北京市佳美修理厂 130223695423886123 发票专用章

收款人：王婷婷　复核：王阳　开票人：张明　销售方：（章）

税总函[2019] 362 号北京东港安全印刷有限公司

第二联：发票联　购买方记账凭证

图 9-26　增值税普通发票

中国工商银行
转账支票存根

10653210
21845024

附加信息

出票日期 *2019* 年 *5* 月 *12* 日

收款人：北京市佳美修理厂

金 额：¥ *800.00*

用 途：修理费

单位主管 张海波 会计 董婷婷

北京市石钞证券印制有限责任公司，2019年印制

图 9-27 转账支票存根

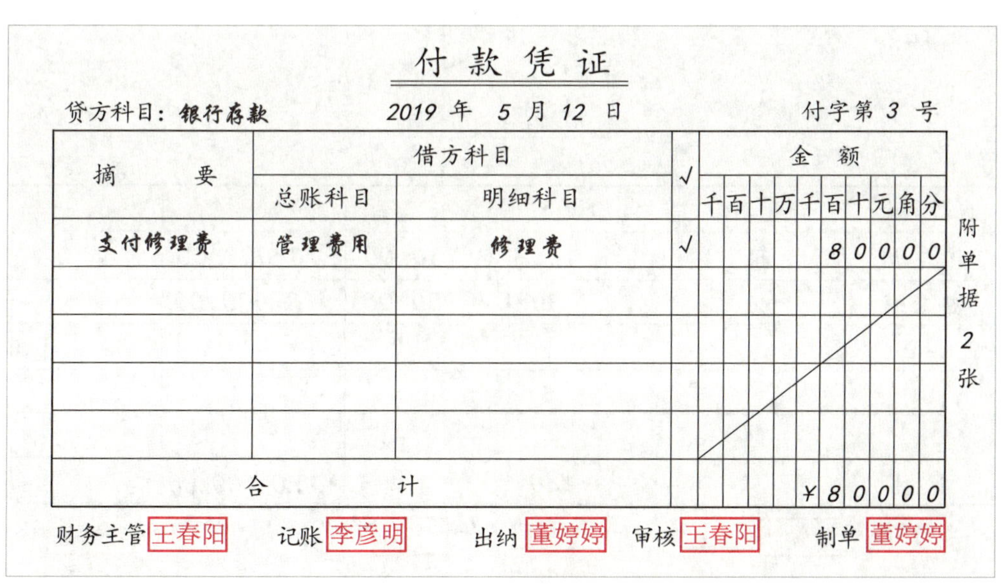

付 款 凭 证

贷方科目：银行存款 *2019* 年 *5* 月 *12* 日 付字第 *3* 号

摘要	借方科目		√	金额									
	总账科目	明细科目		千	百	十	万	千	百	十	元	角	分
支付修理费	管理费用	修理费	√						8	0	0	0	0
合计								¥	8	0	0	0	0

附单据 *2* 张

财务主管 王春阳 记账 李彦明 出纳 董婷婷 审核 王春阳 制单 董婷婷

图 9-28 付款凭证

【情景 9-10】2019 年 5 月 14 日，北京市鼎盛股份有限公司向北京市宝珠建材批发有限公司购入刨花板 100 张，每张 130 元，密度板 30 张，每张 100 元，增值税税率 13%，价税合计为 18 080 元，开出转账支票。刨花板和密度板均已验收入库。凭证如图 9-29 至图 9-32 所示。

1166365243　　北京增值税专用发票　　№ 06583269

发票联　　1166365243　06583269

机器编号：212228921302　　开票日期：2019年05月14日

购买方　名　　称：北京市鼎盛股份有限公司
纳税人识别号：110223523113656123
地 址、电 话：北京市房山区大兴路111号　010-87862574
开户行及账号：工行北京朝阳区支行　110205650542873333

密码区：1-*+*/3-6*30<**-4*554-0*0>
416*/62+36+141-524-0+*+882
1*<//369</699*40<5+14036*/
2>121/9*/29+36+526*8-2/0-6

货物或应税劳务、服务名称	规格型号	单位	数量	单价	金额	税率	税额
*木制品*刨花板		张	100	130.00	13000.00	13%	1690.00
*木制品*密度板		张	30	100.00	3000.00	13%	390.00
合　　计					¥16000.00		¥2080.00

价税合计（大写）　⊗ 壹万捌仟零捌拾元整　　（小写）¥ 18080.00

销售方　名　　称：北京市宝珠建材批发有限公司
纳税人识别号：110603006951408123
地 址、电 话：北京市通州区通园街12号　010-27601023
开户行及账号：中国工商银行北京通州区支行　160300583638652103

备注：（北京市宝珠建材批发有限公司 110603006951408123 发票专用章）

收款人：罗月　　复核：岳玉环　　开票人：张鑫　　销售方：（章）

税总函[2019] 311 号北京印钞有限公司

第三联：发票联　购买方记账凭证

图 9-29　增值税专用发票

材料入库单

2019 年 5 月 14 日　　　　第 2 号

材料名称	计量单位	入库数量	单位成本	金　额	用　途
刨花板	张	100	130.00	13 000.00	
密度板	张	30	100.00	3 000.00	
合　计		130		¥160 000.00	

第三联　财务部门记账

财务经理 王春阳　　部门主任 刘宇洋　　制单 贾瑞鑫

图 9-30　入库单

中国工商银行
转账支票存根
10653210
21845025

北京市石钞证券印制有限责任公司. 2019年印制

附加信息

出票日期 2019 年 5 月 14 日

收款人：	北京市宝珠建材批发有限公司
金 额：	¥18 080.00
用 途：	支付货款

单位主管 张海波 会计 董婷婷

图 9-31 转账支票存根

付 款 凭 证

贷方科目：银行存款 2019 年 5 月 14 日 付字第 4 号

摘 要	借方科目		√	金 额									
	总账科目	明细科目		千	百	十	万	千	百	十	元	角	分
购买材料	原材料	刨花板	√				1	3	0	0	0	0	0
		密度板	√					3	0	0	0	0	0
	应交税费	应交增值税（进项税额）	√					2	0	8	0	0	0
合 计						¥	1	8	0	8	0	0	0

附单据 3 张

财务主管 王春阳 记账 董婷婷 出纳 董婷婷 审核 王春阳 制单 董婷婷

图 9-32 付款凭证

【情景 9-11】2019 年 5 月 14 日，以银行存款支付职工工资 142 600 元。凭证如图 9-33 至图 9-35 所示。

中国工商银行
转账支票存根
10653210
21845026

北京市石纺证券印制有限责任公司，2019年印制

附加信息

出票日期 2019 年 5 月 14 日

收款人：	北京市鼎盛股份有限公司
金　额：	￥142 600.00
用　途：	支付工资

单位主管 张海波　会计 董婷婷

图 9-33　转账支票存根

工资汇总表

2019 年　5 月 14 日　　单位：元

生产车间工人		车间管理人员	行政管理人员	合计
衣柜	双人床			
62 000.00	58 000.00	8 000.00	14 600.00	142 600.00

财务主管 王春阳　　办公室主任 郑　欣　　制单 韩明轩

图 9-34　工资汇总表

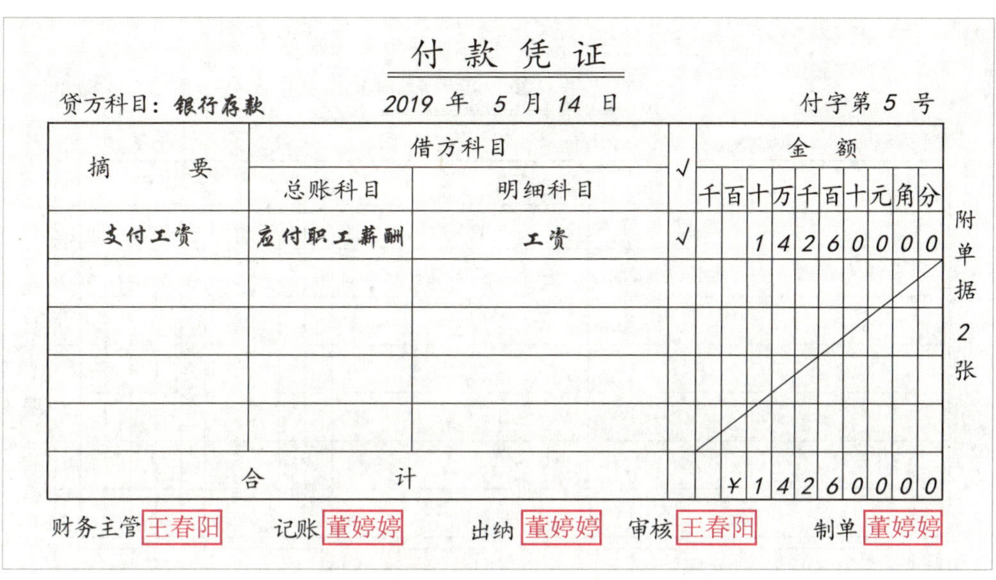

付 款 凭 证

贷方科目：银行存款　　2019 年 5 月 14 日　　付字第 5 号

摘要	借方科目		√	金额									
	总账科目	明细科目		千	百	十	万	千	百	十	元	角	分
支付工资	应付职工薪酬	工资	√			1	4	2	6	0	0	0	0
合计					¥	1	4	2	6	0	0	0	0

附单据 2 张

财务主管 王春阳　记账 董婷婷　出纳 董婷婷　审核 王春阳　制单 董婷婷

图 9-35　付款凭证

【情景 9-12】2019 年 5 月 14 日，办公室贾瑞鑫出差预借差旅费 3 000 元，用现金支付。凭证如图 9-36、图 9-37 所示。

借 款 单

资金性质 现金　　2019 年 5 月 14 日　　字 1 号

借款单位	公司办公室贾瑞鑫		
借款理由	出差预借差旅费		
借款数额	人民币（大写） 叁仟元整　¥ 3 000.00		
主办单位负责人意见	同意	借款人（签章）	贾瑞鑫
领导指示： 同意	会计主管人员审批： 王春阳	付款记录： 现金付讫	

第二联：记账

图 9-36　借款单

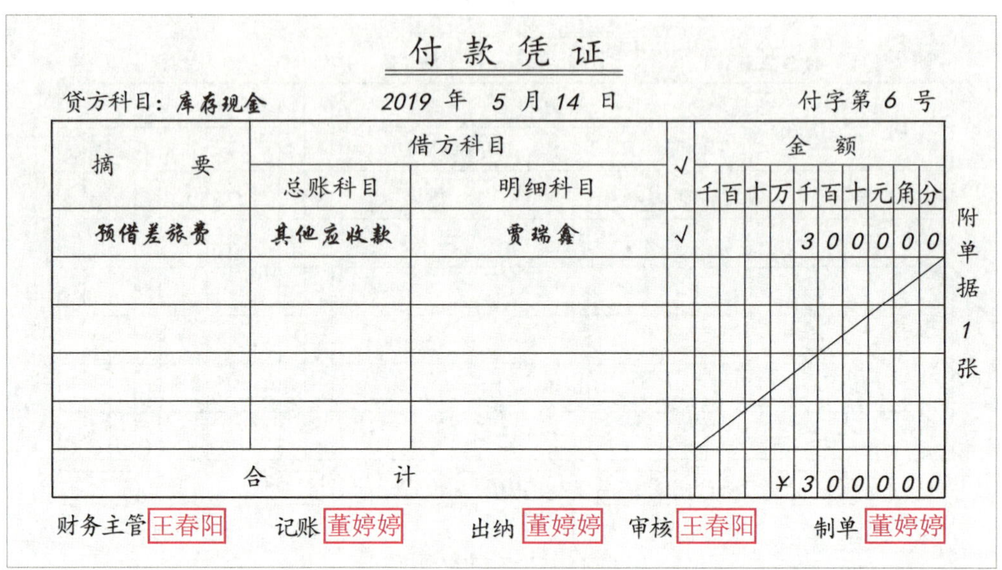

付款凭证

贷方科目：库存现金　　2019 年 5 月 14 日　　付字第 6 号

摘要	借方科目		√	金额									
	总账科目	明细科目		千	百	十	万	千	百	十	元	角	分
预借差旅费	其他应收款	贾瑞鑫	√					3	0	0	0	0	0
合计							¥	3	0	0	0	0	0

附单据 1 张

财务主管 王春阳　记账 董婷婷　出纳 董婷婷　审核 王春阳　制单 董婷婷

图 9-37　付款凭证

【情景 9-13】2019 年 5 月 14 日，仓库发出车间一般耗用的密度板材料 50 张，单价 100 元。凭证如图 9-38、图 9-39 所示。

领料单

领用部门　生产车间

产品项目　生产家具

2019 年 5 月 14 日　　字 3 号

编号	名称及规格	单位	数量		单价	总值	分页	用途
			请领	实领				
002	密度板	张	50	50	100.00	5 000.00		
合计					100.00	5 000.00		

二 交财务部门记账

财务部门主管 张庆明　记账 王　欢　保管部门主管 张　凯　发料 刘明旋　领料部门主管 张　扬　领料 刘　祥

图 9-38　领料单

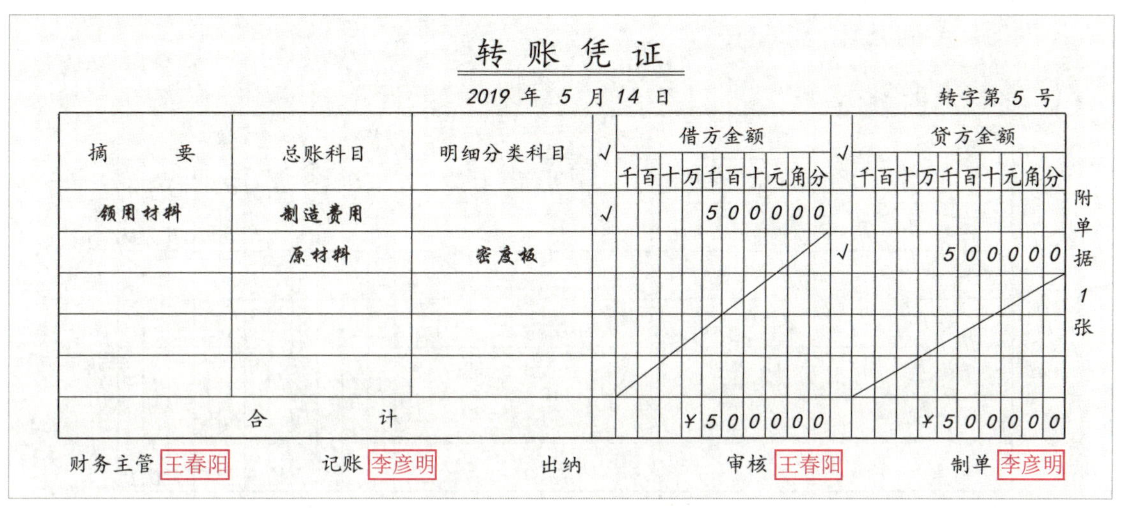

转账凭证

2019 年 5 月 14 日　　　　转字第 5 号

摘要	总账科目	明细分类科目	√	借方金额										√	贷方金额									
				千	百	十	万	千	百	十	元	角	分		千	百	十	万	千	百	十	元	角	分
领用材料	制造费用		√					5	0	0	0	0	0											
	原材料	密度板												√					5	0	0	0	0	0
合计							¥	5	0	0	0	0	0					¥	5	0	0	0	0	0

附单据 1 张

财务主管 王春阳　记账 李彦明　出纳　审核 王春阳　制单 李彦明

图 9-39　转账凭证

【情景 9-14】2019 年 5 月 15 日，开出现金支票 5 000 元，提取备用金。凭证如图 9-40、图 9-41 所示。

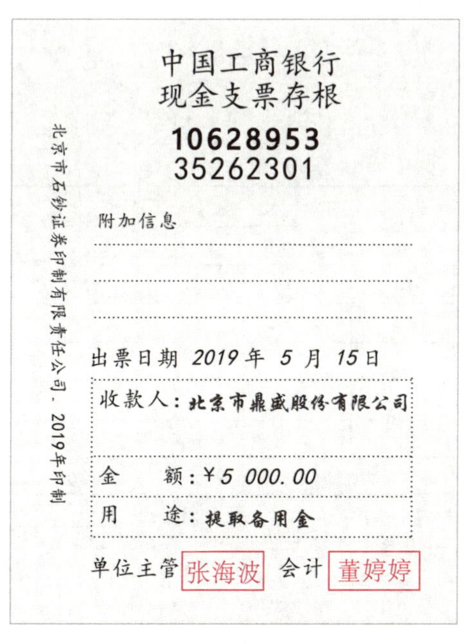

中国工商银行
现金支票存根
10628953
35262301

附加信息

出票日期 2019 年 5 月 15 日

收款人：北京市鼎盛股份有限公司

金　额：¥5 000.00

用　途：提取备用金

单位主管 张海波　会计 董婷婷

北京市石钞证券印制有限责任公司．2019年印制

图 9-40　现金支票存根

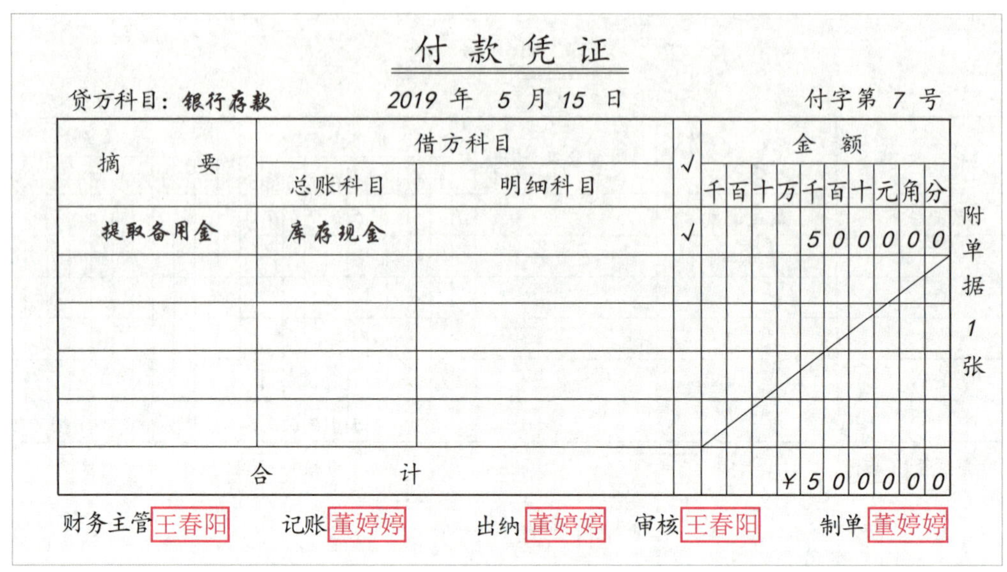

付 款 凭 证

贷方科目：银行存款　　2019 年 5 月 15 日　　付字第 7 号

摘要	借方科目：总账科目	借方科目：明细科目	√	千	百	十	万	千	百	十	元	角	分
提取备用金	库存现金		√					5	0	0	0	0	0
合　　计							¥	5	0	0	0	0	0

附单据 1 张

财务主管 王春阳　记账 董婷婷　出纳 董婷婷　审核 王春阳　制单 董婷婷

图 9-41　付款凭证

【情景 9-15】2019 年 5 月 16 日，仓库发出刨花板材料 20 张，单价 130 元，其中 10 张用于生产衣柜，10 张用于生产双人床。凭证如图 9-42、图 9-43 所示。

领 料 单

领用部门　生产车间

产品项目　生产双人床

2019 年 5 月 16 日　　字 4 号

编号	名称及规格	单位	数量：请领	数量：实领	单价	总值	分页	用途
003	刨花板	张	20	20	130.00	2 600.00		
合　　计					130.00	2 600.00		

二 交财务部门记账

财务部门主管 张庆明　记账 王　欢　保管部门主管 张　凯　发料 刘明旋　领料部门主管 张　扬　领料 刘　祥

图 9-42　领料单

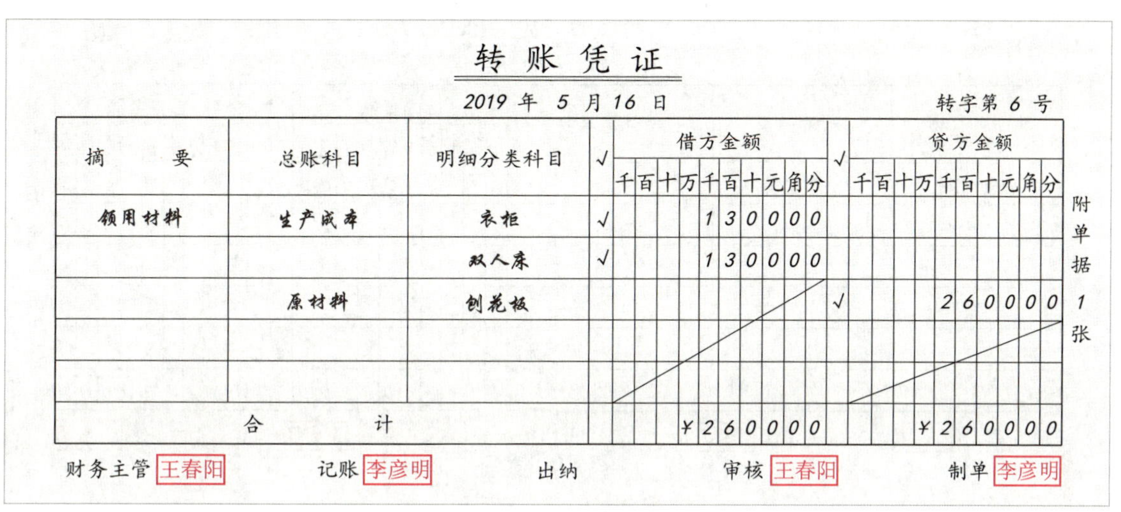

转账凭证

2019 年 5 月 16 日　　　　转字第 6 号

摘要	总账科目	明细分类科目	√	借方金额（千百十万千百十元角分）	√	贷方金额（千百十万千百十元角分）
领用材料	生产成本	衣柜	√	130000		
		双人床	√	130000		
	原材料	刨花板			√	260000
合计				¥260000		¥260000

附单据 1 张

财务主管 王春阳　记账 李彦明　出纳　审核 王春阳　制单 李彦明

图 9-43　转账凭证

【情景 9-16】2019 年 5 月 16 日，仓库发出松木材料 30 张，单价 800 元，用于生产双人床。凭证如图 9-44、图 9-45 所示。

领料单

领用部门 生产车间

产品项目 生产双人床

2019 年 5 月 16 日　　　　字 5 号

编号	名称及规格	单位	数量 请领	数量 实领	单价	总值	分页	用途
004	松木	张	30	30	800.00	24 000.00		
合计					800.00	24 000.00		

二 交财务部门记账

财务部门主管 张庆明　记账 王欢　保管部门主管 张凯　发料 刘明旋　领料部门主管 张扬　领料 刘祥

图 9-44　领料单

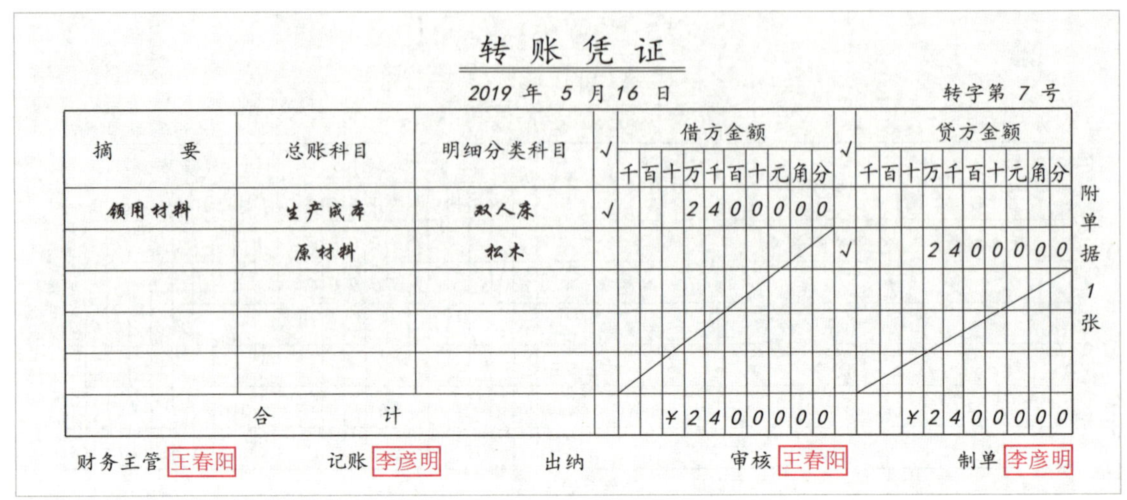

转账凭证

2019 年 5 月 16 日　　　　转字第 7 号

摘要	总账科目	明细分类科目	√	借方金额	√	贷方金额
领用材料	生产成本	双人床	√	2400000		
	原材料	松木			√	2400000
合计				¥2400000		¥2400000

附单据 1 张

财务主管 王春阳　记账 李彦明　出纳　审核 王春阳　制单 李彦明

图 9-45　转账凭证

【情景 9-17】2019 年 5 月 17 日，北京市鼎盛股份有限公司向北京市宝珠建材批发有限公司购入桃花芯木材料 40 立方米，每立方米 200 元，已验收入库，增值税税率为 13%，价税合计为 9 040 元，开出转账支票。凭证如图 9-46 至图 9-49 所示。

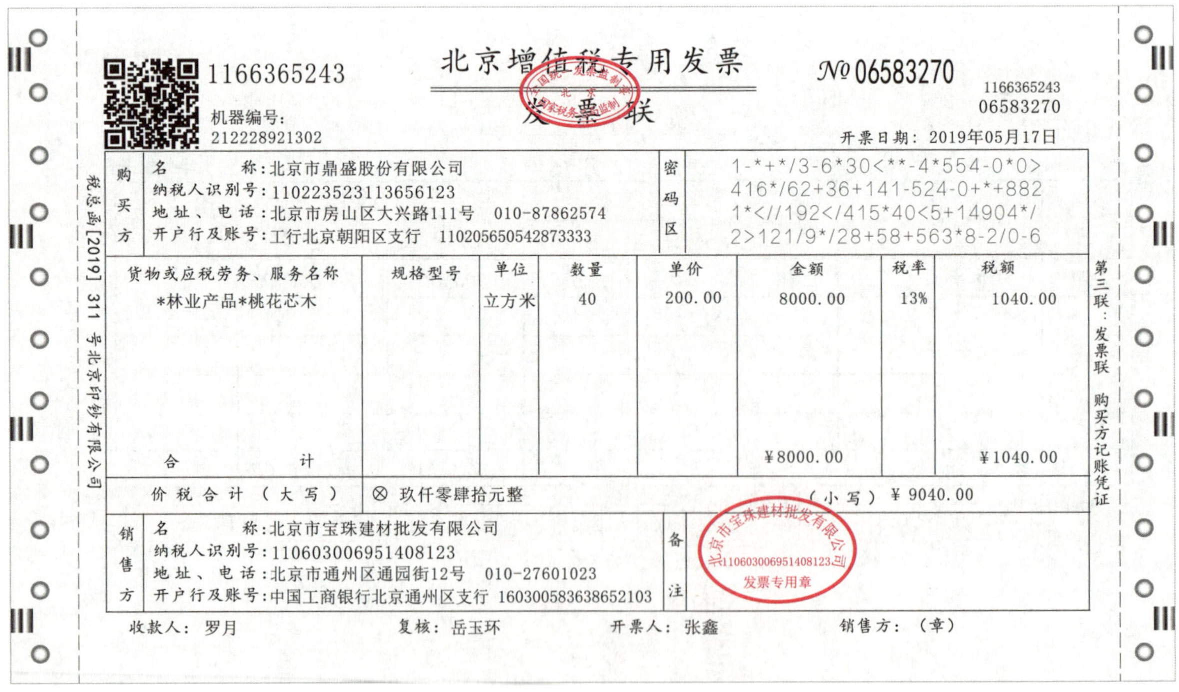

1166365243　　北京增值税专用发票　　№ 06583270

机器编号：212228921302　　发票联　　1166365243 06583270

开票日期：2019年05月17日

购买方　名称：北京市鼎盛股份有限公司
纳税人识别号：110223523113656123
地址、电话：北京市房山区大兴路111号　010-87862574
开户行及账号：工行北京朝阳区支行　110205650542873333

密码区　1-*+*/3-6*30<**-4*554-0*0>
416*/62+36+141-524-0+*+882
1*<//192</415*40<5+14904*/
2>121/9*/28+58+563*8-2/0-6

货物或应税劳务、服务名称	规格型号	单位	数量	单价	金额	税率	税额
*林业产品*桃花芯木		立方米	40	200.00	8000.00	13%	1040.00
合计					¥8000.00		¥1040.00

价税合计（大写）　⊗玖仟零肆拾元整　（小写）¥9040.00

销售方　名称：北京市宝珠建材批发有限公司
纳税人识别号：110603006951408123
地址、电话：北京市通州区通园街12号　010-27601023
开户行及账号：中国工商银行北京通州区支行　160300583638652103

备注

收款人：罗月　复核：岳玉环　开票人：张鑫　销售方：（章）

税总函[2019] 311 号北京印钞有限公司

第三联：发票联　购买方记账凭证

图 9-46　增值税专用发票

材料入库单

2019 年 5 月 17 日　　　　第 4 号

材料名称	计量单位	入库数量	单位成本	金 额	用 途
桃花芯木	立方米	40	200.00	8 000.00	
合 计		40		¥8 000.00	

第三联 财务部门记账

财务经理 王春阳　　部门主任 刘宇洋　　制单 贾瑞鑫

图 9-47 材料入库单

中国工商银行
转账支票存根

10653210
21845027

附加信息

出票日期 2019 年 5 月 17 日

收款人：北京市宝珠建材批发有限公司

金 额：¥9 040.00

用 途：支付货款

单位主管 张海波　会计 董婷婷

北京市石钞证券印制有限责任公司．2019年印制

图 9-48 转账支票存根

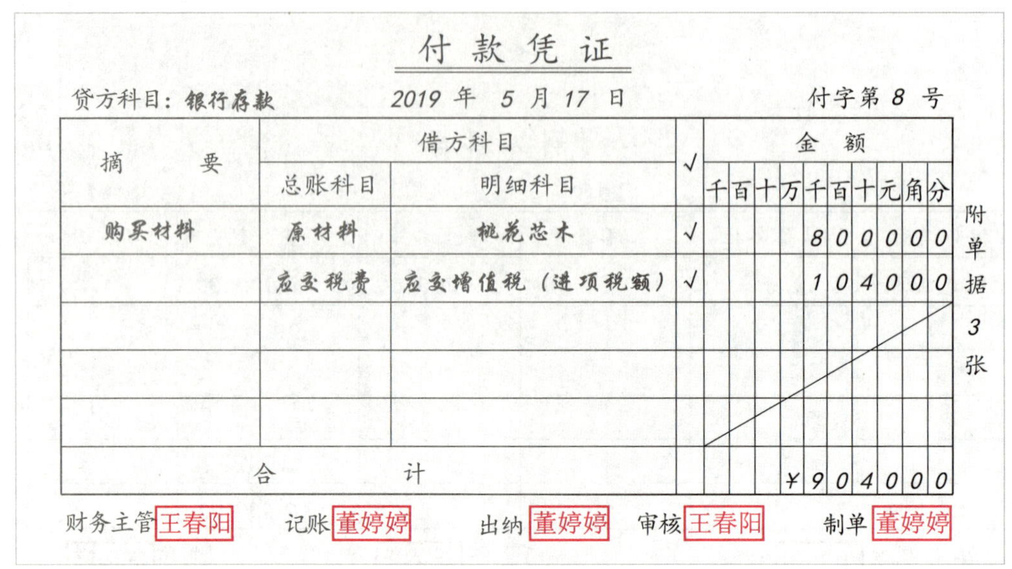

付款凭证

贷方科目：银行存款　　2019 年 5 月 17 日　　付字第 8 号

摘要	借方科目 总账科目	明细科目	√	金额
购买材料	原材料	桃花芯木	√	800000
	应交税费	应交增值税（进项税额）	√	104000
合计				¥904000

附单据 3 张

财务主管 王春阳　记账 董婷婷　出纳 董婷婷　审核 王春阳　制单 董婷婷

图 9-49　付款凭证

【情景 9-18】2019 年 5 月 18 日，北京市鼎盛股份有限公司向北京市伊万家具有限公司出售双人床 12 张，每张售价 8 600 元，衣柜 20 组，每组售价 2 200 元，增值税税率为 13%，价税合计 166 336 元，收到转账支票存入银行。凭证如图 9-50 至图 9-53 所示。

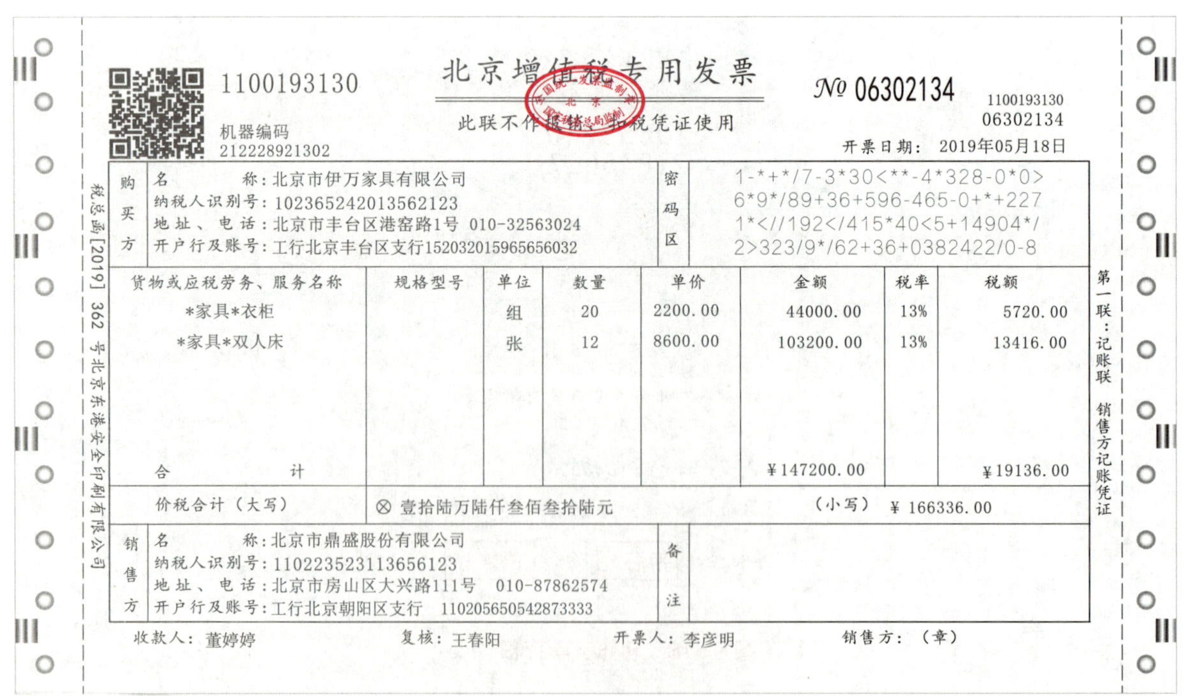

北京增值税专用发票

1100193130　　№ 06302134　　1100193130 06302134

此联不作报销、扣税凭证使用

机器编码 212228921302　　开票日期：2019年05月18日

购买方　名　　称：北京市伊万家具有限公司
纳税人识别号：102365242013562123
地 址、电 话：北京市丰台区港窑路1号 010-32563024
开户行及账号：工行北京丰台区支行15203201596565603 2

密码区：1-*+*/7-3*30<**-4*328-0*0> 6*9*/89+36+596-465-0+*+227 1*<//192</415*40<5+14904*/ 2>323/9*/62+36+0382422/0-8

货物或应税劳务、服务名称	规格型号	单位	数量	单价	金额	税率	税额
*家具*衣柜		组	20	2200.00	44000.00	13%	5720.00
*家具*双人床		张	12	8600.00	103200.00	13%	13416.00
合计					¥147200.00		¥19136.00
价税合计（大写）	⊗ 壹拾陆万陆仟叁佰叁拾陆元				（小写） ¥ 166336.00		

销售方　名　　称：北京市鼎盛股份有限公司
纳税人识别号：110223523113656123
地 址、电 话：北京市房山区大兴路111号 010-87862574
开户行及账号：工行北京朝阳区支行 110205650542873333

备注

收款人：董婷婷　复核：王春阳　开票人：李彦明　销售方：（章）

税总函[2019] 362 号北京东港安全印刷有限公司

第一联：记账联 销售方记账凭证

图 9-50　增值税专用发票

产品出库单

第 4 号

单位 北京市伊万家具有限公司　　　　2019 年 5 月 18 日

编号	成品名称	规格	单位	数量	单价	金额	过账	附注
101	衣柜		组	20	2 200.00	44 000.00		
102	双人床		张	12	8 600.00	103 200.00		
合				计		¥147 200.00		

第二联：会计记账联

仓库负责人 张凯　　保管员 刘明旋　　销售经理 李雪　　制单 高佳

图 9-51　出库单

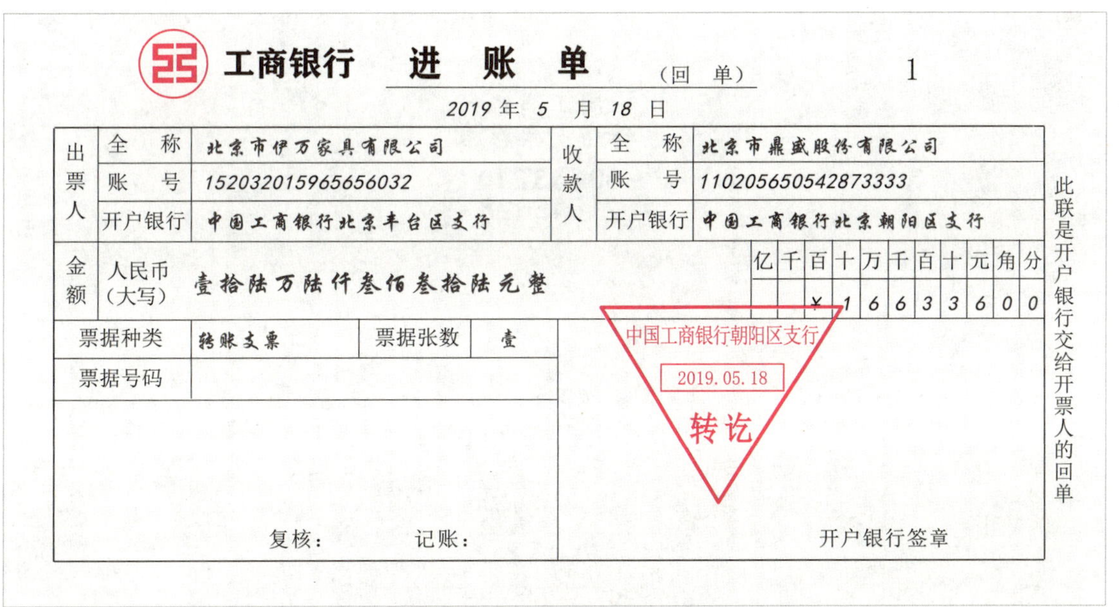

工商银行　进　账　单　（回　单）　1

2019 年 5 月 18 日

出票人	全　称	北京市伊万家具有限公司	收款人	全　称	北京市鼎盛股份有限公司
	账　号	152032015965656032		账　号	110205650542873333
	开户银行	中国工商银行北京丰台区支行		开户银行	中国工商银行北京朝阳区支行
金额	人民币（大写）	壹拾陆万陆仟叁佰叁拾陆元整		亿千百十万千百十元角分	¥16633600
票据种类	转账支票	票据张数	壹		
票据号码					

复核：　　记账：　　开户银行签章

此联是开户银行交给开票人的回单

图 9-52　进账单

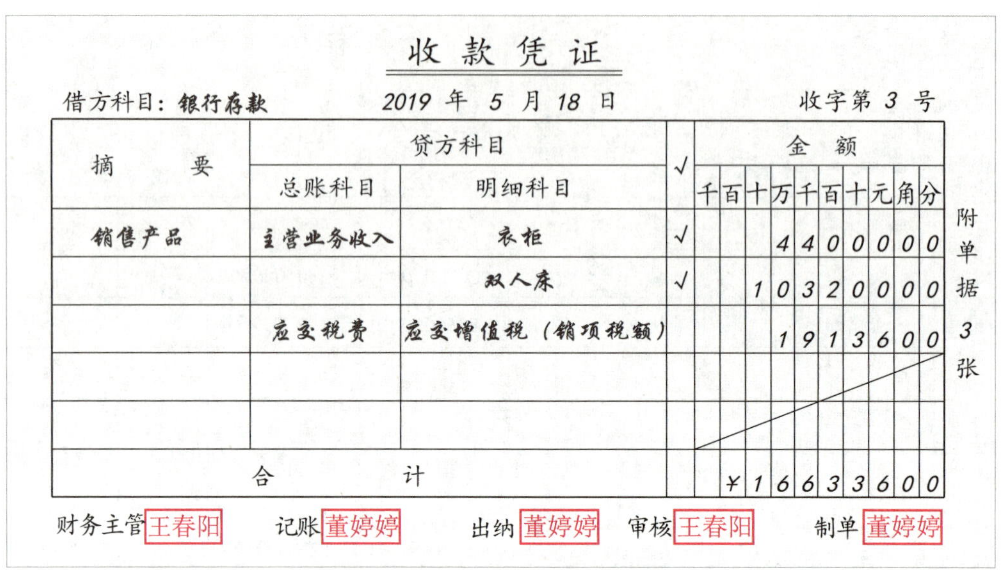

收款凭证

借方科目：银行存款　　2019 年 5 月 18 日　　收字第 3 号

摘要	贷方科目		√	金额									
	总账科目	明细科目		千	百	十	万	千	百	十	元	角	分
销售产品	主营业务收入	衣柜	√				4	4	0	0	0	0	0
		双人床	√			1	0	3	2	0	0	0	0
	应交税费	应交增值税（销项税额）					1	9	1	3	6	0	0
合计					¥	1	6	6	3	3	6	0	0

附单据 3 张

财务主管 王春阳　记账 董婷婷　出纳 董婷婷　审核 王春阳　制单 董婷婷

图 9-53　收款凭证

【情景 9-19】2019 年 5 月 23 日，以转账支票支付本月电费，其中：生产部门用电 2 000 元，管理部门用电 400 元，增值税税率为 13%。凭证如图 9-54 至图 9-56 所示。

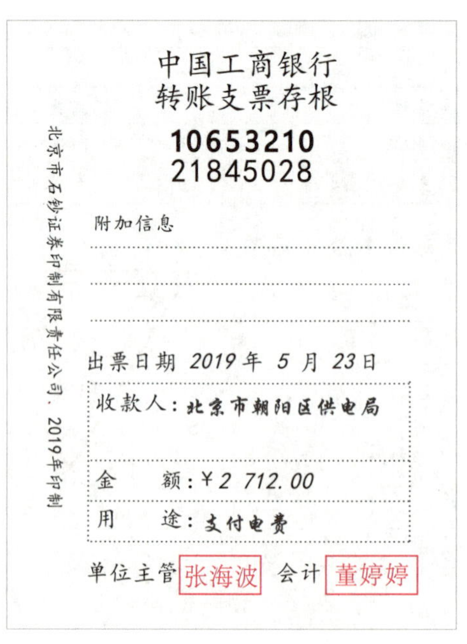

中国工商银行
转账支票存根

10653210
21845028

附加信息

出票日期 2019 年 5 月 23 日

收款人：北京市朝阳区供电局

金　额：¥2 712.00

用　途：支付电费

单位主管 张海波　会计 董婷婷

北京市石钞证券印制有限责任公司．2019年印制

图 9-54　转账支票存根

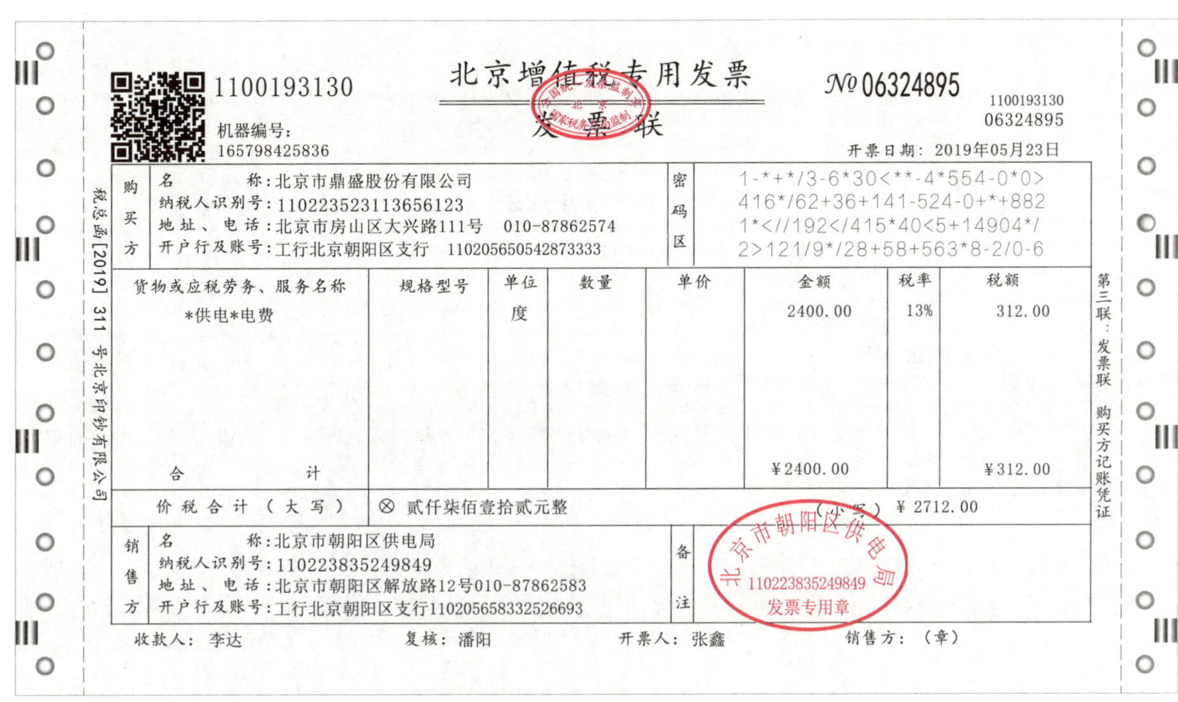

北京增值税专用发票

№06324895

1100193130

机器编号：165798425836

1100193130
06324895

发票联

开票日期：2019年05月23日

购买方	名称：北京市鼎盛股份有限公司 纳税人识别号：110223523113656123 地址、电话：北京市房山区大兴路111号 010-87862574 开户行及账号：工行北京朝阳区支行 110205650542873333	密码区	1-*+*/3-6*30<**-4*554-0*0> 416*/62+36+141-524-0+*+882 1*<//192</415*40<5+14904*/ 2>121/9*/28+58+563*8-2/0-6

货物或应税劳务、服务名称	规格型号	单位	数量	单价	金额	税率	税额
*供电*电费		度			2400.00	13%	312.00
合计					¥2400.00		¥312.00
价税合计（大写）	⊗ 贰仟柒佰壹拾贰元整				（小写）¥2712.00		

销售方	名称：北京市朝阳区供电局 纳税人识别号：110223835249849 地址、电话：北京市朝阳区解放路12号010-87862583 开户行及账号：工行北京朝阳区支行110205658332526693	备注	北京市朝阳区供电局 110223835249849 发票专用章

收款人：李达　　复核：潘阳　　开票人：张鑫　　销售方：（章）

税总函[2019] 311 号北京印钞有限公司

第三联：发票联 购买方记账凭证

图 9-55 增值税专用发票

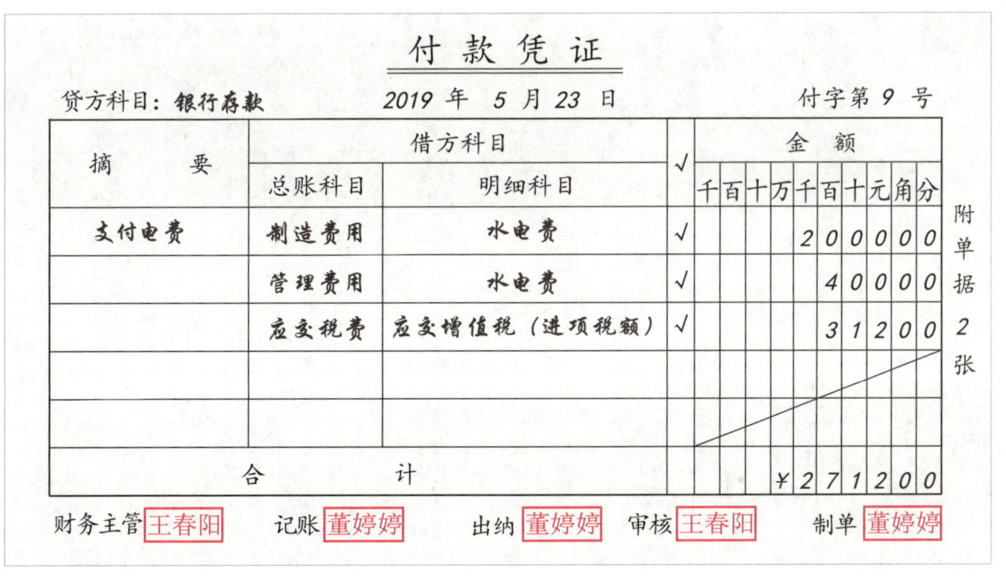

付款凭证

贷方科目：银行存款　　2019 年 5 月 23 日　　付字第 9 号

摘要	借方科目：总账科目	借方科目：明细科目	√	金额
支付电费	制造费用	水电费	√	200000
	管理费用	水电费	√	40000
	应交税费	应交增值税（进项税额）	√	31200
合计				¥271200

附单据 2 张

财务主管 王春阳　记账 董婷婷　出纳 董婷婷　审核 王春阳　制单 董婷婷

图 9-56 付款凭证

【情景 9-20】2019 年 5 月 26 日，以转账支票支付本月水费，其中：加工部门用水 600 元，管理部门用水 40 元。凭证如图 9-57 至图 9-59 所示。

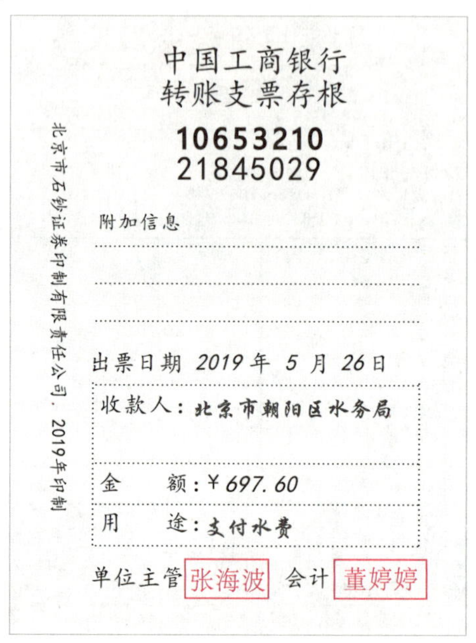

中国工商银行
转账支票存根
10653210
21845029

北京市石钞证券印制有限责任公司．2019年印制

附加信息

出票日期 2019 年 5 月 26 日

收款人：北京市朝阳区水务局

金　　额：¥697.60

用　　途：支付水费

单位主管 张海波　会计 董婷婷

图 9-57　转账支票存根

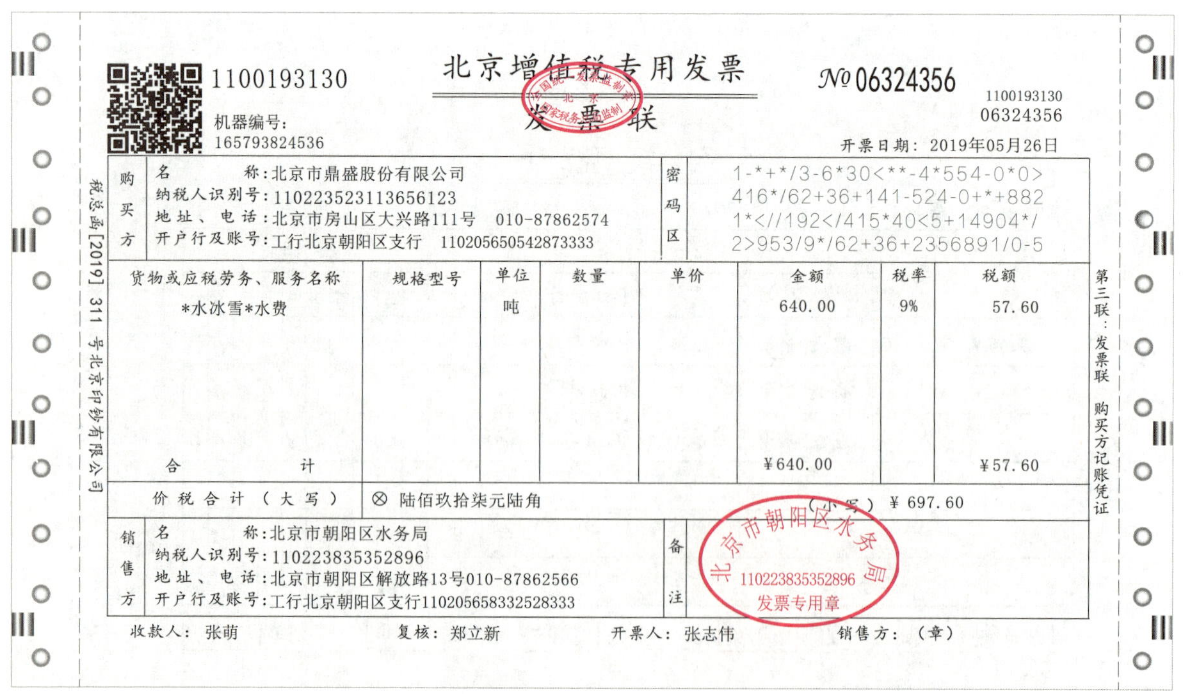

北京增值税专用发票　№ 06324356
1100193130　　1100193130
06324356
发票联
机器编号：165793824536
开票日期：2019年05月26日

购买方	名　　称：北京市鼎盛股份有限公司 纳税人识别号：110223523113656123 地 址 、电 话：北京市房山区大兴路111号　010-87862574 开户行及账号：工行北京朝阳区支行　110205650542873333	密码区	1-*+*/3-6*30<**-4*554-0*0> 416*/62+36+141-524-0+*+882 1*<//192</415*40<5+14904*/ 2>953/9*/62+36+2356891/0-5

货物或应税劳务、服务名称	规格型号	单位	数量	单价	金额	税率	税额
*水冰雪*水费		吨			640.00	9%	57.60
合　　计					¥640.00		¥57.60
价税合计（大写）	⊗ 陆佰玖拾柒元陆角				（小写）¥697.60		

销售方	名　　称：北京市朝阳区水务局 纳税人识别号：110223835352896 地 址 、电 话：北京市朝阳区解放路13号010-87862566 开户行及账号：工行北京朝阳区支行110205658332528333	备注	北京市朝阳区水务局 110223835352896 发票专用章

收款人：张萌　　复核：郑立新　　开票人：张志伟　　销售方：（章）

税总函[2019] 311 号北京印钞有限公司

第三联：发票联　购买方记账凭证

图 9-58　增值税专用发票

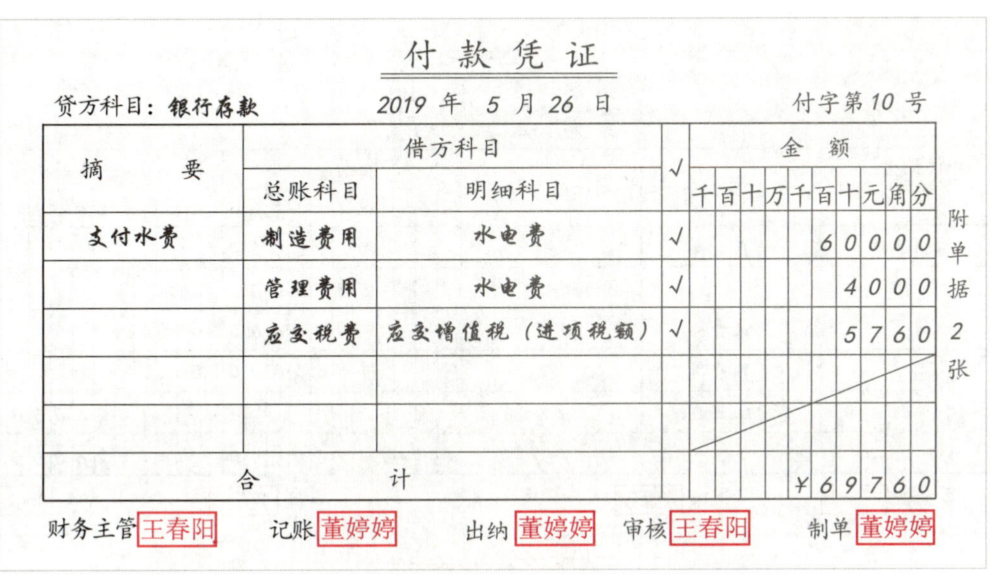

付 款 凭 证

贷方科目：银行存款　　2019 年 5 月 26 日　　付字第 10 号

摘要	借方科目		√	金额									
	总账科目	明细科目		千	百	十	万	千	百	十	元	角	分
支付水费	制造费用	水电费	√						6	0	0	0	0
	管理费用	水电费	√							4	0	0	0
	应交税费	应交增值税（进项税额）	√							5	7	6	0
合计									¥	6	9	7	6	0

附单据 2 张

财务主管 王春阳　记账 董婷婷　出纳 董婷婷　审核 王春阳　制单 董婷婷

图 9-59　付款凭证

【情景 9-21】2019 年 5 月 31 日，结算和分配本月职工工资 142 600 元，其中：生产衣柜工人工资 62 000 元，生产双人床工人工资 58 000 元，车间管理人员 8 000 元，行政管理人员 14 600 元。凭证如图 9-60、图 9-61 所示。

工资汇总表

2019 年 5 月 31 日　　单位：元

生产车间工人		车间管理人员	行政管理人员	合计
衣柜	双人床			
62 000.00	58 000.00	8 000.00	14 600.00	142 600.00

财务主管 王春阳　办公室主任 郑 欣　制单 韩明轩

图 9-60　工资汇总表

转 账 凭 证

2019 年 5 月 31 日　　　　转字第 8 号

摘　要	总账科目	明细分类科目	√	借方金额									√	贷方金额									
				千	百	十	万	千	百	十	元	角	分		千	百	十	万	千	百	十	元	角	分
结算工资	生产成本	衣柜	√				6	2	0	0	0	0	0											
		双人床	√				5	8	0	0	0	0	0											
	制造费用		√					8	0	0	0	0	0											
	管理费用		√				1	4	6	0	0	0	0											
	应付职工薪酬	工资												√			1	4	2	6	0	0	0	0
合　计					¥	1	4	2	6	0	0	0	0			¥	1	4	2	6	0	0	0	0

附单据 1 张

财务主管 王春阳　　记账 李彦明　　出纳　　审核 王春阳　　制单 李彦明

图 9-61　转账凭证

【情景 9-22】2019 年 5 月 31 日，本月计提固定资产折旧费 19 500 元，其中：车间固定资产折旧费 18 500 元，行政管理部门固定资产折旧费 1 000 元。凭证如图 9-62 至图 9-64 所示。

固定资产折旧表

2019 年 5 月 31 日　　　　单位：元

科　目	使用部门	固定资产项目	固定资产原值			月折旧率	本月折旧额
			月末余额	月增加额	月减少额		
制造费用	加工车间	压刨机	1 200 000.00			0.5%	6 000.00
		雕花机	1 000 000.00			0.5%	5 000.00
		组装机	1 500 000.00			0.5%	7 500.00
		小　计					18 500.00
管理费用	行政管理部门	电脑	200 000.00			0.5%	1 000.00
		小　计					1 000.00

第二联 会计记账联

主管 王春阳　　制表 李彦明

图 9-62　固定资产折旧表

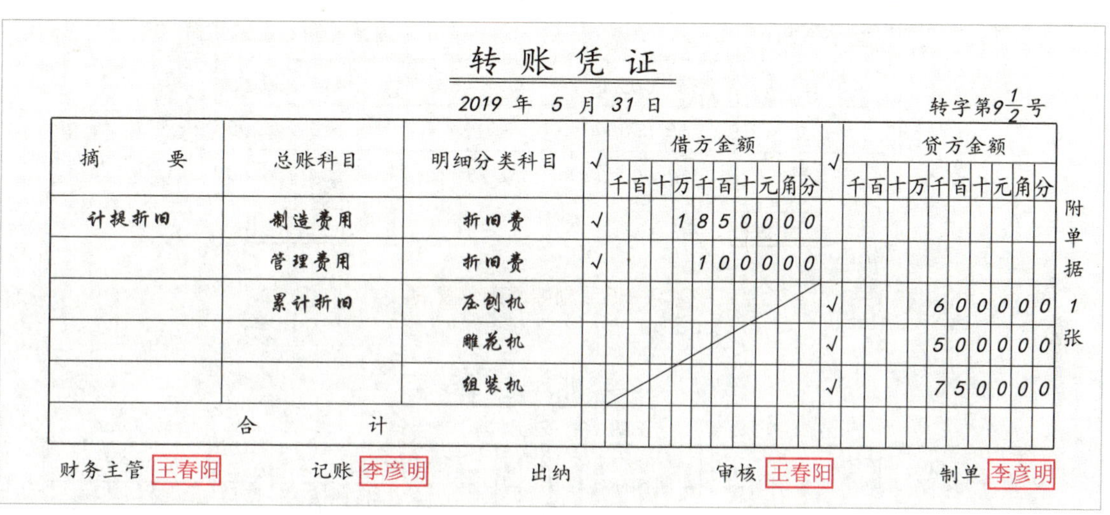

转账凭证

2019 年 5 月 31 日　　　　转字第$9\frac{1}{2}$号

摘要	总账科目	明细分类科目	√	借方金额	√	贷方金额
计提折旧	制造费用	折旧费	√	1850000		
	管理费用	折旧费	√	100000		
	累计折旧	压刨机			√	600000
		雕花机			√	500000
		组装机			√	750000
合计						

附单据 1 张

财务主管 王春阳　记账 李彦明　出纳　审核 王春阳　制单 李彦明

图 9-63　转账凭证①

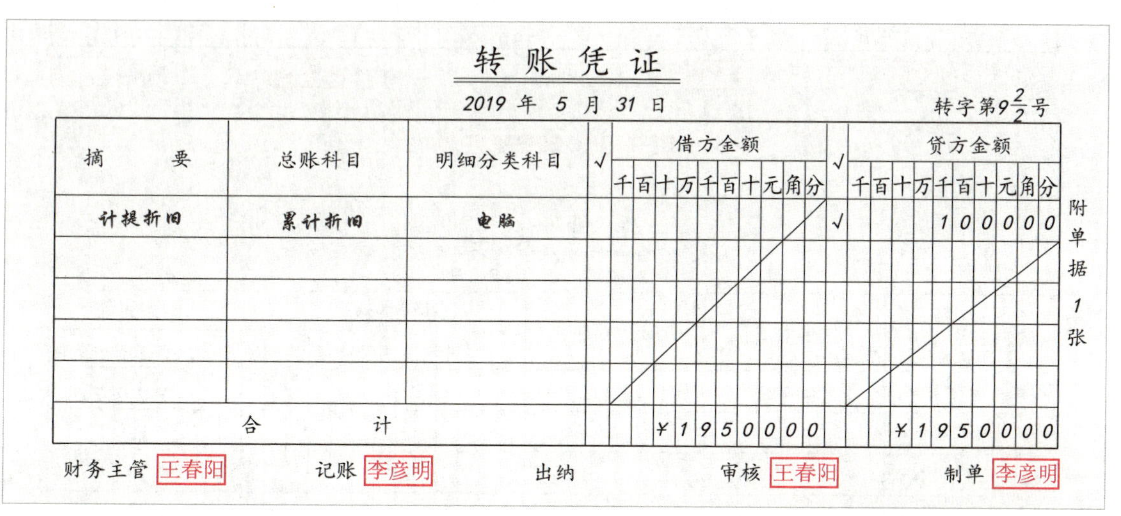

转账凭证

2019 年 5 月 31 日　　　　转字第$9\frac{2}{2}$号

摘要	总账科目	明细分类科目	√	借方金额	√	贷方金额
计提折旧	累计折旧	电脑			√	100000
合计				¥1950000		¥1950000

附单据 1 张

财务主管 王春阳　记账 李彦明　出纳　审核 王春阳　制单 李彦明

图 9-64　转账凭证②

【情景 9-23】2019 年 5 月 31 日，结转本月制造费用，按生产工人工资比例分配计入衣柜、双人床产品生产成本。凭证如图 9-65 至图 9-67 所示。

制造费用分配表

2019 年 5 月 31 日　　单位：元

生产产品	工人工资	分配率	制造费用分配额
衣柜	62 000.00		17 360.00
双人床	58 000.00		16 740.00
合　计	120 000.00	0.28	34 100.00

第二联 会计记账联

主管 李海洋　　制表 王 涛

图 9-65　制造费用分配表

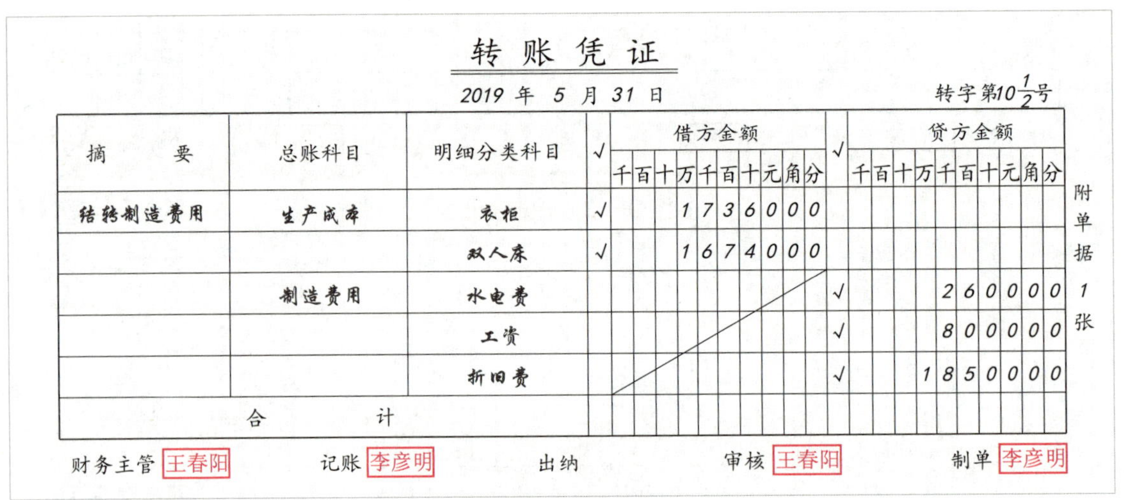

转 账 凭 证

2019 年 5 月 31 日　　转字第10 1/2 号

摘　要	总账科目	明细分类科目	√	借方金额（千百十万千百十元角分）	√	贷方金额（千百十万千百十元角分）
结转制造费用	生产成本	衣柜	√	1736000		
		双人床	√	1674000		
	制造费用	水电费			√	260000
		工资			√	800000
		折旧费			√	1850000
合　计						

附单据 1 张

财务主管 王春阳　记账 李彦明　出纳　审核 王春阳　制单 李彦明

图 9-66　转账凭证③

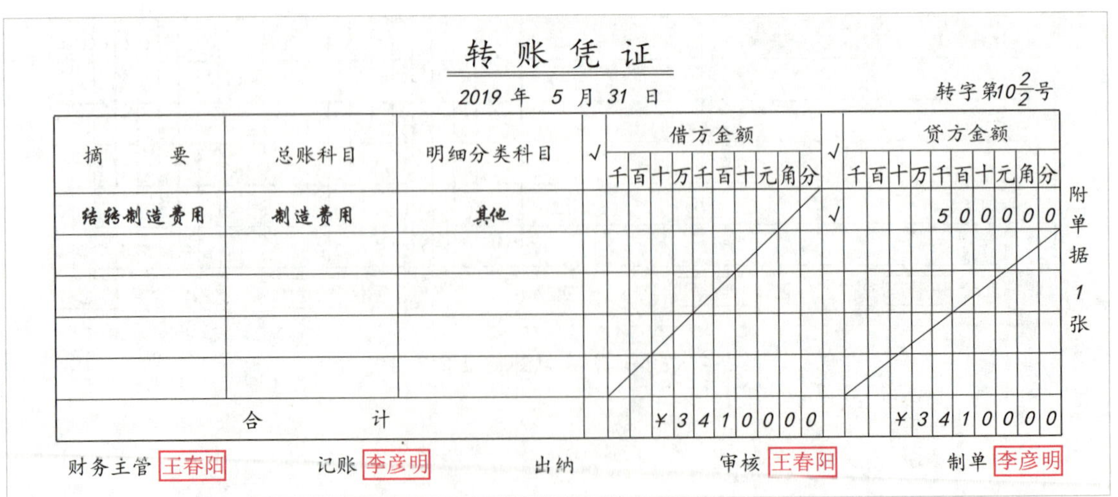

转 账 凭 证

2019 年 5 月 31 日　　转字第10 2/2 号

摘　要	总账科目	明细分类科目	√	借方金额（千百十万千百十元角分）	√	贷方金额（千百十万千百十元角分）
结转制造费用	制造费用	其他			√	500000
合　计				¥3410000		¥3410000

附单据 1 张

财务主管 王春阳　记账 李彦明　出纳　审核 王春阳　制单 李彦明

图 9-67　转账凭证④

【情景 9-24】2019 年 5 月 31 日，结转完工产品成本。其中：衣柜单位成本 798.4 元，完工数量 400 件；双人床单位成本 3 547.4 元，完工数量 100 件。衣柜单位耗用直接材料 600 元，直接人工 155 元，制造费用 43.4 元；双人床单位耗用直接材料 2 800 元，直接人工 580 元，制造费用 167.4 元。凭证如图 9-68 至图 9-70 所示。

衣柜成本计算单

二级科目 衣柜　　2019 年 5 月 31 日　　单位：元

摘　要	直接材料	直接人工	制造费用	合　计
月初在产品成本	235 500.00	0.00	0.00	235 500.00
本月生产费用	9 300.00	62 000.00	17 360.00	88 660.00
合　计	244 800.00	62 000.00	17 360.00	324 160.00
完工产品成本	240 000.00	62 000.00	17 360.00	319 360.00
单位成本	600.00	155.00	43.40	798.40
月末在产品成本	4 800.00	0.00	0.00	4 800.00

主管 王春阳　　制表 李彦明

图 9-68　衣柜成本计算单

双人床成本计算单

二级科目 双人床　　2019 年 5 月 31 日　　单位：元

摘　要	直接材料	直接人工	制造费用	合　计
月初在产品成本	264 500.00	0.00	0.00	264 500.00
本月生产费用	25 300.00	58 000.00	16 740.00	100 040.00
合　计	289 800.00	58 000.00	16 740.00	364 540.00
完工产品成本	280 000.00	58 000.00	16 740.00	354 740.00
单位成本	2 800.00	580.00	167.40	3 547.40
月末在产品成本	9 800.00	0.00	0.00	9 800.00

主管 王春阳　　制表 李彦明

图 9-69　双人床成本计算单

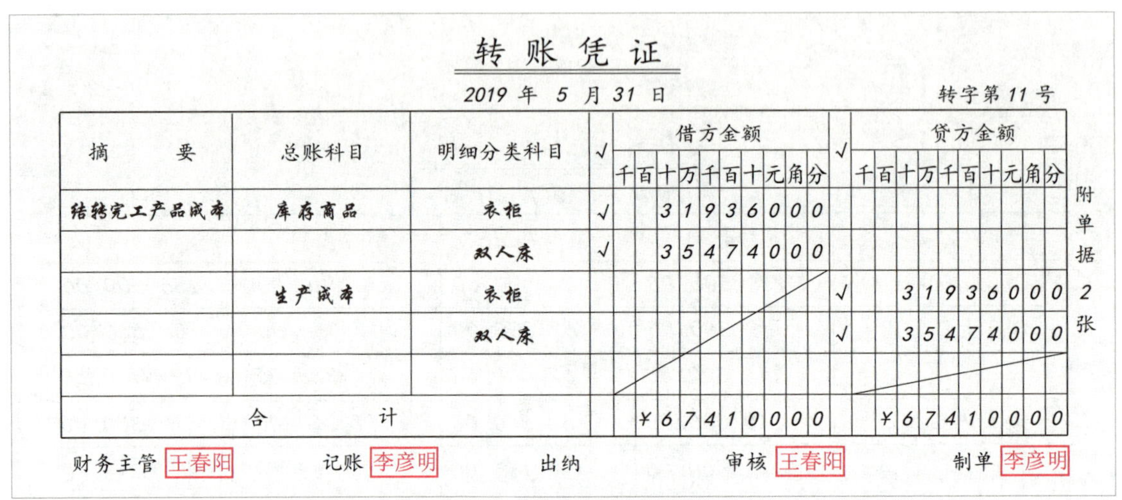

转 账 凭 证

2019 年 5 月 31 日　　转字第 11 号

摘要	总账科目	明细分类科目	√	借方金额（千百十万千百十元角分）	√	贷方金额（千百十万千百十元角分）
结转完工产品成本	库存商品	衣柜	√	31936000		
		双人床	√	35474000		
	生产成本	衣柜			√	31936000
		双人床			√	35474000
合计				¥67410000		¥67410000

附单据 2 张

财务主管 王春阳　记账 李彦明　出纳　审核 王春阳　制单 李彦明

图 9-70　转账凭证

【情景 9-25】2019 年 5 月 31 日，计提城市维护建设税、教育费附加。凭证如图 9-71、图 9-72 所示。

城建税、教育费附加计算表

2019 年 5 月 1 日至 2019 年 5 月 31 日　　单位：元

计税税额	城建税适用税率	税额	教育费附加适用税率	税额	合计
47 392. 40	7%	3 317. 47	3%	1 421. 77	4 739. 24
合计		3 317. 47		1 421. 77	4 739. 24

主管 王春阳　　制表 李彦明

图 9-71　城建税、教育费附加计算表

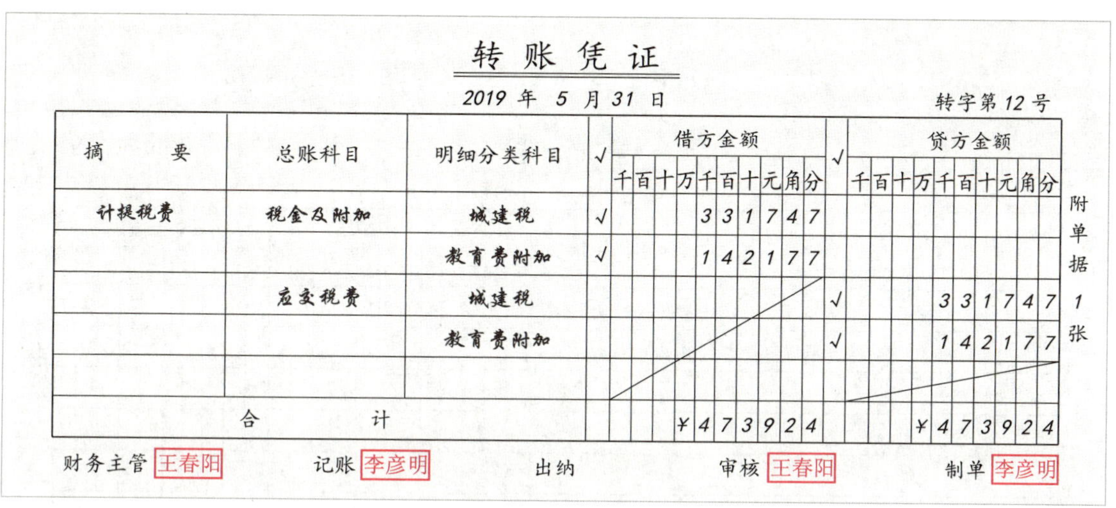

转 账 凭 证

2019 年 5 月 31 日　　　　　　转字第 12 号

摘要	总账科目	明细分类科目	√	借方金额（千百十万千百十元角分）	√	贷方金额（千百十万千百十元角分）
计提税费	税金及附加	城建税	√	3 3 1 7 4 7		
		教育费附加	√	1 4 2 1 7 7		
	应交税费	城建税			√	3 3 1 7 4 7
		教育费附加			√	1 4 2 1 7 7
合　　计				¥ 4 7 3 9 2 4		¥ 4 7 3 9 2 4

附单据 1 张

财务主管 王春阳　记账 李彦明　出纳　审核 王春阳　制单 李彦明

图 9-72　转账凭证

【情景 9-26】2019 年 5 月 31 日，结转应交税费——应交增值税。凭证如图 9-73、图 9-74 所示。

应交增值税计算表

2019 年 5 月 31 日

项目				销售额	税额	备注
		货物名称	适用税率			
销项税额	应税货物	衣柜	13%	233 200.00	30 316.00	
		双人床	13%	318 200.00	41 366.00	
	小计			551 400.00	71 682.00	
进项税额	本期进项税额发生额				24 289.60	
	进项税额转出					
应纳税额					¥47 392.40	

财务主管 王春阳　　制表 李彦明

图 9-73　应交增值税计算表

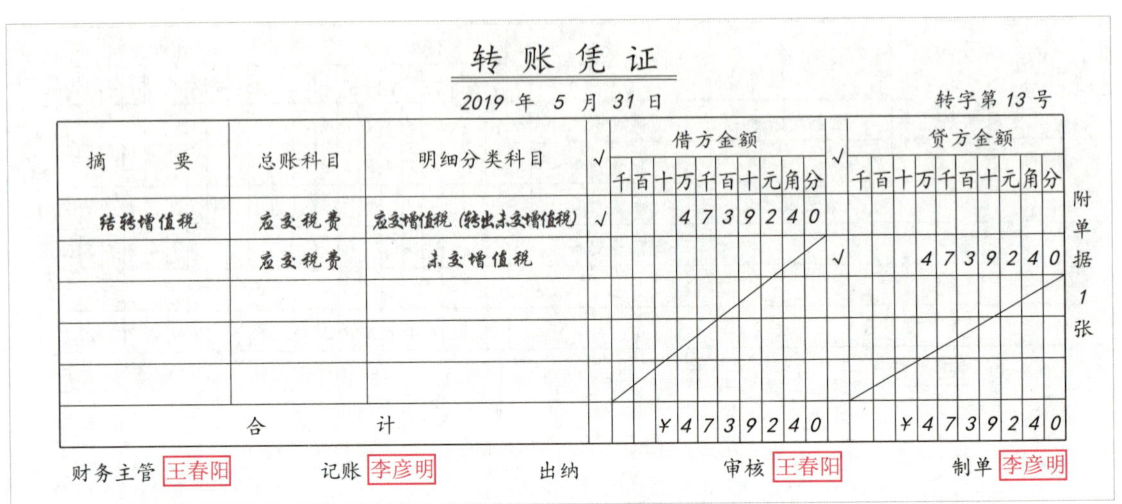

转账凭证

2019 年 5 月 31 日　　　　转字第 13 号

摘要	总账科目	明细分类科目	√	借方金额（千百十万千百十元角分）	√	贷方金额（千百十万千百十元角分）
结转增值税	应交税费	应交增值税（转出未交增值税）	√	4 7 3 9 2 4 0		
	应交税费	未交增值税			√	4 7 3 9 2 4 0
合　　计				¥ 4 7 3 9 2 4 0		¥ 4 7 3 9 2 4 0

附单据 1 张

财务主管 王春阳　　记账 李彦明　　出纳　　审核 王春阳　　制单 李彦明

图 9-74　转账凭证

【情景 9-27】2019 年 5 月 31 日，结转已销产品成本。凭证如图 9-75、图 9-76 所示。

产品销售成本计算单

2019 年 5 月 31 日　　　　单位：元

产品名称	期初结存			本期完工入库			本期销售		
	数量	单位成本	总成本	数量	单位成本	总成本	数量	单位成本	总成本
衣柜	100	798.40	79 840.00	400	798.40	319 360.00	106	798.40	84 630.40
双人床	120	3 547.40	425 688.00	100	3 547.40	354 740.00	37	3 547.40	131 253.80
合　计	220		505 528.00	500		674 100.00	143		215 884.20

主管 王春阳　　　　制表 李彦明

图 9-75　产品销售成本计算单

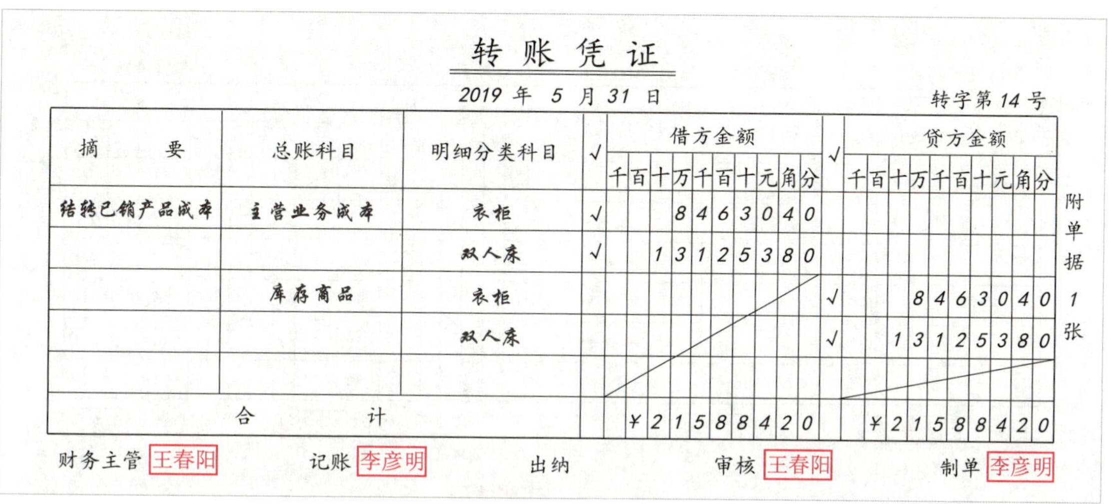

转 账 凭 证

2019 年 5 月 31 日　　　　转字第 14 号

摘 要	总账科目	明细分类科目	√	借方金额（千百十万千百十元角分）	√	贷方金额（千百十万千百十元角分）
结转已销产品成本	主营业务成本	衣柜	√	8 4 6 3 0 4 0		
		双人床	√	1 3 1 2 5 3 8 0		
	库存商品	衣柜			√	8 4 6 3 0 4 0
		双人床			√	1 3 1 2 5 3 8 0
合 计				￥ 2 1 5 8 8 4 2 0		￥ 2 1 5 8 8 4 2 0

附单据 1 张

财务主管 王春阳　记账 李彦明　出纳　审核 王春阳　制单 李彦明

图 9-76　转账凭证

【情景 9-28】2019 年 5 月 31 日，结转损益类账户。凭证如图 9-77 至图 9-80 所示。

损益计算表

2019 年 5 月 31 日　　　　单位：元

序 号	项 目	借 方	贷 方
1	主营业务收入		551 400. 00
2	其他业务收入		
3	公允价值变动损益		
4	投资收益		
5	营业外收入		
6	主营业务成本	215 884. 20	
7	其他业务成本		
8	税金及附加	47 39. 24	
9	销售费用		
10	管理费用	16 840. 00	
11	财务费用		
12	营业外支出		
13	所得税费用		

主管 王春阳　　　　制表 王宏宇

图 9-77　损益计算表

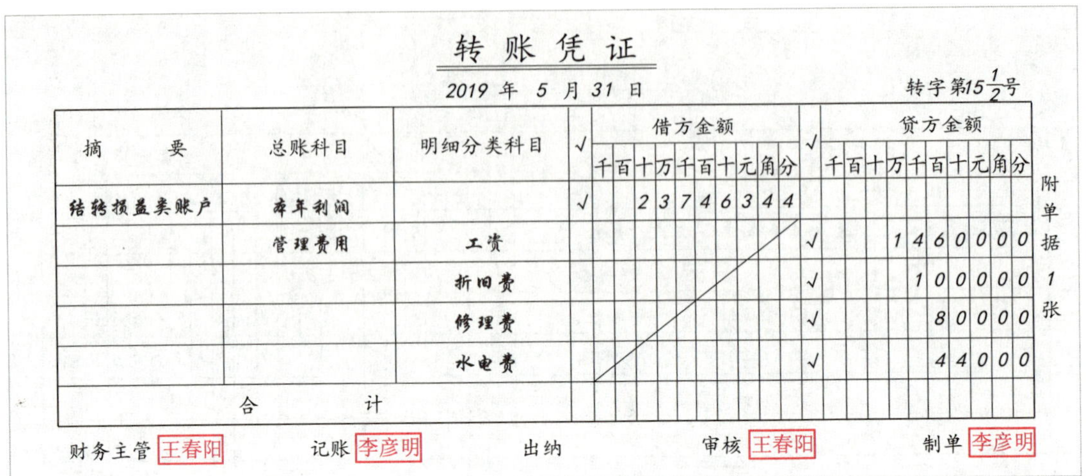

转账凭证

2019 年 5 月 31 日　　　　转字第$15\frac{1}{2}$号

摘要	总账科目	明细分类科目	√	借方金额（千百十万千百十元角分）	√	贷方金额（千百十万千百十元角分）
结转损益类账户	本年利润		√	23746344		
	管理费用	工资			√	1460000
		折旧费			√	100000
		修理费			√	80000
		水电费			√	44000
合计						

附单据 1 张

财务主管 王春阳　记账 李彦明　出纳　审核 王春阳　制单 李彦明

图 9-78　转账凭证

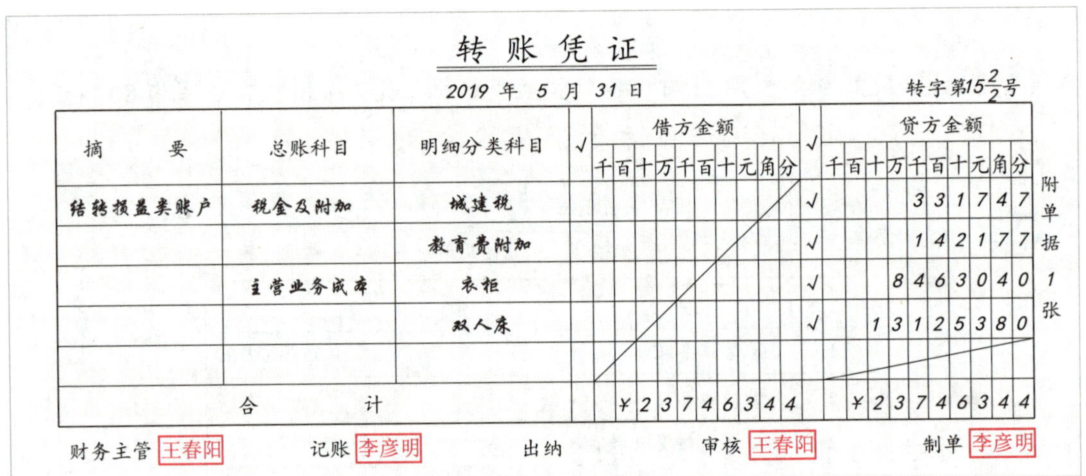

转账凭证

2019 年 5 月 31 日　　　　转字第$15\frac{2}{2}$号

摘要	总账科目	明细分类科目	√	借方金额（千百十万千百十元角分）	√	贷方金额（千百十万千百十元角分）
结转损益类账户	税金及附加	城建税			√	331747
		教育费附加			√	142177
	主营业务成本	衣柜			√	8463040
		双人床			√	13125380
合计				¥23746344		¥23746344

附单据 1 张

财务主管 王春阳　记账 李彦明　出纳　审核 王春阳　制单 李彦明

图 9-79　转账凭证

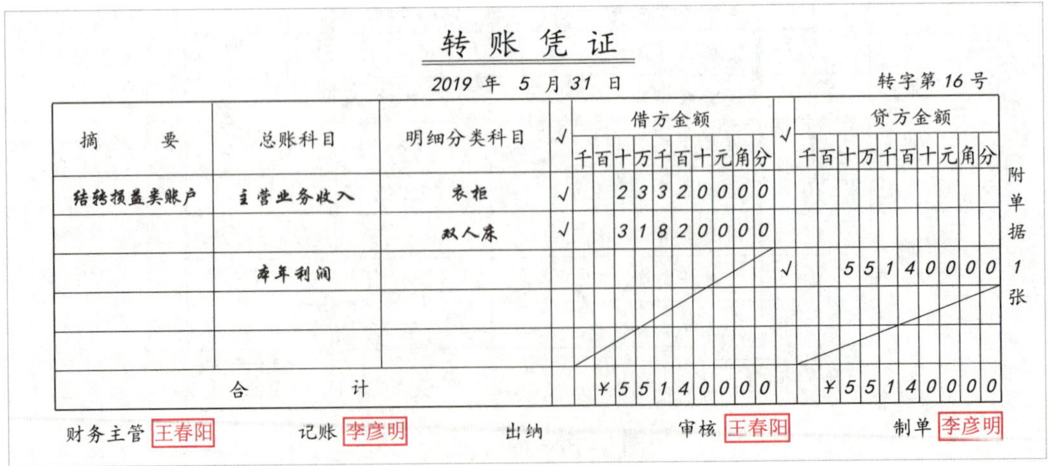

转账凭证

2019 年 5 月 31 日　　　　转字第 16 号

摘要	总账科目	明细分类科目	√	借方金额（千百十万千百十元角分）	√	贷方金额（千百十万千百十元角分）
结转损益类账户	主营业务收入	衣柜	√	23320000		
		双人床	√	31820000		
	本年利润				√	55140000
合计				¥55140000		¥55140000

附单据 1 张

财务主管 王春阳　记账 李彦明　出纳　审核 王春阳　制单 李彦明

图 9-80　转账凭证

根据以上经济业务所编制的记账凭证及科目期初余额表登记有关账户所对应的明细分类账如图 9-81 至图 9-113 所示。

科目期初余额表如表 9-1 所示。

表 9-1　科目期初余额表

单位：元

总账科目	二级科目	期初余额	
		借　方	贷　方
库存现金		8 200	
银行存款		1 312 420	
应收账款	北京市伊万家具有限公司	88 000	
原材料	松木	64 000	
	桃花芯木	20 000	
	密度板	20 000	
	刨花板	46 800	
库存商品	衣柜	79 840	
	双人床	425 688	
生产成本	衣柜	235 500	
	双人床	264 500	
固定资产	压刨机	1 200 000	
	雕花机	1 000 000	
	组装机	1 500 000	
	电脑	200 000	
累计折旧	压刨机		120 000
	雕花机		80 000
	组装机		126 000
	电脑		22 000
短期借款	工商银行		248 948.8
应交税费	应交增值税（未交增值税）		35 620
应付职工薪酬	工资		142 600
实收资本	张志平		4 500 000
本年利润			1 189 779.2
合　计		6 464 948	6 464 948

库存现金日记账

2019年 月	日	凭证号	摘要	借方（亿千百十万千百十元角分）	贷方（亿千百十万千百十元角分）	借或贷	余额（亿千百十万千百十元角分）
5	1		期初余额			借	820000
	14	付6	预借差旅费		300000	借	520000
	15	付7	提取备用金	500000		借	1020000

图 9-81　库存现金日记账

银行存款日记账

2019年 月	日	凭证号	摘要	借方（亿千百十万千百十元角分）	贷方（亿千百十万千百十元角分）	借或贷	余额（亿千百十万千百十元角分）
5	1		期初余额			借	131242000
	3	付1	购买松木		18080000	借	113162000
	3	收1	销售衣柜	7458000		借	120620000
	4	收2	收到前欠货款	8800000		借	129420000
	5	付2	缴纳税款		3562000	借	125858000
	12	付3	支付修理费		80000	借	125778000
	14	付4	购买材料		1808000	借	123970000
	14	付5	支付工资		14260000	借	109710000
	15	付7	提取备用金		500000	借	109210000
	17	付8	购买材料		904000	借	108306000
	18	收3	销售产品	16633600		借	124939600
	22	付9	支付电费		271200	借	124668400
	26	付10	支付水费		69760	借	124598640

图 9-82　银行存款日记账

应收账款明细分类账

二级科目 北京市伊万家具有限公司

2019年		凭证号	摘要	借方											贷方											借或贷	余额										
月	日			亿	千	百	十	万	千	百	十	元	角	分	亿	千	百	十	万	千	百	十	元	角	分		亿	千	百	十	万	千	百	十	元	角	分
5	1		期初余额																							借					8	8	0	0	0	0	0
	4	收2	收到前欠货款																8	8	0	0	0	0	0	平									0		
	8	转2	销售产品				2	2	1	4	8	0	0	0												借				2	2	1	4	8	0	0	0

图9-83 应收账款明细分类账

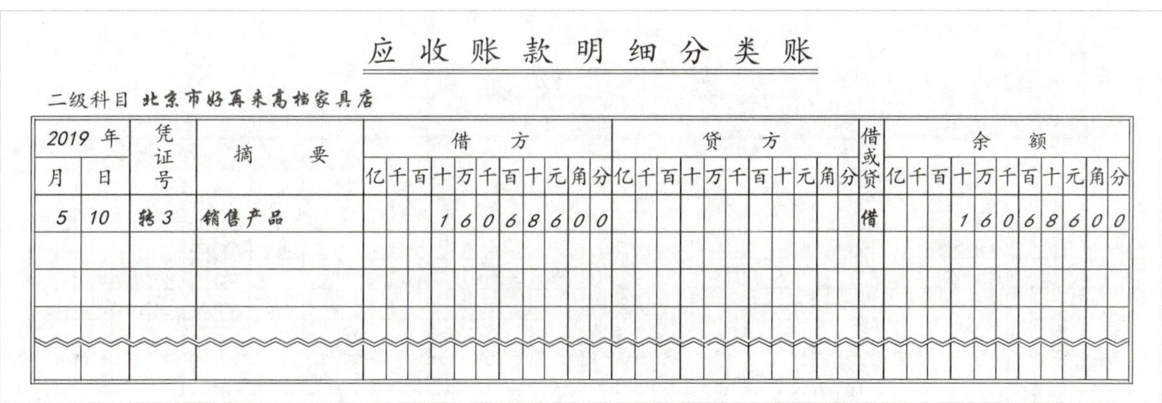

应收账款明细分类账

二级科目 北京市好再来高档家具店

2019年		凭证号	摘要	借方											贷方											借或贷	余额										
月	日			亿	千	百	十	万	千	百	十	元	角	分	亿	千	百	十	万	千	百	十	元	角	分		亿	千	百	十	万	千	百	十	元	角	分
5	10	转3	销售产品				1	6	0	6	8	6	0	0												借				1	6	0	6	8	6	0	0

图9-84 应收账款明细分类账

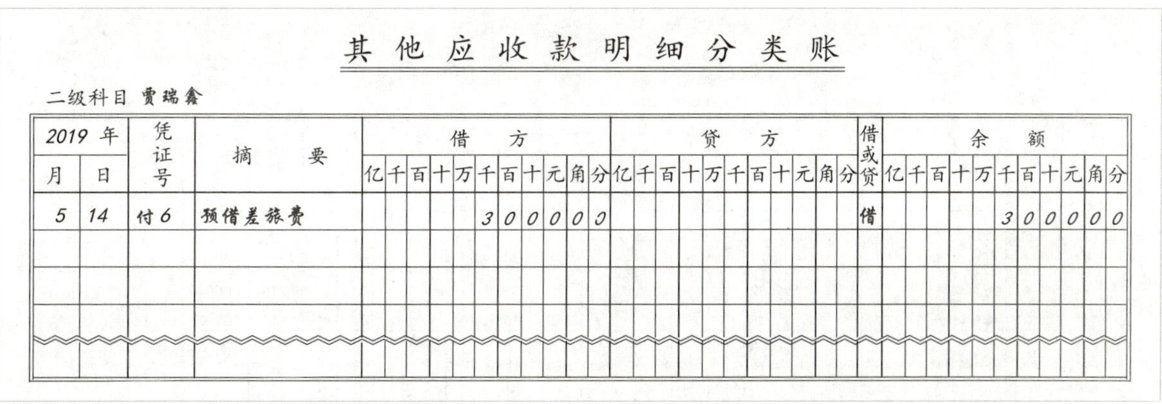

其他应收款明细分类账

二级科目 贾瑞鑫

2019年		凭证号	摘要	借方											贷方											借或贷	余额										
月	日			亿	千	百	十	万	千	百	十	元	角	分	亿	千	百	十	万	千	百	十	元	角	分		亿	千	百	十	万	千	百	十	元	角	分
5	14	付6	预借差旅费						3	0	0	0	0	0												借						3	0	0	0	0	0

图9-85 其他应收款明细分类账

原材料明细分类账

二级科目 松木　　　　单位：元

2019年 月	日	凭证号	摘要	借方 数量	借方 单价	借方 金额（百十万千百十元角分）	贷方 数量	贷方 单价	贷方 金额（百十万千百十元角分）	结余 数量	结余 单价	结余 金额（百十万千百十元角分）
5	1		期初余额							80	800.00	6400000
	3	付1	购买松木	200	800.00	16000000				280	800.00	22400000
	16	转7	领用材料				30	800.00	2400000	250	800.00	20000000

图 9-86　原材料明细分类账—松木

原材料明细分类账

二级科目 桃花芯木　　　　单位：元

2019年 月	日	凭证号	摘要	借方 数量	借方 单价	借方 金额（百十万千百十元角分）	贷方 数量	贷方 单价	贷方 金额（百十万千百十元角分）	结余 数量	结余 单价	结余 金额（百十万千百十元角分）
5	1		期初余额							100	200.00	2000000
	5	转1	领用材料				30	200.00	600000	70	200.00	1400000
	17	付8	购买材料	40	200.00	800000				110	200.00	2200000

图 9-87　原材料明细分类账—桃花芯木

原材料明细分类账

二级科目 密度板　　　　单位：元

2019年 月	日	凭证号	摘要	借方 数量	借方 单价	借方 金额（百十万千百十元角分）	贷方 数量	贷方 单价	贷方 金额（百十万千百十元角分）	结余 数量	结余 单价	结余 金额（百十万千百十元角分）
5	1		期初余额							200	100.00	2000000
	11	转4	领用材料				20	100.00	200000	180	100.00	1800000
	14	付4	购买材料	30	100.00	300000				210	100.00	2100000
	14	转5	领用材料				50	100.00	500000	160	100.00	1600000

图 9-88　原材料明细分类账—密度板

原材料明细分类账

二级科目 刨花板　　　　　　　　　　　　　　　　　　　　单位：元

2019年		凭证号	摘要	借方											贷方											结余										
月	日			数量	单价	金额									数量	单价	金额									数量	单价	金额								
						百	十	万	千	百	十	元	角	分			百	十	万	千	百	十	元	角	分			百	十	万	千	百	十	元	角	分
5	1		期初余额																							360	130.00			4	6	8	0	0	0	0
	14	付4	购买材料	100	130.00			1	3	0	0	0	0	0												460	130.00			5	9	8	0	0	0	0
	16	转6	领用材料												20	130.00				2	6	0	0	0	0	440	130.00			5	7	2	0	0	0	0

图 9-89　原材料明细分类账—刨花板

库存商品明细分类账

二级科目 衣柜　　　　　　　　　　　　　　　　　　　　单位：元

2019年		凭证号	摘要	借方											贷方											结余										
月	日			数量	单价	金额									数量	单价	金额									数量	单价	金额								
						百	十	万	千	百	十	元	角	分			百	十	万	千	百	十	元	角	分			百	十	万	千	百	十	元	角	分
5	1		期初余额																							100	798.40			7	9	8	4	0	0	0
	31	转11	结转产品成本	400	798.40		3	1	9	3	6	0	0	0												500	798.40		3	9	9	2	0	0	0	0
	31	转14	结转已销产品成本												106	798.40			8	4	6	3	0	4	0	394	798.40		3	1	4	5	6	9	6	0

图 9-90　库存商品明细分类账—衣柜

库存商品明细分类账

二级科目 双人床　　　　　　　　　　　　　　　　　　　　单位：元

2019年		凭证号	摘要	借方											贷方											结余										
月	日			数量	单价	金额									数量	单价	金额									数量	单价	金额								
						百	十	万	千	百	十	元	角	分			百	十	万	千	百	十	元	角	分			百	十	万	千	百	十	元	角	分
5	1		期初余额																							120	3547.40		4	2	5	6	8	8	0	0
	31	转11	结转产品成本	100	3547.40		3	5	4	7	4	0	0	0												220	3547.40		7	8	0	4	2	8	0	0
	31	转14	结转已销产品成本												37	3547.40		1	3	1	2	5	3	8	0	183	3547.40		6	4	9	1	7	4	2	0

图 9-91　库存商品明细分类账—双人床

固定资产明细分类账

编号______ 创建日期：2019 年 5 月 31 日 规格型号______

名称 压刨机 使用年限 20 年 计净残值______ 年折旧率 50% 计量单位 台

2019 年		凭证号	摘要	单价	借方		贷方			余额	
月	日				数量	购进或拨入	数量	报废或拨出	计提折旧	数量	购进或拨入
5	1		期初余额	400 000.00	3	1 200 000.00	3		120 000.00	3	1 080 000.00
	31	转 $9\frac{1}{2}$	计提折旧				3		6 000.00	3	1 074 000.00

图 9-92 固定资产明细分类账—压刨机

固定资产明细分类账

编号______ 创建日期：2019 年 5 月 31 日 规格型号______

名称 雕花机 使用年限 20 年 计净残值______ 年折旧率 50% 计量单位 台

2019 年		凭证号	摘要	单价	借方		贷方			余额	
月	日				数量	购进或拨入	数量	报废或拨出	计提折旧	数量	购进或拨入
5	1		期初余额	500 000.00	2	1 000 000.00	2		80 000.00	2	920 000.00
	31	转 $9\frac{1}{2}$	计提折旧				2		5 000.00	2	915 000.00

图 9-93 固定资产明细分类账—雕花机

固定资产明细分类账

编号______ 创建日期：2019 年 5 月 31 日 规格型号______

名称 组装机 使用年限 20 年 计净残值______ 年折旧率 50% 计量单位 台

2019 年		凭证号	摘要	单价	借方		贷方			余额	
月	日				数量	购进或拨入	数量	报废或拨出	计提折旧	数量	购进或拨入
5	1		期初余额	300 000.00	5	1 500 000.00	5		126 000.00	5	1 374 000.00
	31	转 $9\frac{1}{2}$	计提折旧				5		7 500.00	5	1 366 500.00

图 9-94 固定资产明细分类账—组装机

固定资产明细分类账

编号______ 创建日期：2019 年 5 月 31 日 规格型号______

名称 电脑 使用年限 20 年 计净残值______ 年折旧率 50% 计量单位 台

2019年 月	日	凭证号	摘要	单价	借方 数量	借方 购进或拨入	贷方 数量	贷方 报废或拨出	贷方 计提折旧	余额 数量	余额 购进或拨入
5	1		期初余额	8 000.00	25	200 000.00	25		22 000.00	25	178 000.00
	31	转9 2/2	计提折旧				25		1 000.00	25	177 000.00

图 9-95 固定资产明细分类账—电脑

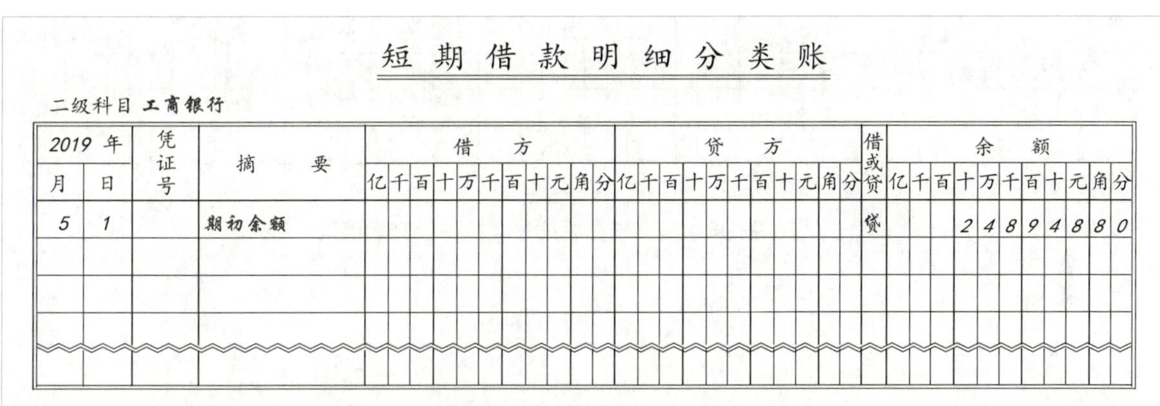

短期借款明细分类账

二级科目 工商银行

2019年 月	日	凭证号	摘要	借方（亿千百十万千百十元角分）	贷方（亿千百十万千百十元角分）	借或贷	余额（亿千百十万千百十元角分）
5	1		期初余额			贷	24894880

图 9-96 短期借款明细分类账

应交税费明细分类账

二级科目 未交增值税

2019年 月	日	凭证号	摘要	借方（亿千百十万千百十元角分）	贷方（亿千百十万千百十元角分）	借或贷	余额（亿千百十万千百十元角分）
5	1		期初余额			贷	3562000
	5	付2	缴纳税款	3562000		平	0
	31	转13	结转增值税		4739240	贷	4739240

图 9-97 应交税费明细分类账—未交增值税

应交税费——应交增值税明细分类账

2019年 月	日	凭证号	摘要	借方发生额 进项税额	借方发生额 转出未交增值税	贷方发生额 销项税额	借或贷	余额
5	1	付1	购买松木	20800.00			借	20800.00
	3	收1	销售衣柜			8580.00	借	12220.00
	8	转2	销售产品			25480.00	贷	13260.00
	10	转3	销售产品			18486.00	贷	31746.00
	14	付4	购买材料	2080.00			贷	29666.00
	17	付8	购买材料	1040.00			贷	28626.00
	18	收3	销售产品			19136.00	贷	47762.00
	23	付9	支付电费	312.00			贷	47450.00
	26	付10	支付水费	57.60			贷	47392.40
	31	转13	结转增值税		47392.40		平	0

图 9-98　应交税费明细分类账—应交增值税

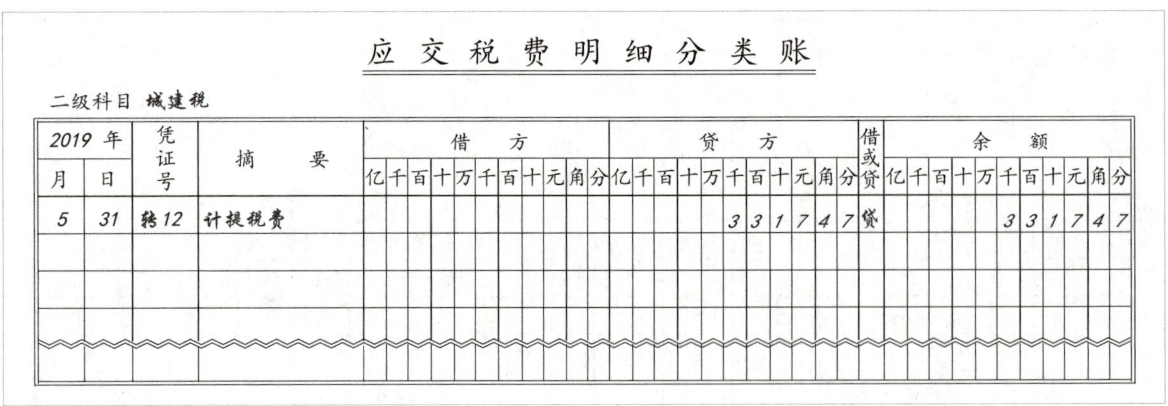

应交税费明细分类账

二级科目 城建税

2019年 月	日	凭证号	摘要	借方	贷方	借或贷	余额
5	31	转12	计提税费		3317.47	贷	3317.47

图 9-99　应交税费明细分类账—城建税

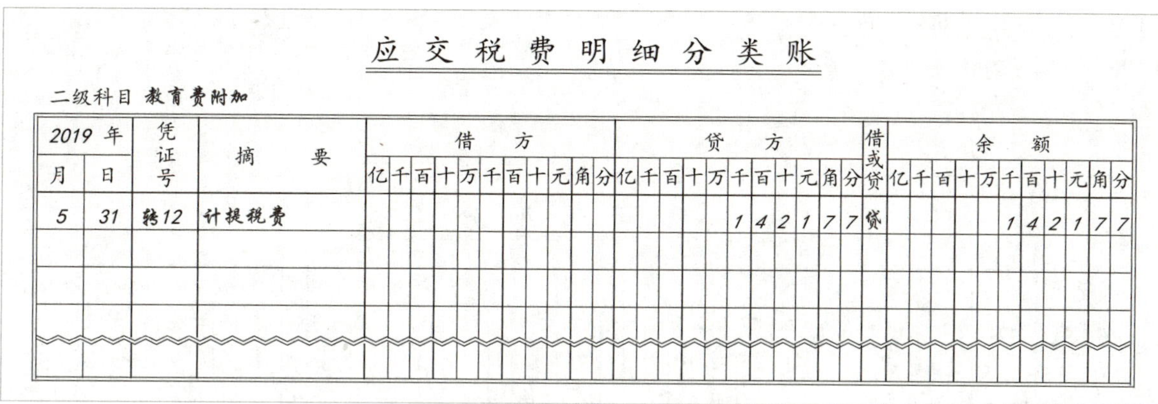

应交税费明细分类账

二级科目 教育费附加

2019年		凭证号	摘要	借方											贷方											借或贷	余额										
月	日			亿	千	百	十	万	千	百	十	元	角	分	亿	千	百	十	万	千	百	十	元	角	分		亿	千	百	十	万	千	百	十	元	角	分
5	31	转12	计提税费																	1	4	2	1	7	7	贷						1	4	2	1	7	7

图 9-100 应交税费明细分类账—教育费附加

应付职工薪酬明细分类账

二级科目 工资

2019年		凭证号	摘要	借方											贷方											借或贷	余额										
月	日			亿	千	百	十	万	千	百	十	元	角	分	亿	千	百	十	万	千	百	十	元	角	分		亿	千	百	十	万	千	百	十	元	角	分
5	1		期初余额																							贷				1	4	2	6	0	0	0	0
	14	付5	支付工资				1	4	2	6	0	0	0	0												平									0		
	31	转8	结算工资															1	4	2	6	0	0	0	0	贷				1	4	2	6	0	0	0	0

图 9-101 应付职工薪酬明细分类账

实收资本明细分类账

二级科目 张志平

2019年		凭证号	摘要	借方											贷方											借或贷	余额										
月	日			亿	千	百	十	万	千	百	十	元	角	分	亿	千	百	十	万	千	百	十	元	角	分		亿	千	百	十	万	千	百	十	元	角	分
5	1		期初余额																							贷			4	5	0	0	0	0	0	0	0

图 9-102 实收资本明细分类账

本年利润明细分类账

2019年 月	日	凭证号	摘要	借方	贷方	借或贷	余额
5	1		期初余额			贷	1189779.20
	31	转15	结转损益类账户	237463.44		贷	952315.76
	31	转16	结转损益类账户		551400.00	贷	1503715.76

图 9-103　本年利润明细分类账

生产成本明细分类账

二级科目 衣柜

2019年 月	日	凭证号	摘要	借方发生额	成本项目：直接材料	直接人工	制造费用	其他
5	1		期初余额		235500.00			
	5	转1	领用材料	6000.00	6000.00			
	11	转4	领用材料	2000.00	2000.00			
	16	转6	领用材料	1300.00	1300.00			
	31	转8	结算工资	62000.00		62000.00		
	31	转$10\frac{1}{2}$	结转制造费用	17360.00			17360.00	
	31	转11	结转完工产品成本	319360.00	240000.00	62000.00	17360.00	

图 9-104　生产成本明细分类账

生产成本明细分类账

二级科目 双人床

2019年 月	日	凭证号	摘要	借方发生额	成本项目：直接材料	直接人工	制造费用	其他
5	1		期初余额		2645000			
	16	转6	领用材料	130000	130000			
	16	转7	领用材料	2400000	2400000			
	31	转8	结算工资	5800000		5800000		
	31	转$10\frac{1}{2}$	结转制造费用	1624000			1674000	
	31	转11	结转完工产品成本	3547400	2800000	5800000	1674000	

图 9-105 生产成本明细分类账

制造费用明细分类账

2019年 月	日	凭证号	摘要	借方发生额	成本项目：折旧费	其他	水电费	工资
5	14	转5	领用材料	500000		500000		
	23	付9	支付电费	200000			200000	
	26	付10	支付水费	60000			60000	
	31	转8	结转工资	800000				800000
	31	转$9\frac{1}{2}$	计提折旧	1850000	1850000	1850000		
	31	转10	结转制造费用	3410000	1850000	500000	260000	800000

图 9-106 制造费用明细分类账

主营业务收入明细分类账

二级科目 衣柜

2019年 月	日	凭证号	摘要	借方（亿千百十万千百十元角分）	贷方（亿千百十万千百十元角分）	借或贷	余额（亿千百十万千百十元角分）
5	3	收 1	销售衣柜		6600000	贷	6600000
	8	转 2	销售产品		11000000	贷	17600000
	10	转 3	销售产品		13200000	贷	18920000
	18	收 3	销售产品		4400000	贷	23320000
	31	转16	结转损益类账户	23320000		平	θ

图 9-107 主营业务收入明细分类账—衣柜

主营业务收入明细分类账

二级科目 双人床

2019年 月	日	凭证号	摘要	借方（亿千百十万千百十元角分）	贷方（亿千百十万千百十元角分）	借或贷	余额（亿千百十万千百十元角分）
5	8	转2	销售产品		8600000	贷	8600000
	8	转3	销售产品		12900000	贷	21500000
	18	收3	销售产品		10320000	贷	31820000
	31	转16	结转损益类账户	31820000		平	θ

图 9-108 主营业务收入明细分类账—双人床

主营业务成本明细分类账

二级科目 衣柜

2019年 月	日	凭证号	摘要	借方（亿千百十万千百十元角分）	贷方（亿千百十万千百十元角分）	借或贷	余额（亿千百十万千百十元角分）
5	31	转14	结转已销产品成本	8463040		借	8463040
	31	转15 $\frac{2}{2}$	结转损益类账户		8463040	平	θ

图 9-109 主营业务成本明细分类账—衣柜

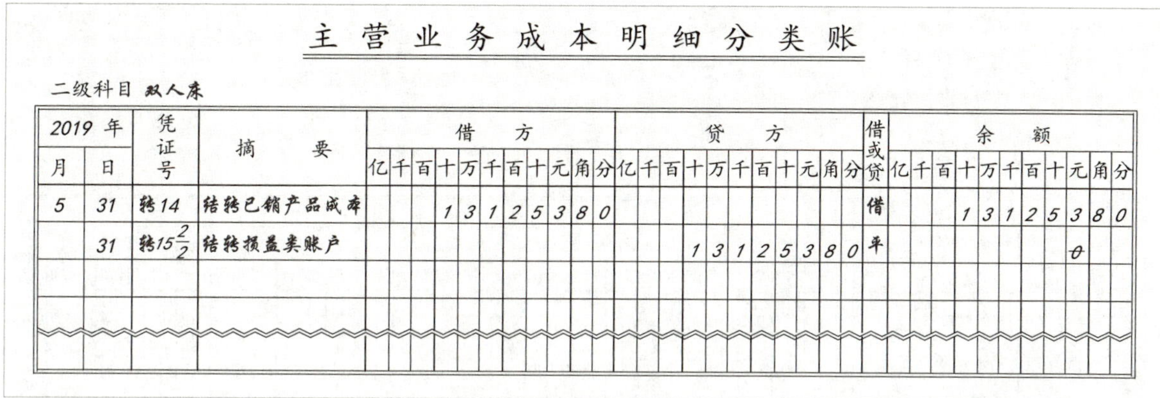

主营业务成本明细分类账

二级科目 双人床

2019年		凭证号	摘要	借方											贷方											借或贷	余额										
月	日			亿	千	百	十	万	千	百	十	元	角	分	亿	千	百	十	万	千	百	十	元	角	分		亿	千	百	十	万	千	百	十	元	角	分
5	31	转14	结转已销产品成本				1	3	1	2	5	3	8	0												借				1	3	1	2	5	3	8	0
	31	转15$\frac{2}{2}$	结转损益类账户															1	3	1	2	5	3	8	0	平									θ		

图 9-110　主营业务成本明细分类账—双人床

税金及附加明细分类账

二级科目 城建税

2019年		凭证号	摘要	借方											贷方											借或贷	余额										
月	日			亿	千	百	十	万	千	百	十	元	角	分	亿	千	百	十	万	千	百	十	元	角	分		亿	千	百	十	万	千	百	十	元	角	分
5	31	转12	计提税费						3	3	1	7	4	7												借						3	3	1	7	4	7
	31	转15$\frac{2}{2}$	结转损益类账户																	3	3	1	7	4	7	平									θ		

图 9-111　税金及附加明细分类账—城建税

税金及附加明细分类账

二级科目 教育费附加

2019年		凭证号	摘要	借方											贷方											借或贷	余额										
月	日			亿	千	百	十	万	千	百	十	元	角	分	亿	千	百	十	万	千	百	十	元	角	分		亿	千	百	十	万	千	百	十	元	角	分
5	31	转12	计提税费						1	4	2	1	7	7												借						1	4	2	1	7	7
	31	转15$\frac{2}{2}$	结转损益类账户																	1	4	2	1	7	7	平									θ		

图 9-112　税金及附加明细分类账—教育费附加

管理费用明细分类账

2019年 月	日	凭证号	摘要	借方发生额	成本项目：水电费	工资	折旧费	修理费
5	12	付3	支付修理费	80000				80000
	23	付9	支付电费	40000	40000			
	26	付10	支付水费	4000	4000			
	31	转8	结转工资	1460000		1460000		
	31	转9 1/2	计提折旧	100000			100000	
	31	转15 1/2	结转损益类账户	1684000	44000	1460000	100000	80000

图 9-113　管理费用明细分类账

根据以上经济业务所编制的记账凭证登记有关账户所对应的总分类账，具体如图 9-114 至图 9-132 所示。

库存现金总分类账

2019年 月	日	凭证号	摘要	借方	贷方	借或贷	余额
5	1		期初余额			借	820000
	14	付6	预借差旅费		300000	借	520000
	15	付7	提取备用金	500000		借	1020000

图 9-114　库存现金总分类账

银行存款总分类账

2019年 月	日	凭证号	摘要	借方	贷方	借或贷	余额
5	1		期初余额			借	131242000
	3	付1	购买松木		18080000	借	113162000
	3	收1	销售衣柜	7458000		借	120620000
	4	收2	收到前欠货款	8800000		借	129420000
	5	付2	缴纳税款		3562000	借	125858000
	12	付3	支付修理费		80000	借	125778000
	14	付4	购买材料		1808000	借	123970000
	14	付5	支付工资		14260000	借	109710000
	15	付7	提取备用金		500000	借	109210000
	17	付8	购买材料		904000	借	108306000
	18	收3	销售产品	16633600		借	124939600
	23	付9	支付电费		271200	借	124668400
	26	付10	支付水费		69760	借	124598640

图 9-115 银行存款总分类账

应收账款总分类账

2019年 月	日	凭证号	摘要	借方	贷方	借或贷	余额
5	1		期初余额			借	8800000
	4	收2	收到前欠货款		8800000	平	θ
	8	转2	销售产品	22148000		借	22148000
	8	转3	销售产品	16068600		借	38216600

图 9-116 应收账款总分类账

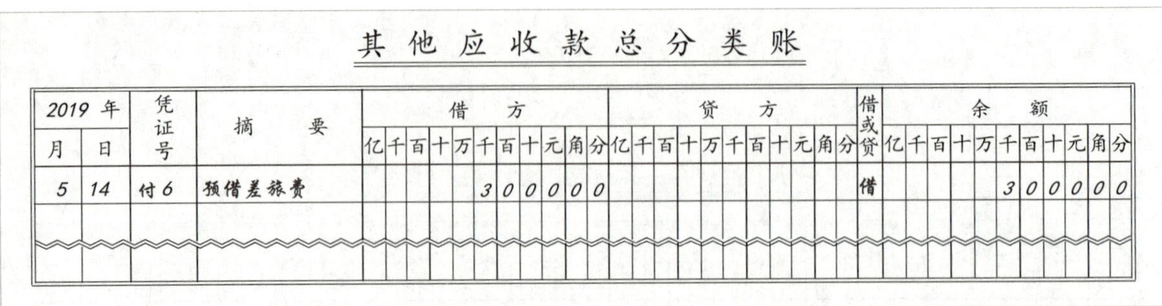

其他应收款总分类账

2019年 月	日	凭证号	摘要	借方（亿千百十万千百十元角分）	贷方（亿千百十万千百十元角分）	借或贷	余额（亿千百十万千百十元角分）
5	14	付6	预借差旅费	300000		借	300000

图 9-117　其他应收款总分类账

原材料总分类账

2019年 月	日	凭证号	摘要	借方（亿千百十万千百十元角分）	贷方（亿千百十万千百十元角分）	借或贷	余额（亿千百十万千百十元角分）
5	1		期初余额			借	15080000
	1	付1	购买松木	16000000		借	31080000
	5	转1	领用材料		600000	借	30480000
	11	转4	领用材料		200000	借	30280000
	14	付4	购买材料	1600000		借	31880000
	14	转5	领用材料		500000	借	31380000
	16	转6	领用材料		260000	借	31120000
	16	转7	领用材料		2400000	借	28720000
	17	付8	领用材料	800000		借	29520000

图 9-118　原材料总分类账

库存商品总分类账

2019年 月	日	凭证号	摘要	借方（亿千百十万千百十元角分）	贷方（亿千百十万千百十元角分）	借或贷	余额（亿千百十万千百十元角分）
5	1		期初余额			借	50552800
	31	转11	结转产品成本	67410000		借	117962800
	31	转14	结转已销产品成本		21588420	借	96374380

图 9-119　库存商品总分类账

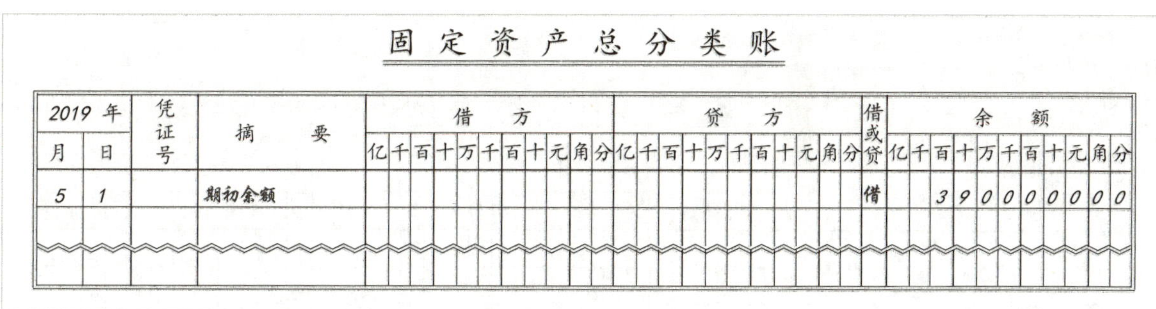

固定资产总分类账

2019年 月	日	凭证号	摘要	借方	贷方	借或贷	余额
5	1		期初余额			借	390000000

图 9-120 固定资产总分类账

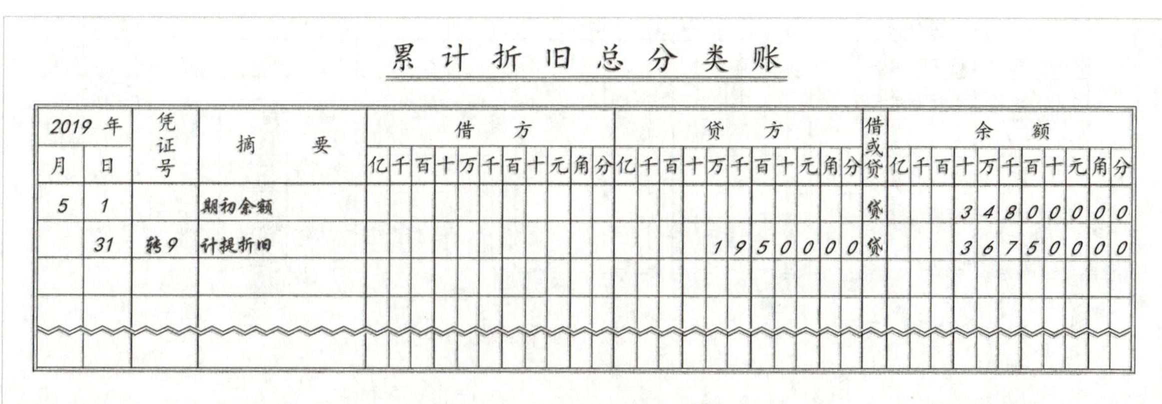

累计折旧总分类账

2019年 月	日	凭证号	摘要	借方	贷方	借或贷	余额
5	1		期初余额			贷	34800000
	31	转9	计提折旧		1950000	贷	36750000

图 9-121 累计折旧总分类账

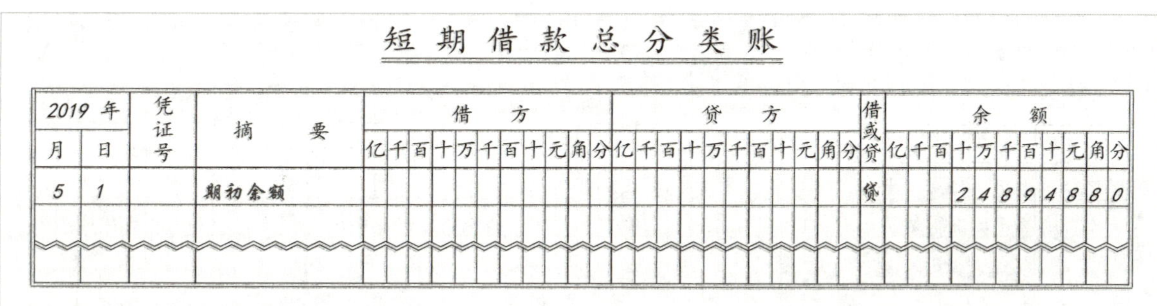

短期借款总分类账

2019年 月	日	凭证号	摘要	借方	贷方	借或贷	余额
5	1		期初余额			贷	24894880

图 9-122 短期借款总分类账

应交税费总分类账

2019年		凭证号	摘要	借方											贷方											借或贷	余额										
月	日			亿	千	百	十	万	千	百	十	元	角	分	亿	千	百	十	万	千	百	十	元	角	分		亿	千	百	十	万	千	百	十	元	角	分
5	1		期初余额																							贷					3	5	6	2	0	0	0
	3	付1	购买松木					2	0	8	0	0	0	0												贷					1	4	8	2	0	0	0
	3	收1	销售衣柜																	8	5	8	0	0	0	贷					2	3	4	0	0	0	0
	5	付2	缴纳税款					3	5	6	2	0	0	0												借					1	2	2	2	0	0	0
	8	转2	销售产品																2	5	4	8	0	0	0	贷					1	3	2	6	0	0	0
	8	转3	销售产品																1	8	4	8	6	0	0	贷					3	1	7	4	6	0	0
	14	付4	购买材料						2	0	8	0	0	0												贷					2	9	6	6	6	0	0
	17	付8	购买材料						1	0	4	0	0	0												贷					2	8	6	2	6	0	0
	18	收3	销售产品																1	9	1	3	6	0	0	贷					4	7	7	6	2	0	0
	23	付9	支付电费							3	1	2	0	0												贷					4	7	4	5	0	0	0
	26	付10	支付水费								5	7	6	0												贷					4	7	3	9	2	4	0
	31	转12	计提税费																	4	7	3	9	2	4	贷					5	2	1	3	1	6	4
	31	转13	结转增值税					4	7	3	9	2	4	0					4	7	3	9	2	4	0	贷					5	2	1	3	1	6	4

图 9-123　应交税费总分类账

应付职工薪酬总分类账

2019年		凭证号	摘要	借方											贷方											借或贷	余额										
月	日			亿	千	百	十	万	千	百	十	元	角	分	亿	千	百	十	万	千	百	十	元	角	分		亿	千	百	十	万	千	百	十	元	角	分
5	1		期初余额																							贷				1	4	2	6	0	0	0	0
	14	付5	支付工资				1	4	2	6	0	0	0	0												平									0		
	31	转8	结算工资															1	4	2	6	0	0	0	0	贷				1	4	2	6	0	0	0	0

图 9-124　应付职工薪酬总分类账

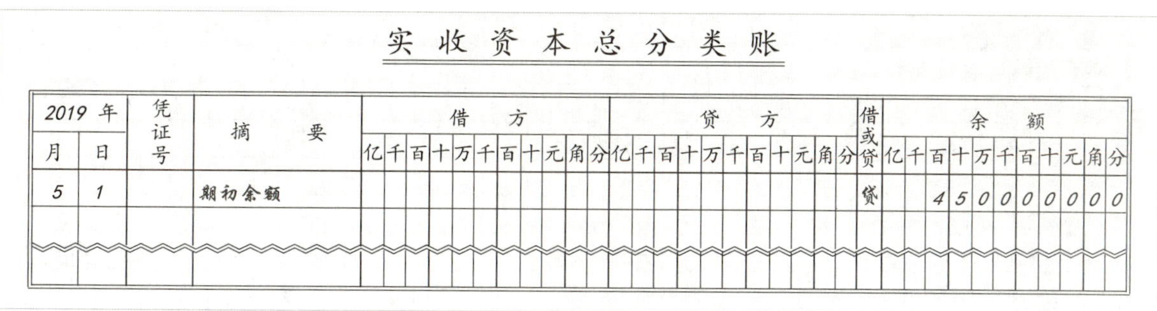

实收资本总分类账

2019年 月	日	凭证号	摘要	借方	贷方	借或贷	余额
5	1		期初余额			贷	450000000

图 9-125 实收资本总分类账

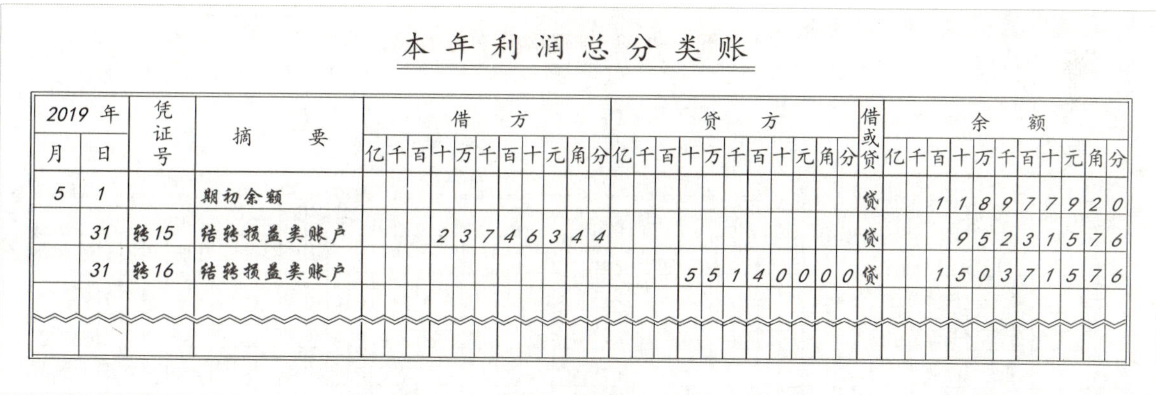

本年利润总分类账

2019年 月	日	凭证号	摘要	借方	贷方	借或贷	余额
5	1		期初余额			贷	118977920
	31	转15	结转损益类账户	23746344		贷	95231576
	31	转16	结转损益类账户		55140000	贷	150371576

图 9-126 本年利润总分类账

生产成本总分类账

2019年 月	日	凭证号	摘要	借方	贷方	借或贷	余额
5	1		期初余额			借	50000000
	5	转1	领用材料	600000		借	50600000
	11	转4	领用材料	200000		借	50800000
	16	转6	领用材料	260000		借	51060000
	16	转7	领用材料	2400000		借	53460000
	31	转8	结算工资	12000000		借	65460000
	31	转10	结转制造费用	3410000		借	68870000
	31	转11	结转产品成本		67410000	借	1460000

图 9-127 生产成本总分类账

制造费用总分类账

2019年		凭证号	摘要	借方											贷方											借或贷	余额										
月	日			亿	千	百	十	万	千	百	十	元	角	分	亿	千	百	十	万	千	百	十	元	角	分		亿	千	百	十	万	千	百	十	元	角	分
5	14	转5	领用材料						5	0	0	0	0	0												借						5	0	0	0	0	0
	23	付9	支付电费						2	0	0	0	0	0												借						7	0	0	0	0	0
	26	付10	支付水费							6	0	0	0	0												借						7	6	0	0	0	0
	31	转8	结算工资						8	0	0	0	0	0												借					1	5	6	0	0	0	0
	31	转9	计提折旧					1	8	5	0	0	0	0												借					3	4	1	0	0	0	0
	31	转10	结转制造费用																3	4	1	0	0	0	0	平									θ		

图 9-128 制造费用总分类账

主营业务收入总分类账

2019年		凭证号	摘要	借方											贷方											借或贷	余额										
月	日			亿	千	百	十	万	千	百	十	元	角	分	亿	千	百	十	万	千	百	十	元	角	分		亿	千	百	十	万	千	百	十	元	角	分
5	3	收1	销售衣柜																6	6	0	0	0	0	0	贷					6	6	0	0	0	0	0
	8	转2	销售产品															1	9	6	0	0	0	0	0	贷				2	6	2	0	0	0	0	0
	8	转3	销售产品															1	4	2	2	0	0	0	0	贷				4	0	4	2	0	0	0	0
	18	收3	销售产品															1	4	7	2	0	0	0	0	贷				5	5	1	4	0	0	0	0
	31	转16	结转损益类账户				5	5	1	4	0	0	0	0												平									θ		

图 9-129 主营业务收入总分类账

主营业务成本总分类账

2019年		凭证号	摘要	借方											贷方											借或贷	余额										
月	日			亿	千	百	十	万	千	百	十	元	角	分	亿	千	百	十	万	千	百	十	元	角	分		亿	千	百	十	万	千	百	十	元	角	分
5	31	转14	结转已销产品成本				2	1	5	8	8	4	2	0												借				2	1	5	8	8	4	2	0
	31	转15	结转损益类账户															2	1	5	8	8	4	2	0	平									θ		

图 9-130 主营业务成本总分类账

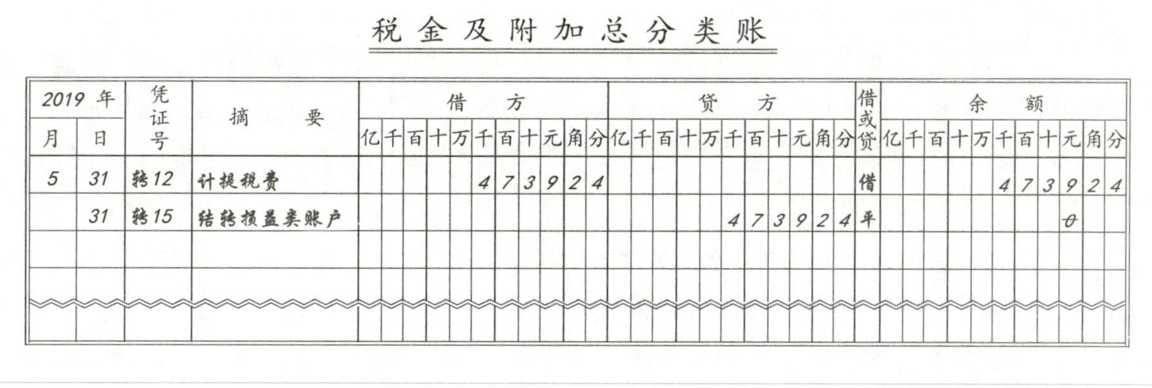

税金及附加总分类账

2019年 月	日	凭证号	摘要	借方（亿千百十万千百十元角分）	贷方（亿千百十万千百十元角分）	借或贷	余额（亿千百十万千百十元角分）
5	31	转12	计提税费	473924		借	473924
	31	转15	结转损益类账户		473924	平	θ

图 9-131　税金及附加总分类账

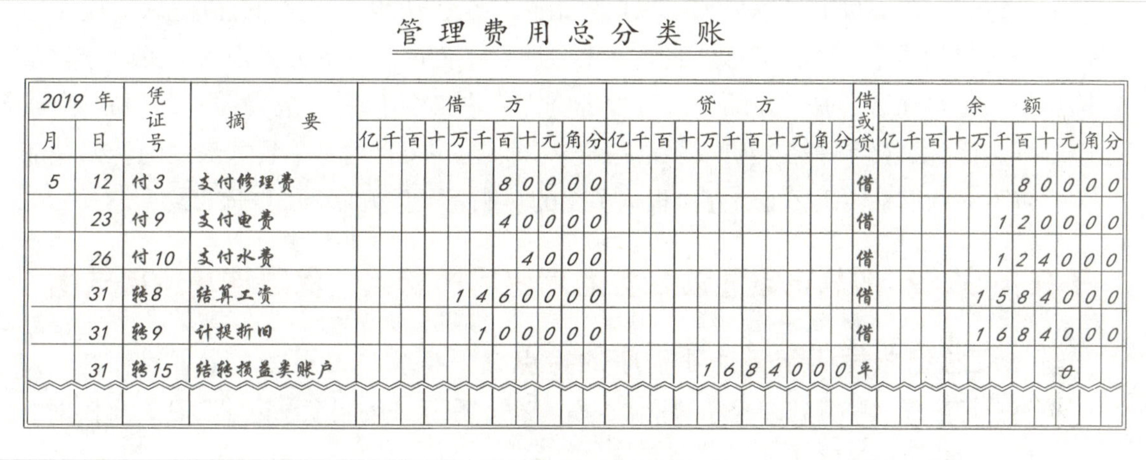

管理费用总分类账

2019年 月	日	凭证号	摘要	借方（亿千百十万千百十元角分）	贷方（亿千百十万千百十元角分）	借或贷	余额（亿千百十万千百十元角分）
5	12	付3	支付修理费	80000		借	80000
	23	付9	支付电费	40000		借	120000
	26	付10	支付水费	4000		借	124000
	31	转8	结算工资	1460000		借	1584000
	31	转9	计提折旧	100000		借	1684000
	31	转15	结转损益类账户		1684000	平	θ

图 9-132　管理费用总分类账

任务 9.3 汇总记账凭证账务处理程序

情景列表	情　景　实　例
记账凭证账务处理程序	根据汇总记账凭证登记总分类账

子任务 9.3.1 汇总记账凭证的编制方法

（1）汇总收款凭证是在对各账户对应的贷方进行分类之后，再根据“库存现金”和“银行存款”账户的借方进行编制。总分类账根据各汇总收款凭证的合计数，分别记入“库存现金”“银行存款”总分类账户的借方，并将汇总收款凭证上各账户贷方的合计数分别记入有关总分类账户的贷方。

（2）汇总付款凭证是在对各账户对应的借方进行分类之后，再根据“库存现金”和“银行存款”账户的贷方进行汇总编制。总分类账根据各汇总付款凭证的合计数，分别记入“库存现金”“银行存款”总分类账户的贷方，并将汇总付款凭证上各账户借方的合计数分别记入有关总分类账户的借方。

（3）汇总转账凭证是在对所设置账户相对应的借方账户分类之后，再根据所设置的账户的贷方进行汇总编制。总分类账根据各汇总转账凭证的合计数，分别记入对应账户的总分类账户的贷方，并将汇总转账凭证上各账户借方的合计数分别记入有关总分类账户的借方。值得注意的是，在编制的过程中贷方账户必须唯一，借方账户可以是一个或多个，即转账凭证必须一借一贷或多借一贷。如果在一个月内某一贷方账户的转账凭证不多，可不编制汇总转账凭证，直接根据单个的转账凭证登记总分类账即可。

子任务 9.3.2 汇总记账凭证账务处理程序的特点、优缺点及适用范围

1. 汇总记账凭证账务处理程序的特点

汇总记账凭证账务处理程序的特点是先根据记账凭证编制汇总记账凭证，再根据汇总记账凭证登记总分类账。

2. 汇总记账凭证账务处理程序的优缺点

（1）汇总记账凭证账务处理的优点：减轻了登记总分类账的工作量。

（2）汇总记账凭证账务处理的缺点：当转账凭证较多时，编制汇总转账凭证的工作量较大，并且按每一贷方账户编制汇总转账凭证，不利于会计核算的日常分工。

3. 汇总记账凭证账务处理程序的适用范围

汇总记账凭证账务处理程序适用于规模较大、经济业务较多的单位。

子任务 9.3.3 汇总记账凭证账务处理程序的应用

1. 汇总记账凭证账务处理程序的编制流程

（1）根据原始凭证填制汇总原始凭证。

（2）根据原始凭证或汇总原始凭证，填制收款凭证、付款凭证和转账凭证，也可以填制通用记账凭证。

（3）根据收款凭证、付款凭证逐笔登记库存现金日记账和银行存款日记账。

（4）根据原始凭证、汇总原始凭证和记账凭证登记各种明细分类账。

（5）根据各类记账凭证编制有关汇总记账凭证。

（6）根据各类汇总记账凭证登记总分类账。

（7）期末，将库存现金日记账、银行存款日记账和明细分类账的余额与有关总分类账的余额核对，使二者相等。

（8）期末，根据总分类账和明细分类账的记录编制财务报表。

汇总记账凭证账务处理程序的编制流程如图 9-133 所示。

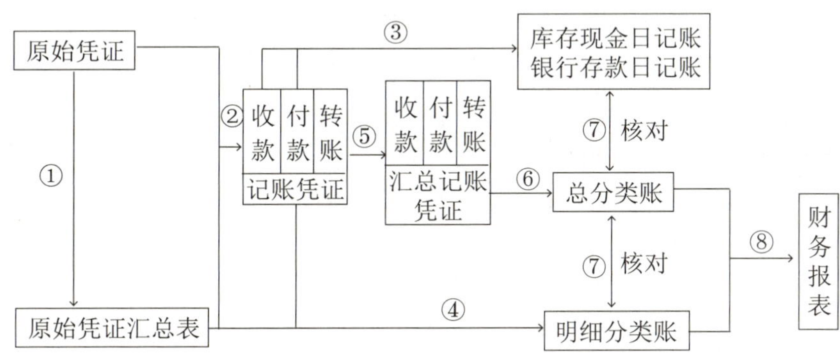

图 9-133　汇总记账凭证账务处理程序流程

2. 汇总记账凭证账务处理程序举例

沿用任务 9.2 中的经济业务例题编制汇总记账凭证，并根据汇总记账凭证登记总分类账。

根据以上汇总记账凭证登记有关账户所对应的总分类账，具体如图 9-134 至图 9-148 所示。

汇总收款凭证

借方科目：银行存款　　2019 年 5 月 31 日　　汇收第 1 号

贷方科目	金额				总账页数	
	1日至10日转账凭证第*号至第*号	11日至20日转账凭证第*号至第*号	21日至31日转账凭证第*号至第*号	合计	合计	合计
主营业务收入	66 000.00	147 200.00		213 200.00	略	略
应交税费	8 580.00	19 136.00		27 716.00	略	略
应收账款	88 000.00			88 000.00	略	略
合计	162 580.00	166 336.00		328 916.00		

财务主管 王春阳　记账 李彦明　出纳 董婷婷　审核 王春阳　制单 董婷婷

图 9-134　汇总收款凭证

汇总付款凭证

贷方科目：银行存款　　2019 年 5 月 31 日　　汇付第 1 号

借方科目	金额				总账页数	
	1日至10日转账凭证第*号至第*号	11日至20日转账凭证第*号至第*号	21日至31日转账凭证第*号至第*号	合计	借方	贷方
原材料	160 000.00	24 000.00		184 000.00	略	略
应交税费	56 420.00	3 120.00	369.60	59 909.60	略	略
管理费用		800.00	440.00	1 240.00	略	略
库存现金		5 000.00		5 000.00	略	略
应付职工薪酬		142 600.00		142 600.00		
制造费用			2 600.00	2 600.00	略	略
合计	216 420.00	175 520.00	3439.60	395 349.60		

财务主管 王春阳　记账 李彦明　出纳 董婷婷　审核 王春阳　制单 董婷婷

图 9-135　汇总付款凭证①

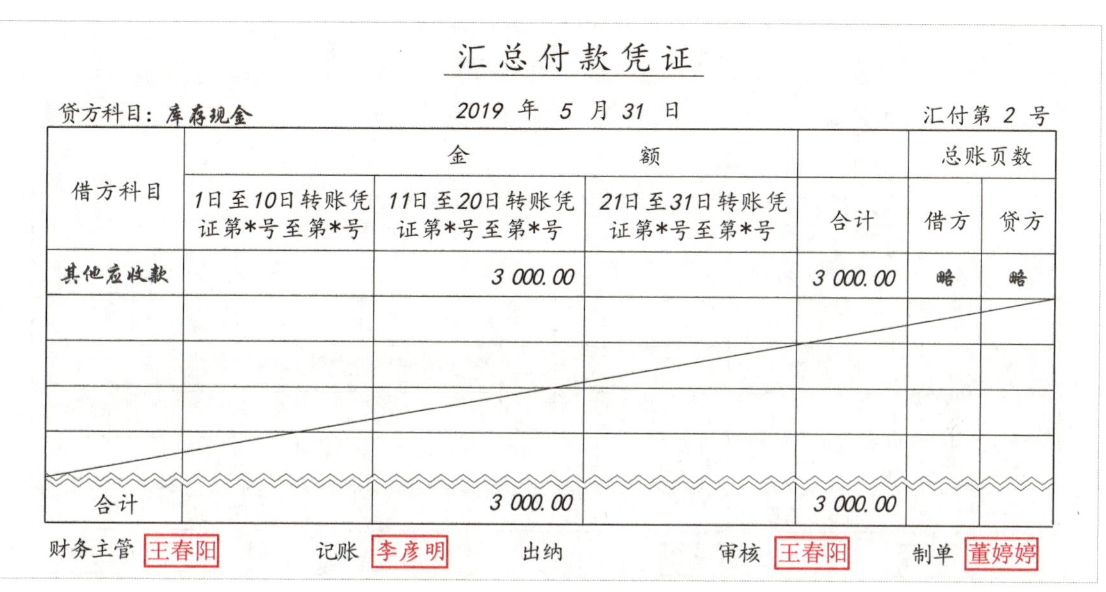

汇总付款凭证

贷方科目：库存现金　　2019 年 5 月 31 日　　汇付第 2 号

借方科目	金额				总账页数	
	1日至10日转账凭证第*号至第*号	11日至20日转账凭证第*号至第*号	21日至31日转账凭证第*号至第*号	合计	借方	贷方
其他应收款		3 000.00		3 000.00	略	略
合计		3 000.00		3 000.00		

财务主管 王春阳　记账 李彦明　出纳　审核 王春阳　制单 董婷婷

图 9-136　汇总付款凭证②

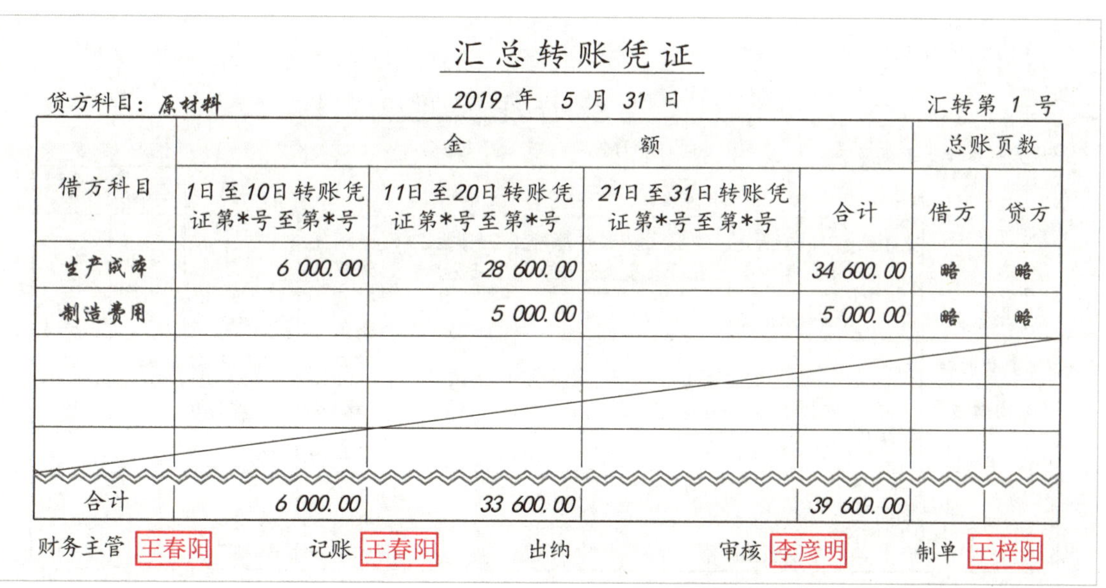

汇总转账凭证

贷方科目：原材料　　2019 年 5 月 31 日　　汇转第 1 号

借方科目	金额				总账页数	
	1日至10日转账凭证第*号至第*号	11日至20日转账凭证第*号至第*号	21日至31日转账凭证第*号至第*号	合计	借方	贷方
生产成本	6 000.00	28 600.00		34 600.00	略	略
制造费用		5 000.00		5 000.00	略	略
合计	6 000.00	33 600.00		39 600.00		

财务主管 王春阳　记账 王春阳　出纳　审核 李彦明　制单 王梓阳

图 9-137　汇总转账凭证—原材料

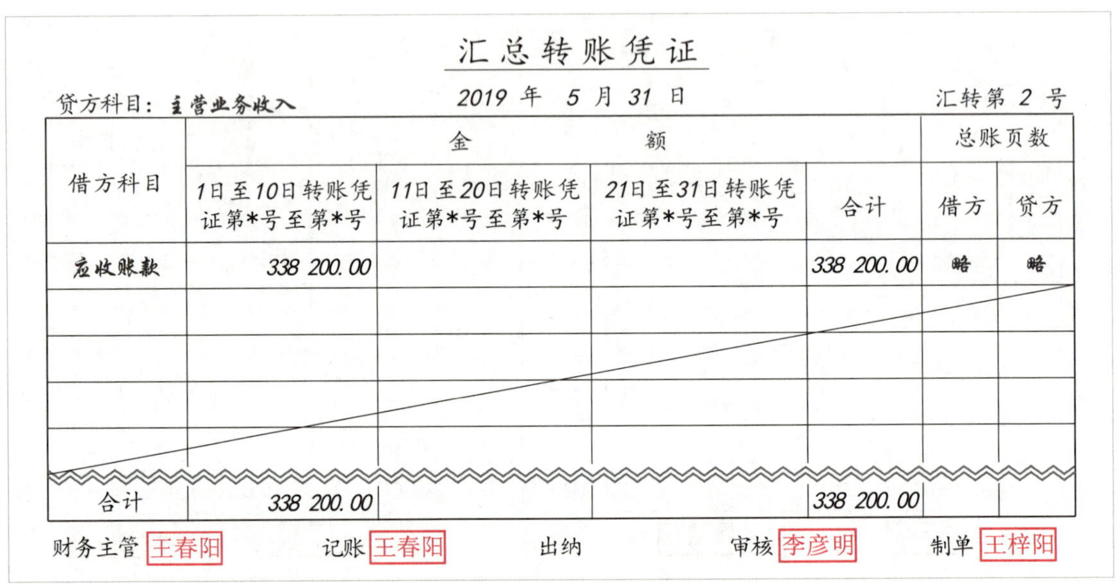

汇总转账凭证

贷方科目：主营业务收入　　2019 年 5 月 31 日　　汇转第 2 号

借方科目	金额				总账页数	
	1日至10日转账凭证第*号至第*号	11日至20日转账凭证第*号至第*号	21日至31日转账凭证第*号至第*号	合计	借方	贷方
应收账款	338 200.00			338 200.00	略	略
合计	338 200.00			338 200.00		

财务主管 王春阳　记账 王春阳　出纳　审核 李彦明　制单 王梓阳

图 9-138　汇总转账凭证—主营业务收入

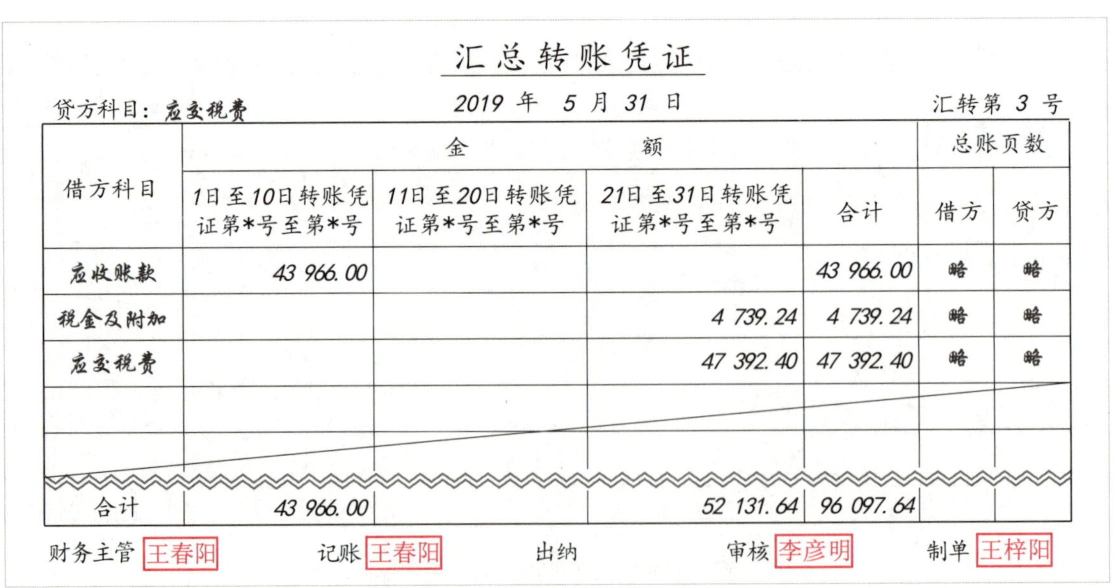

汇总转账凭证

贷方科目：应交税费　　2019 年 5 月 31 日　　汇转第 3 号

借方科目	金额				总账页数	
	1日至10日转账凭证第*号至第*号	11日至20日转账凭证第*号至第*号	21日至31日转账凭证第*号至第*号	合计	借方	贷方
应收账款	43 966.00			43 966.00	略	略
税金及附加			4 739.24	4 739.24	略	略
应交税费			47 392.40	47 392.40	略	略
合计	43 966.00		52 131.64	96 097.64		

财务主管 王春阳　记账 王春阳　出纳　审核 李彦明　制单 王梓阳

图 9-139　汇总转账凭证—应交税费

汇总转账凭证

贷方科目：应付职工薪酬　　2019 年 5 月 31 日　　汇转第 4 号

借方科目	金额				总账页数	
	1日至10日转账凭证第*号至第*号	11日至20日转账凭证第*号至第*号	21日至31日转账凭证第*号至第*号	合计	借方	贷方
生产成本			120 000.00	120 000.00	略	略
制造费用			8 000.00	8 000.00	略	略
管理费用			14 600.00	14 600.00	略	略
合计			142 600.00	142 600.00		

财务主管 王春阳　　记账 王春阳　　出纳　　审核 李彦明　　制单 王梓阳

图 9-140　汇总转账凭证—应付职工薪酬

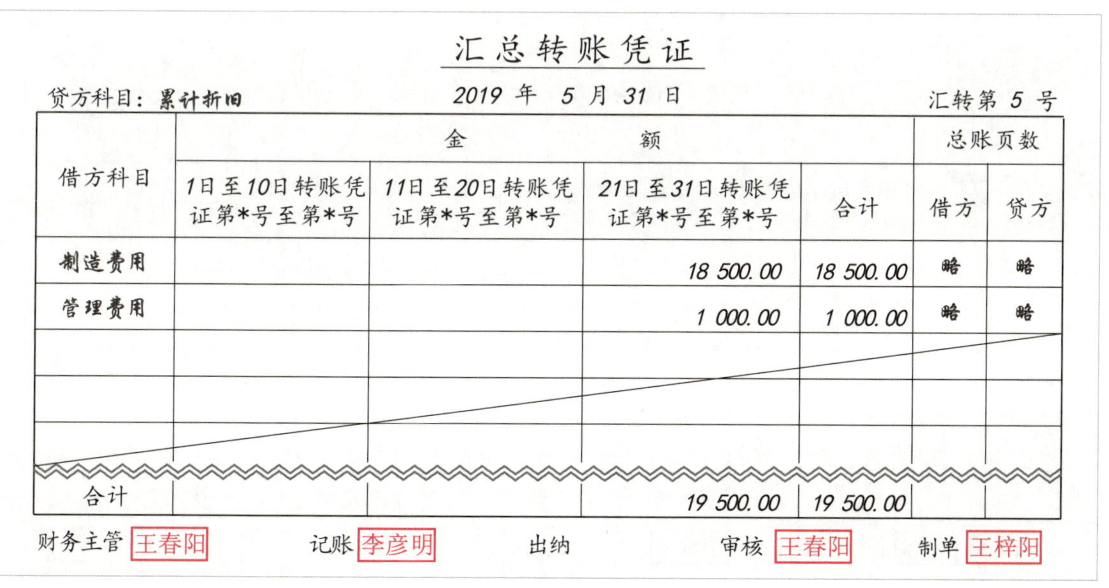

汇总转账凭证

贷方科目：累计折旧　　2019 年 5 月 31 日　　汇转第 5 号

借方科目	金额				总账页数	
	1日至10日转账凭证第*号至第*号	11日至20日转账凭证第*号至第*号	21日至31日转账凭证第*号至第*号	合计	借方	贷方
制造费用			18 500.00	18 500.00	略	略
管理费用			1 000.00	1 000.00	略	略
合计			19 500.00	19 500.00		

财务主管 王春阳　　记账 李彦明　　出纳　　审核 王春阳　　制单 王梓阳

图 9-141　汇总转账凭证—累计折旧

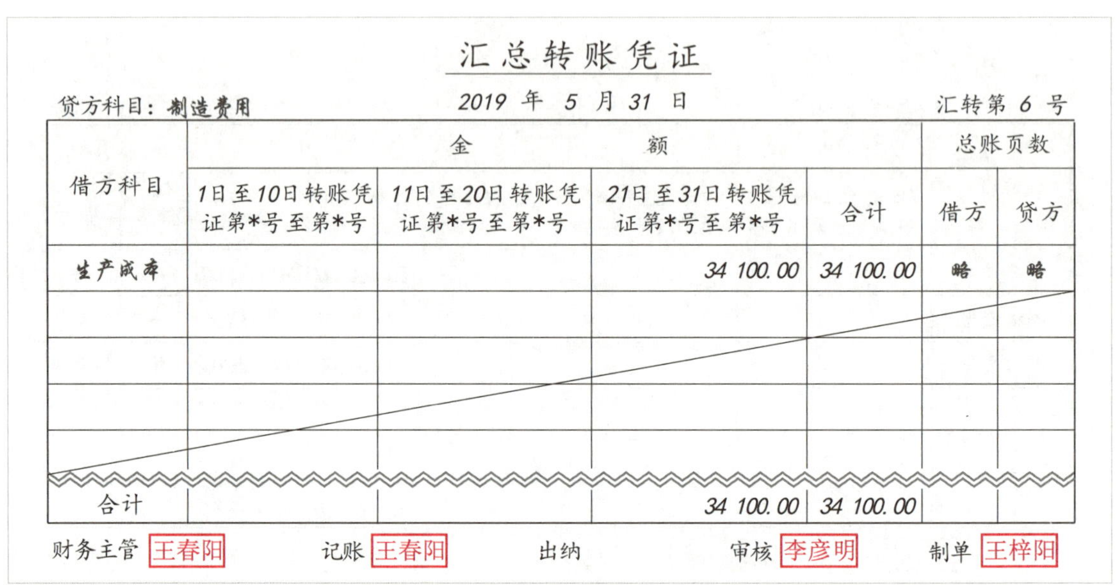

汇总转账凭证

贷方科目：制造费用　　2019 年 5 月 31 日　　汇转第 6 号

借方科目	金额				总账页数	
	1日至10日转账凭证第*号至第*号	11日至20日转账凭证第*号至第*号	21日至31日转账凭证第*号至第*号	合计	借方	贷方
生产成本			34 100.00	34 100.00	略	略
合计			34 100.00	34 100.00		

财务主管 王春阳　记账 王春阳　出纳　审核 李彦明　制单 王梓阳

图 9-142　汇总转账凭证—制造费用

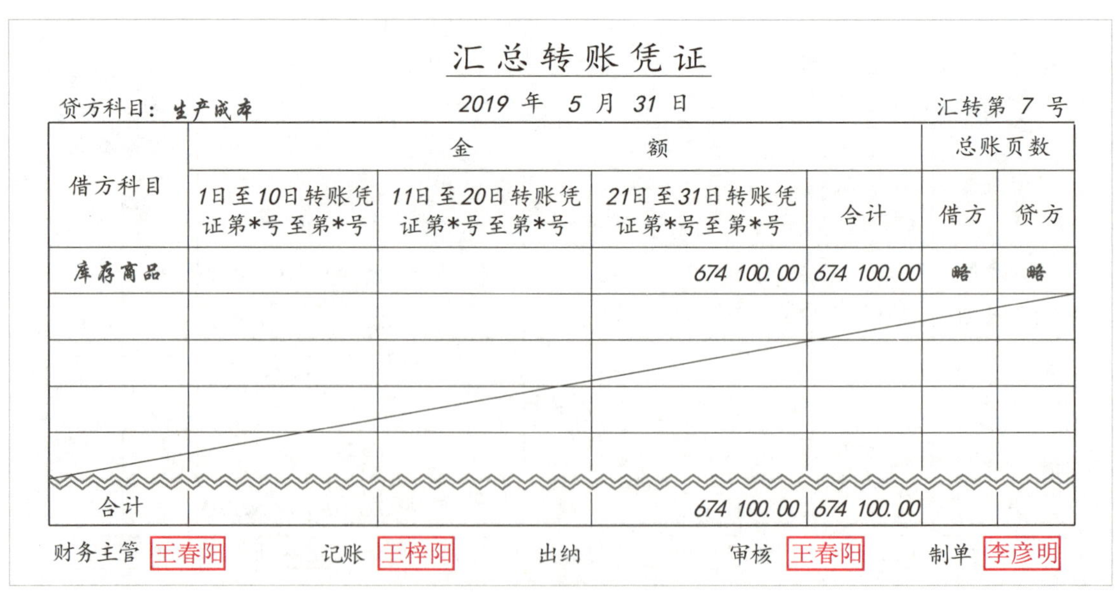

汇总转账凭证

贷方科目：生产成本　　2019 年 5 月 31 日　　汇转第 7 号

借方科目	金额				总账页数	
	1日至10日转账凭证第*号至第*号	11日至20日转账凭证第*号至第*号	21日至31日转账凭证第*号至第*号	合计	借方	贷方
库存商品			674 100.00	674 100.00	略	略
合计			674 100.00	674 100.00		

财务主管 王春阳　记账 王梓阳　出纳　审核 王春阳　制单 李彦明

图 9-143　汇总转账凭证—生产成本

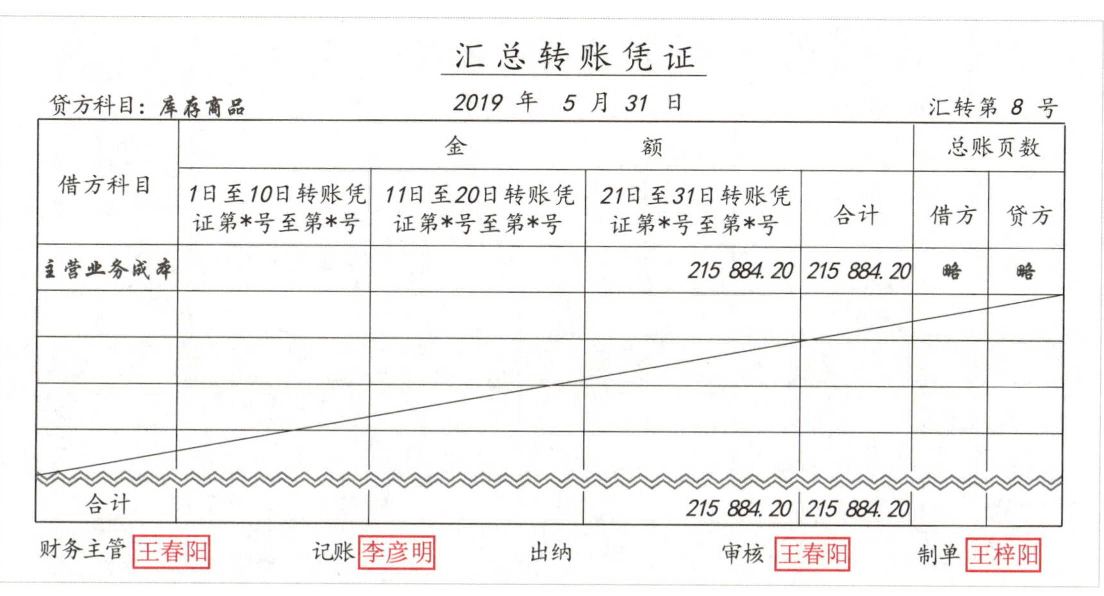

汇总转账凭证

贷方科目：库存商品　　2019 年 5 月 31 日　　汇转第 8 号

借方科目	金额				总账页数	
	1日至10日转账凭证第*号至第*号	11日至20日转账凭证第*号至第*号	21日至31日转账凭证第*号至第*号	合计	借方	贷方
主营业务成本			215 884.20	215 884.20	略	略
合计			215 884.20	215 884.20		

财务主管 王春阳　记账 李彦明　出纳　审核 王春阳　制单 王梓阳

图 9-144　汇总转账凭证—库存商品

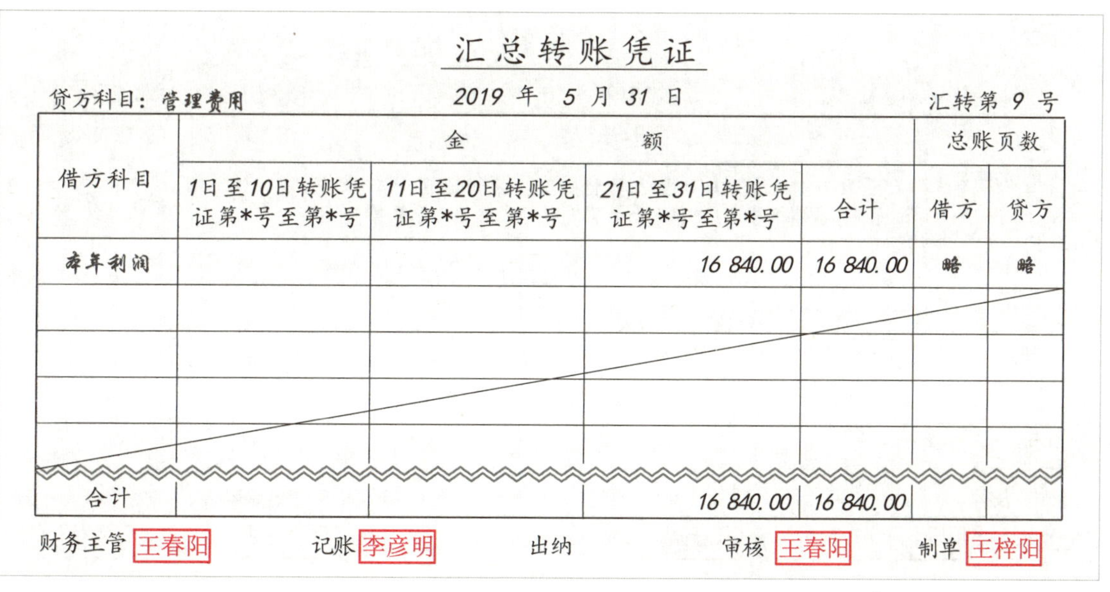

汇总转账凭证

贷方科目：管理费用　　2019 年 5 月 31 日　　汇转第 9 号

借方科目	金额				总账页数	
	1日至10日转账凭证第*号至第*号	11日至20日转账凭证第*号至第*号	21日至31日转账凭证第*号至第*号	合计	借方	贷方
本年利润			16 840.00	16 840.00	略	略
合计			16 840.00	16 840.00		

财务主管 王春阳　记账 李彦明　出纳　审核 王春阳　制单 王梓阳

图 9-145　汇总转账凭证—管理费用

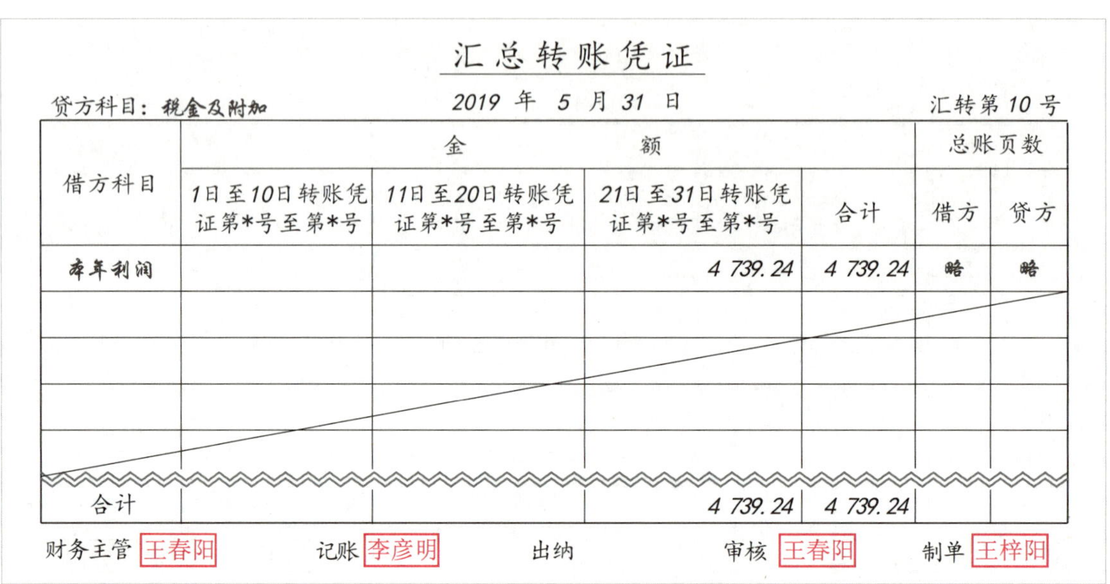

汇总转账凭证

贷方科目：税金及附加　　2019 年 5 月 31 日　　汇转第 10 号

借方科目	金额				总账页数	
	1日至10日转账凭证第*号至第*号	11日至20日转账凭证第*号至第*号	21日至31日转账凭证第*号至第*号	合计	借方	贷方
本年利润			4 739.24	4 739.24	略	略
合计			4 739.24	4 739.24		

财务主管 王春阳　记账 李彦明　出纳　审核 王春阳　制单 王梓阳

图 9-146　汇总转账凭证—税金及附加

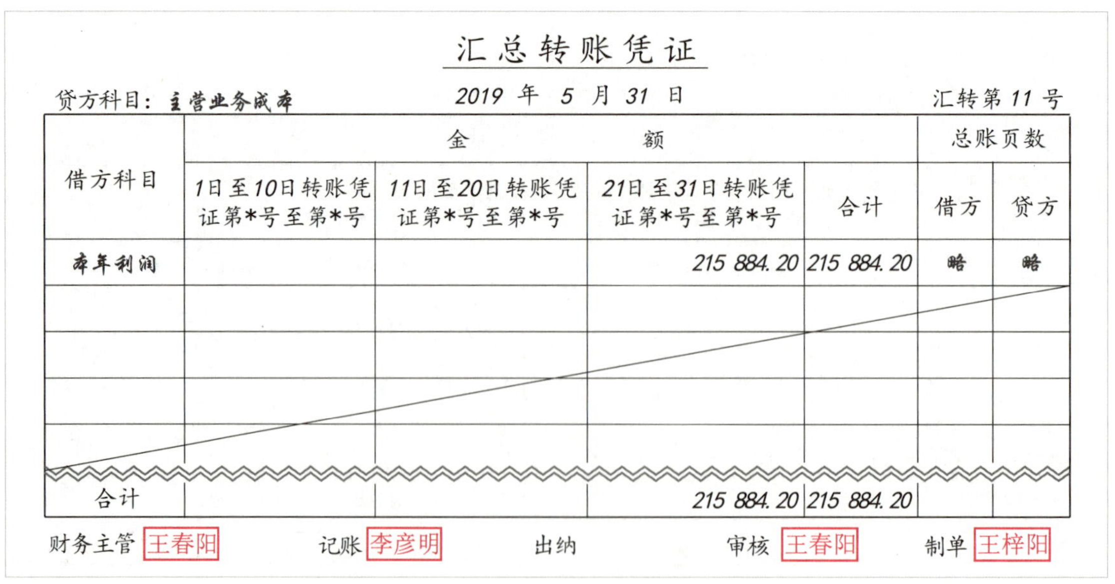

汇总转账凭证

贷方科目：主营业务成本　　2019 年 5 月 31 日　　汇转第 11 号

借方科目	金额				总账页数	
	1日至10日转账凭证第*号至第*号	11日至20日转账凭证第*号至第*号	21日至31日转账凭证第*号至第*号	合计	借方	贷方
本年利润			215 884.20	215 884.20	略	略
合计			215 884.20	215 884.20		

财务主管 王春阳　记账 李彦明　出纳　审核 王春阳　制单 王梓阳

图 9-147　汇总转账凭证—主营业务成本

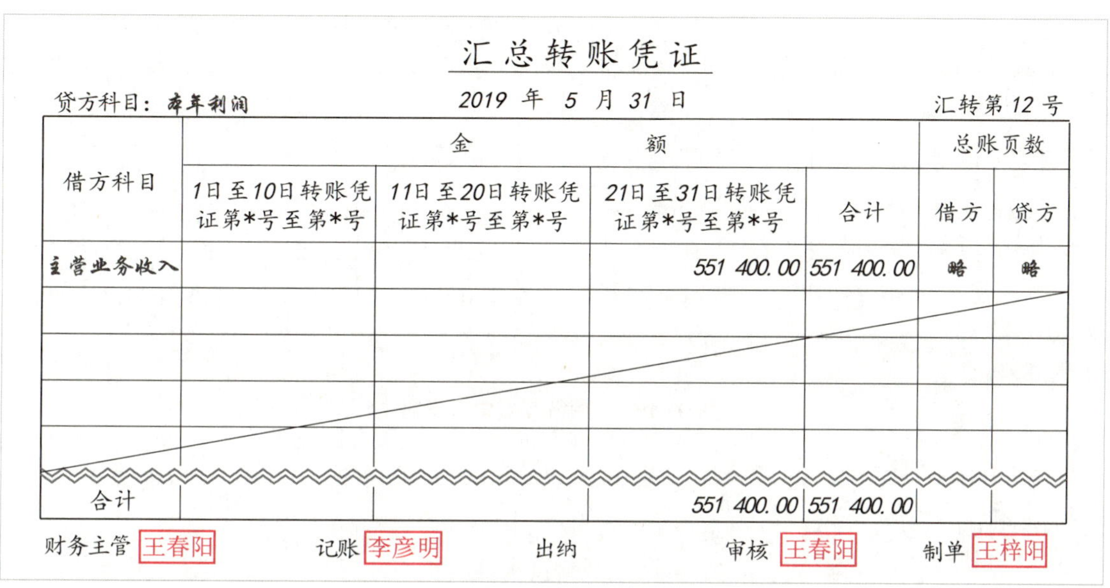

汇总转账凭证

贷方科目：本年利润　　　2019 年 5 月 31 日　　　汇转第 12 号

借方科目	金额				总账页数	
	1日至10日转账凭证第*号至第*号	11日至20日转账凭证第*号至第*号	21日至31日转账凭证第*号至第*号	合计	借方	贷方
主营业务收入			551 400.00	551 400.00	略	略
合计			551 400.00	551 400.00		

财务主管 王春阳　　记账 李彦明　　出纳　　审核 王春阳　　制单 王梓阳

图 9-148　汇总转账凭证—本年利润

根据以上汇总记账凭证登记有关账户所对应的总分类账，如图 9-149 至图 9-167 所示。

库存现金总分类账

2019年		凭证号	摘要	借方											贷方											借或贷	余额										
月	日			亿	千	百	十	万	千	百	十	元	角	分	亿	千	百	十	万	千	百	十	元	角	分		亿	千	百	十	万	千	百	十	元	角	分
5	1		期初余额																							借						8	2	0	0	0	0
	31	汇付1	汇总5.1-31日						5	0	0	0	0	0												借					1	3	2	0	0	0	0
	31	汇付2	汇总5.1-31日																	3	0	0	0	0	0	借					1	0	2	0	0	0	0

图 9-149　库存现金总分类账

银行存款总分类账

2019年		凭证号	摘要	借方											贷方											借或贷	余额										
月	日			亿	千	百	十	万	千	百	十	元	角	分	亿	千	百	十	万	千	百	十	元	角	分		亿	千	百	十	万	千	百	十	元	角	分
5	1		期初余额																							借			1	3	1	2	4	2	0	0	0
	31	汇收1	汇总5.1-31日				3	2	8	9	1	6	0	0												借			1	6	4	1	3	3	6	0	0
	31	汇付1	汇总5.1-31日															3	9	5	3	4	9	6	0	借			1	2	4	5	9	8	6	4	0

图9-150 银行存款总分类账

应收账款总分类账

2019年		凭证号	摘要	借方											贷方											借或贷	余额										
月	日			亿	千	百	十	万	千	百	十	元	角	分	亿	千	百	十	万	千	百	十	元	角	分		亿	千	百	十	万	千	百	十	元	角	分
5	1		期初余额																							借					8	8	0	0	0	0	0
	31	汇收1	汇总5.1-31日																8	8	0	0	0	0	0	平									θ		
	31	汇转2	汇总5.1-31日				3	3	8	2	0	0	0	0												借				3	3	8	2	0	0	0	0
	31	汇转3	汇总5.1-31日					4	3	9	6	6	0	0												借				3	8	2	1	6	6	0	0

图9-151 应收账款总分类账

其他应收款总分类账

2019年		凭证号	摘要	借方											贷方											借或贷	余额										
月	日			亿	千	百	十	万	千	百	十	元	角	分	亿	千	百	十	万	千	百	十	元	角	分		亿	千	百	十	万	千	百	十	元	角	分
5	31	汇付2	汇总5.1-31日						3	0	0	0	0	0												借						3	0	0	0	0	0

图9-152 其他应收款总分类账

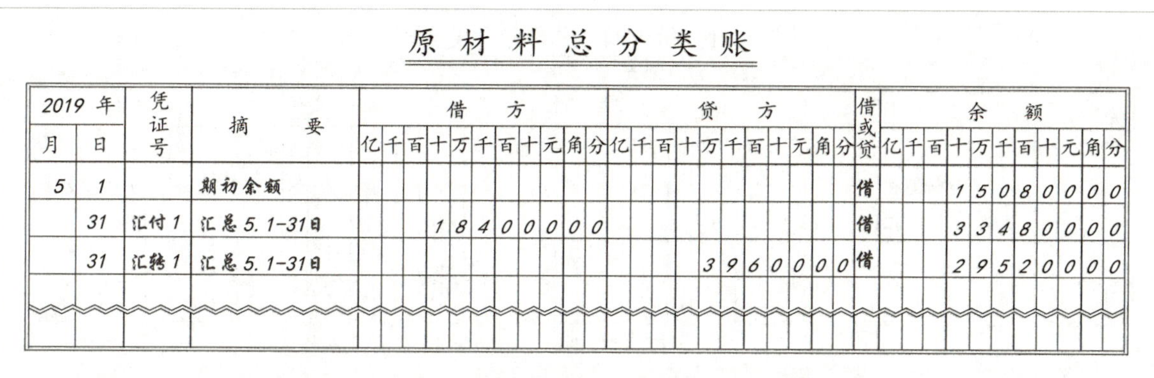

原材料总分类账

2019年 月	日	凭证号	摘要	借方	贷方	借或贷	余额
5	1		期初余额			借	15080000
	31	汇付1	汇总5.1-31日	18400000		借	33480000
	31	汇转1	汇总5.1-31日		3960000	借	29520000

图 9-153 原材料总分类账

库存商品总分类账

2019年 月	日	凭证号	摘要	借方	贷方	借或贷	余额
5	1		期初余额			借	50552800
	31	汇转7	汇总5.1-31日	67410000		借	117962800
	31	汇转8	汇总5.1-31日		21588420	借	96374380

图 9-154 库存商品总分类账

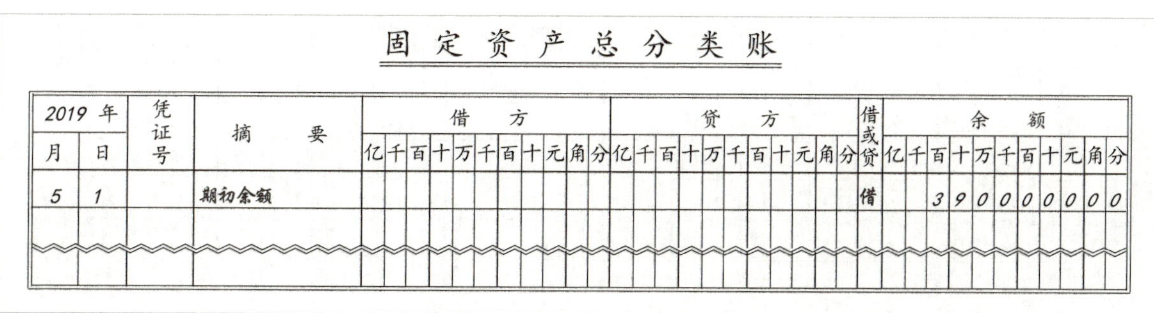

固定资产总分类账

2019年 月	日	凭证号	摘要	借方	贷方	借或贷	余额
5	1		期初余额			借	390000000

图 9-155 固定资产总分类账

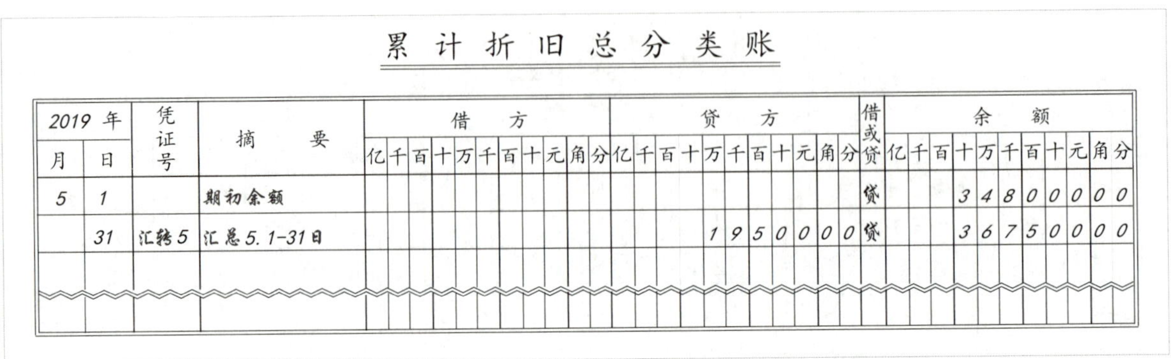

累计折旧总分类账

2019年 月	日	凭证号	摘要	借方	贷方	借或贷	余额
5	1		期初余额			贷	34800000
	31	汇转5	汇总5.1-31日		1950000	贷	36750000

图 9-156　累计折旧总分类账

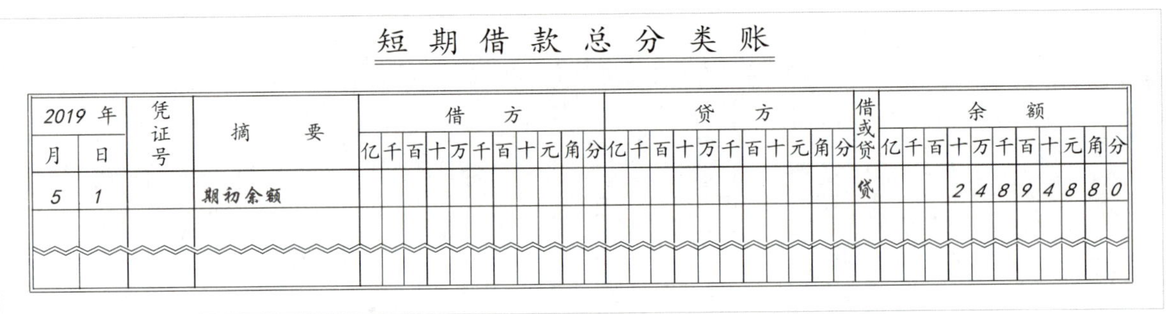

短期借款总分类账

2019年 月	日	凭证号	摘要	借方	贷方	借或贷	余额
5	1		期初余额			贷	24894880

图 9-157　短期借款总分类账

应交税费总分类账

2019年 月	日	凭证号	摘要	借方	贷方	借或贷	余额
5	1		期初余额			贷	3562000
	31	汇收1	汇总5.1-31日		2771600	贷	6333600
	31	汇付1	汇总5.1-31日	5990960		贷	342640
	31	汇转3	汇总5.1-31日	4739240	9609764	贷	5213164

图 9-158　应交税费总分类账

应付职工薪酬总分类账

2019年 月	日	凭证号	摘要	借方	贷方	借或贷	余额
5	1		期初余额			贷	14260000
	31	汇付1	汇总5.1-31日	14260000		平	θ
	31	汇付1	汇总5.1-31日		14260000	贷	14260000

图 9-159 应付职工薪酬总分类账

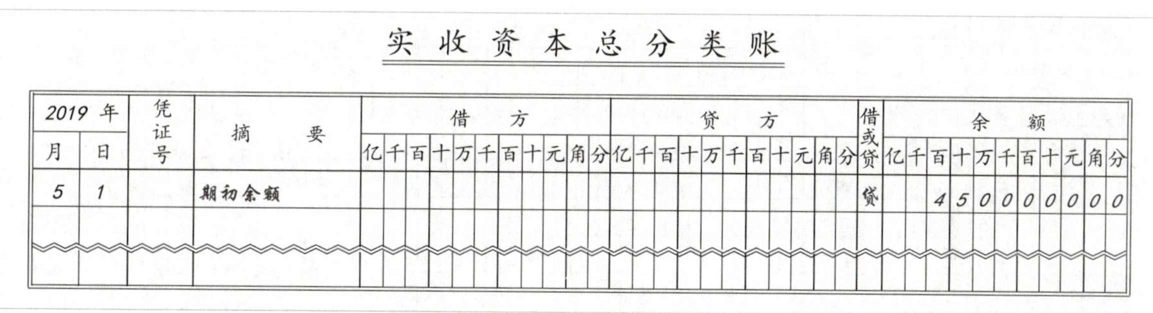

实收资本总分类账

2019年 月	日	凭证号	摘要	借方	贷方	借或贷	余额
5	1		期初余额			贷	450000000

图 9-160 实收资本总分类账

本年利润总分类账

2019年 月	日	凭证号	摘要	借方	贷方	借或贷	余额
5	1		期初余额			贷	118977920
	31	汇转9	汇总5.1-31日	1684000		贷	117293920
	31	汇转10	汇总5.1-31日	473924		贷	116819996
	31	汇转11	汇总5.1-31日	21588420		贷	95231576
	31	汇转12	汇总5.1-31日		55140000	贷	150371576

图 9-161 本年利润总分类账

生产成本总分类账

2019年		凭证号	摘要	借方											贷方											借或贷	余额										
月	日			亿	千	百	十	万	千	百	十	元	角	分	亿	千	百	十	万	千	百	十	元	角	分		亿	千	百	十	万	千	百	十	元	角	分
5	1		期初余额																							借				5	0	0	0	0	0	0	0
	31	汇转1	汇总5.1-31日					3	4	6	0	0	0	0												借				5	3	4	6	0	0	0	0
	31	汇转4	汇总5.1-31日				1	2	0	0	0	0	0	0												借				6	5	4	6	0	0	0	0
	31	汇转6	汇总5.1-31日					3	4	1	0	0	0	0												借				6	8	8	7	0	0	0	0
	31	汇转7	汇总5.1-31日															6	7	4	1	0	0	0	0	借					1	4	6	0	0	0	0

图9-162　生产成本总分类账

制造费用总分类账

2019年		凭证号	摘要	借方											贷方											借或贷	余额										
月	日			亿	千	百	十	万	千	百	十	元	角	分	亿	千	百	十	万	千	百	十	元	角	分		亿	千	百	十	万	千	百	十	元	角	分
5	31	汇转1	汇总5.1-31日						2	6	0	0	0	0												借						2	6	0	0	0	0
	31	汇转1	汇总5.1-31日						5	0	0	0	0	0												借						7	6	0	0	0	0
	31	汇转4	汇总5.1-31日						8	0	0	0	0	0												借					1	5	6	0	0	0	0
	31	汇转5	汇总5.1-31日					1	8	5	0	0	0	0												借					3	4	1	0	0	0	0
	31	汇转6	汇总5.1-31日																3	4	1	0	0	0	0	平									θ		

图9-163　制造费用总分类账

主营业务收入总分类账

2019年		凭证号	摘要	借方											贷方											借或贷	余额										
月	日			亿	千	百	十	万	千	百	十	元	角	分	亿	千	百	十	万	千	百	十	元	角	分		亿	千	百	十	万	千	百	十	元	角	分
5	31	汇收1	汇总5.1-31日															2	1	3	2	0	0	0	0	贷				2	1	3	2	0	0	0	0
	31	汇转2	汇总5.1-31日															3	3	8	2	0	0	0	0	贷				5	5	1	4	0	0	0	0
	31	汇转12	汇总5.1-31日				5	5	1	4	0	0	0	0												平									θ		

图9-164　主营业务收入总分类账

主营业务成本总分类账

2019年		凭证号	摘要	借方											贷方											借或贷	余额										
月	日			亿	千	百	十	万	千	百	十	元	角	分	亿	千	百	十	万	千	百	十	元	角	分		亿	千	百	十	万	千	百	十	元	角	分
5	31	汇转8	汇总5.1-31日				2	1	5	8	8	4	2	0												借				2	1	5	8	8	4	2	0
	31	汇转11	汇总5.1-31日															2	1	5	8	8	4	2	0	平									0		

图9-165 主营业务成本总分类账

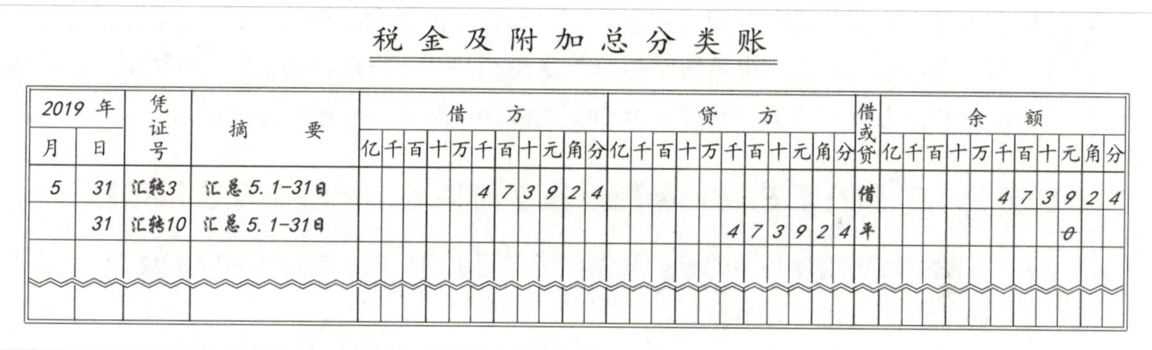

税金及附加总分类账

2019年		凭证号	摘要	借方											贷方											借或贷	余额										
月	日			亿	千	百	十	万	千	百	十	元	角	分	亿	千	百	十	万	千	百	十	元	角	分		亿	千	百	十	万	千	百	十	元	角	分
5	31	汇转3	汇总5.1-31日						4	7	3	9	2	4												借						4	7	3	9	2	4
	31	汇转10	汇总5.1-31日																	4	7	3	9	2	4	平									0		

图9-166 税金及附加总分类账

管理费用总分类账

2019年		凭证号	摘要	借方											贷方											借或贷	余额										
月	日			亿	千	百	十	万	千	百	十	元	角	分	亿	千	百	十	万	千	百	十	元	角	分		亿	千	百	十	万	千	百	十	元	角	分
5	31	汇转8	汇总5.1-31日						1	2	4	0	0	0												借						1	2	4	0	0	0
	31	汇转11	汇总5.1-31日					1	4	6	0	0	0	0												借					1	5	8	4	0	0	0
	31	汇转11	汇总5.1-31日						1	0	0	0	0	0												借					1	6	8	4	0	0	0
	31	汇转11	汇总5.1-31日																1	6	8	4	0	0	0	平									0		

图9-167 管理费用总分类账

任务 9.4 科目汇总表账务处理程序

情景列表	情　景　实　例
汇总记账凭证	根据科目汇总表登记总账

子任务 9.4.1 科目汇总表的编制方法

科目汇总表又称记账凭证汇总表，其是企业定期对全部记账凭证进行汇总后，按照不同的会计科目分别列示各账户借方发生额和贷方发生额的一种汇总凭证。科目汇总表的编制方法是，根据一定时期内的全部记账凭证，按照会计科目进行归类，定期汇总每一个账户的借方本期发生额和贷方本期发生额，填写在科目汇总表的相关栏目内。科目汇总表可每月编制一张，按旬汇总，也可每旬汇总一次编制一张。任何格式的科目汇总表，都只反映各个账户的借方本期发生额和贷方本期发生额，不反映各个账户之间的对应关系。

子任务 9.4.2 科目汇总表账务处理程序的特点、优缺点及适用范围

科目汇总表账务处理程序的特点：先将所有记账凭证汇总编制成科目汇总表，然后以科目汇总表为依据登记总分类账。

科目汇总表账务处理程序的优点：减轻了登记总分类账的工作量，易于理解、方便学习，并可做到试算平衡。

科目汇总表账务处理程序的缺点：不能反映各个账户之间的对应关系，不利于对账目进行检查。

科目汇总表账务处理程序的适用范围：适用于经济业务较多的单位。

子任务 9.4.3 科目汇总表账务处理程序的应用

1. 科目汇总表账务处理程序的流程

科目汇总表账务处理程序的流程如图 9-168 所示。

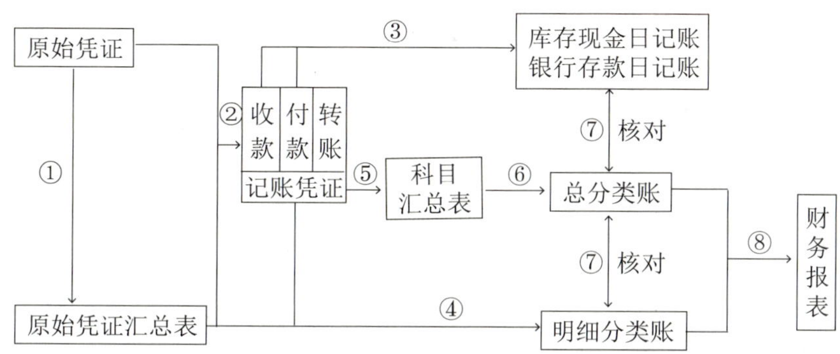

图 9-168 科目汇总表账务处理程序的流程

（1）根据原始凭证填制汇总原始凭证。

（2）根据原始凭证或汇总原始凭证填制记账凭证。

（3）根据收款凭证、付款凭证逐笔登记库存现金日记账和银行存款日记账。

（4）根据原始凭证、汇总原始凭证和记账凭证，登记各种明细分类账。

（5）根据各种记账凭证编制科目汇总表。

（6）根据科目汇总表登记总分类账。

（7）期末，将库存现金日记账、银行存款日记账和明细分类账的余额与有关总分类账的余额核对，使其两者相等。

（8）期末，根据总分类账和明细分类账的记录编制财务报表。

2. 科目汇总表账务处理程序举例

沿用任务 9.2 中的经济业务例题编制科目汇总表，并根据科目汇总表登记总分类账，如图 9-169 所示。

科目汇总表																									
第 1 号至第 39 号　自 2019 年 5 月 1 日至 2019 年 5 月 31 日　汇字第 1 号																									
总页	借（增、收）方金额												会计科目	贷（减、付）方金额											
	张数	亿	千	百	十	万	千	百	十	元	角	分		张数	亿	千	百	十	万	千	百	十	元	角	分
							5	0	0	0	0	0	库存现金							3	0	0	0	0	0
					3	2	8	9	1	6	0	0	银行存款					3	9	5	3	4	9	6	0
					3	8	2	1	6	6	0	0	应收账款						8	8	0	0	0	0	0
							3	0	0	0	0	0	其他应收款												
					1	8	4	0	0	0	0	0	原材料						3	9	6	0	0	0	0
					6	7	4	1	0	0	0	0	库存商品					2	1	5	8	8	4	2	0
													累计折旧						1	9	5	0	0	0	0
					1	4	2	6	0	0	0	0	应付职工薪酬					1	4	2	6	0	0	0	0
					1	0	7	3	0	2	0	0	应交税费					1	2	3	8	1	3	6	4
					2	3	7	4	6	3	4	4	本年利润					5	5	1	4	0	0	0	0
					1	8	8	7	0	0	0	0	生产成本					6	7	4	1	0	0	0	0
						3	4	1	0	0	0	0	制造费用						3	4	1	0	0	0	0
					5	5	1	4	0	0	0	0	主营业务收入					5	5	1	4	0	0	0	0
					2	1	5	8	8	4	2	0	主营业务成本					2	1	5	8	8	4	2	0
							4	7	3	9	2	4	税金及附加							4	7	3	9	2	4
						1	6	8	4	0	0	0	管理费用						1	6	8	4	0	0	0
				3	0	7	6	2	1	0	8	8	合计				3	0	7	6	2	1	0	8	8

图 9-169　科目汇总表

根据科目汇总表登记有关账户所对应的总分类账。如图 9-170 至图 9-188 所示。

库存现金总分类账																																					
2019 年		凭证号	摘要	借方											贷方												借或贷	余额										
月	日			亿	千	百	十	万	千	百	十	元	角	分	亿	千	百	十	万	千	百	十	元	角	分		亿	千	百	十	万	千	百	十	元	角	分
5	1		期初余额																							借						8	2	0	0	0	0
	31	汇总1	汇总5.1-31日						5	0	0	0	0	0						3	0	0	0	0	0	借					1	0	2	0	0	0	0

图 9-170　库存现金总分类账

银行存款总分类账

2019年		凭证号	摘要	借方											贷方											借或贷	余额										
月	日			亿	千	百	十	万	千	百	十	元	角	分	亿	千	百	十	万	千	百	十	元	角	分		亿	千	百	十	万	千	百	十	元	角	分
5	1		期初余额																							借			1	3	1	2	4	2	0	0	0
	31	汇总1	汇总5.1-31日				3	2	8	9	1	6	0	0				3	9	5	3	4	9	6	0	借			1	2	4	5	9	8	6	4	0

图 9-171 银行存款总分类账

应收账款总分类账

2019年		凭证号	摘要	借方											贷方											借或贷	余额										
月	日			亿	千	百	十	万	千	百	十	元	角	分	亿	千	百	十	万	千	百	十	元	角	分		亿	千	百	十	万	千	百	十	元	角	分
5	1		期初余额																							借					8	8	0	0	0	0	0
	31	汇总1	汇总5.1-31日				3	8	2	1	6	6	0	0					8	8	0	0	0	0	0	借				3	8	2	1	6	6	0	0

图 9-172 应收账款总分类账

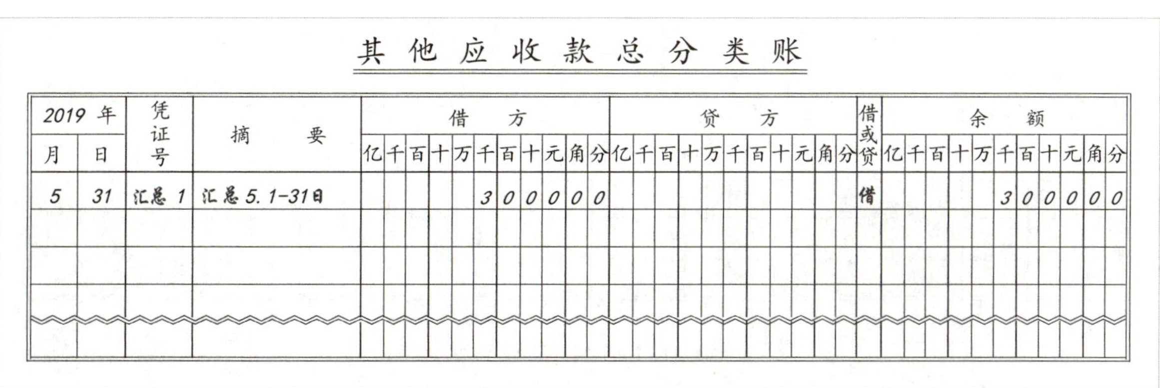

其他应收款总分类账

2019年		凭证号	摘要	借方											贷方											借或贷	余额										
月	日			亿	千	百	十	万	千	百	十	元	角	分	亿	千	百	十	万	千	百	十	元	角	分		亿	千	百	十	万	千	百	十	元	角	分
5	31	汇总1	汇总5.1-31日						3	0	0	0	0	0												借						3	0	0	0	0	0

图 9-173 其他应收款总分类账

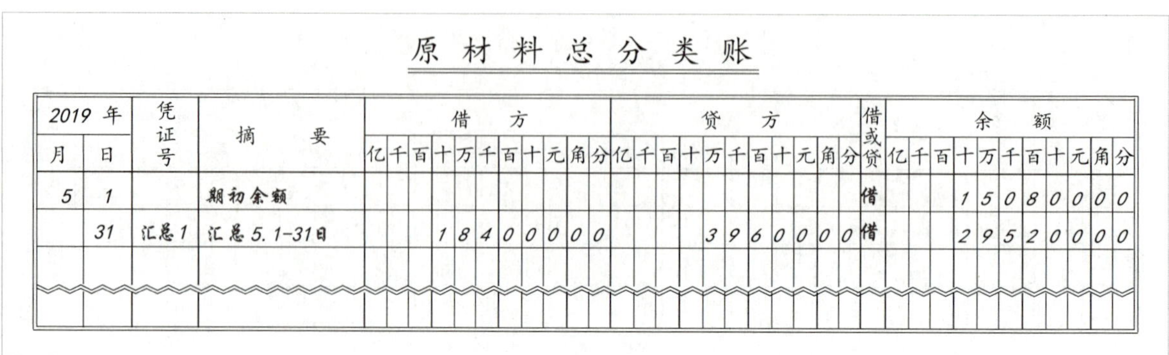

原材料总分类账

2019年 月	日	凭证号	摘要	借方（亿千百十万千百十元角分）	贷方（亿千百十万千百十元角分）	借或贷	余额（亿千百十万千百十元角分）
5	1		期初余额			借	15080000
	31	汇总1	汇总5.1-31日	18400000	3960000	借	29520000

图 9-174　原材料总分类账

库存商品总分类账

2019年 月	日	凭证号	摘要	借方（亿千百十万千百十元角分）	贷方（亿千百十万千百十元角分）	借或贷	余额（亿千百十万千百十元角分）
5	1		期初余额			借	50552800
	31	汇总1	汇总5.1-31日	67410000	21588420	借	96374380

图 9-175　库存商品总分类账

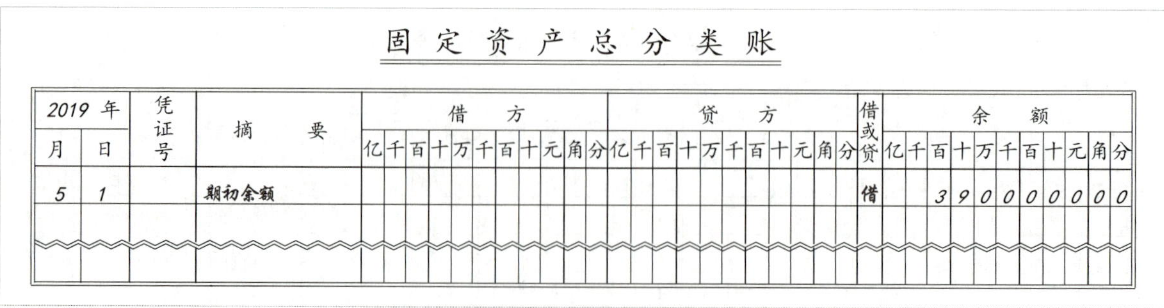

固定资产总分类账

2019年 月	日	凭证号	摘要	借方（亿千百十万千百十元角分）	贷方（亿千百十万千百十元角分）	借或贷	余额（亿千百十万千百十元角分）
5	1		期初余额			借	390000000

图 9-176　固定资产总分类账

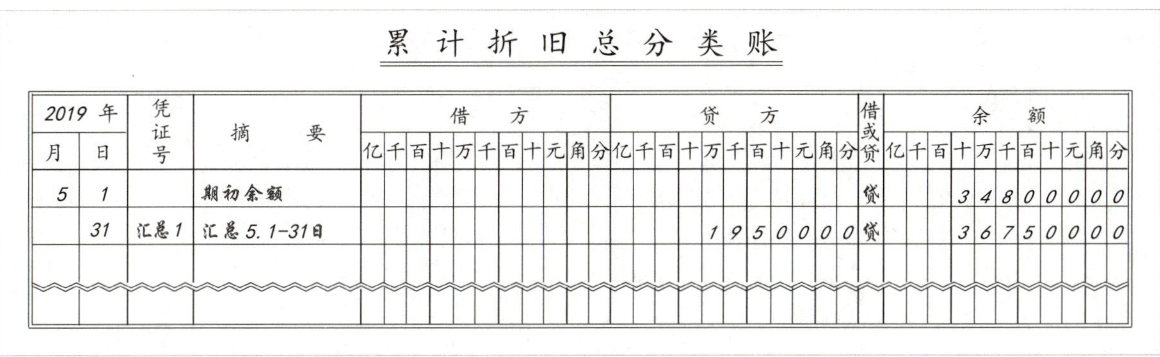

累计折旧总分类账

2019年 月	日	凭证号	摘要	借方	贷方	借或贷	余额
5	1		期初余额			贷	34800000
	31	汇总1	汇总5.1-31日		1950000	贷	36750000

图 9-177 累计折旧总分类账

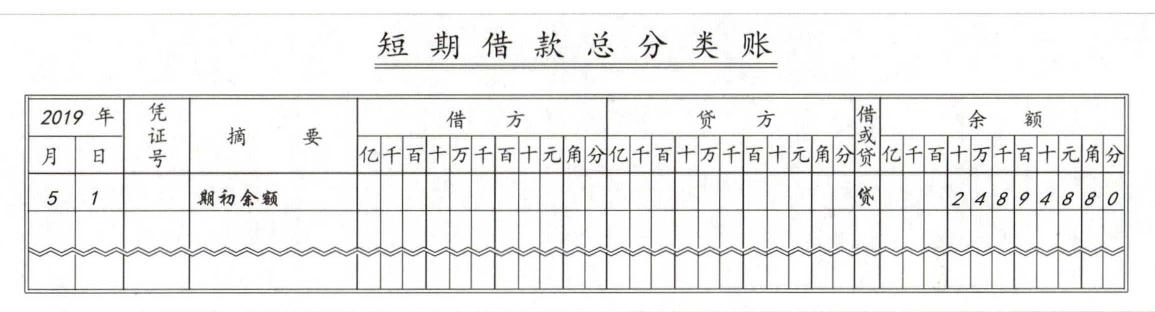

短期借款总分类账

2019年 月	日	凭证号	摘要	借方	贷方	借或贷	余额
5	1		期初余额			贷	24894880

图 9-178 短期借款总分类账

应交税费总分类账

2019年 月	日	凭证号	摘要	借方	贷方	借或贷	余额
5	1		期初余额			贷	3562000
	31	汇总1	汇总5.1-31日	10730200	12381364	贷	5213164

图 9-179 应交税费总分类账

应付职工薪酬总分类账

2019年		凭证号	摘要	借方											贷方											借或贷	余额										
月	日			亿	千	百	十	万	千	百	十	元	角	分	亿	千	百	十	万	千	百	十	元	角	分		亿	千	百	十	万	千	百	十	元	角	分
5	1		期初余额																							贷				1	4	2	6	0	0	0	0
	31	汇总1	汇总5.1-31日				1	4	2	6	0	0	0	0				1	4	2	6	0	0	0	0	贷				1	4	2	6	0	0	0	0

图 9-180 应付职工薪酬总分类账

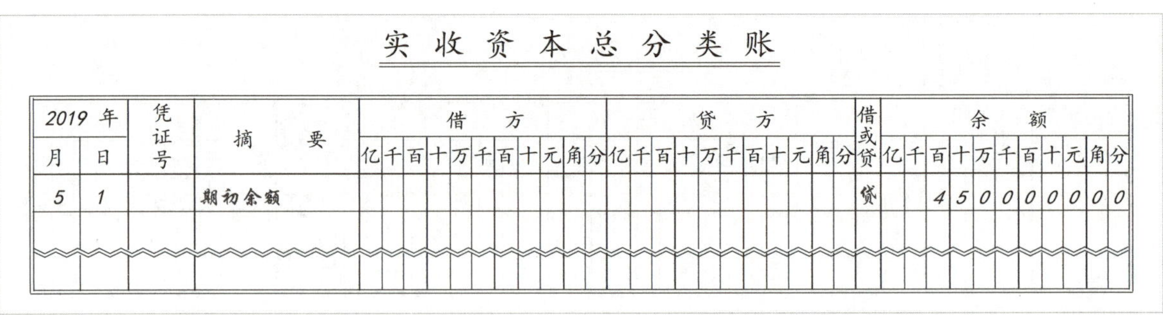

实收资本总分类账

2019年		凭证号	摘要	借方											贷方											借或贷	余额										
月	日			亿	千	百	十	万	千	百	十	元	角	分	亿	千	百	十	万	千	百	十	元	角	分		亿	千	百	十	万	千	百	十	元	角	分
5	1		期初余额																							贷			4	5	0	0	0	0	0	0	0

图 9-181 实收资本总分类账

本年利润总分类账

2019年		凭证号	摘要	借方											贷方											借或贷	余额										
月	日			亿	千	百	十	万	千	百	十	元	角	分	亿	千	百	十	万	千	百	十	元	角	分		亿	千	百	十	万	千	百	十	元	角	分
5	1		期初余额																							贷			1	1	8	9	7	7	9	2	0
	31	汇总1	汇总5.1-31日				2	3	7	4	6	3	4	4				5	5	1	4	0	0	0	0	贷			1	5	0	3	7	1	5	7	6

图 9-182 本年利润总分类账

生产成本总分类账

2019年 月	2019年 日	凭证号	摘要	借方	贷方	借或贷	余额
5	1		期初余额			借	50000000
	31	汇总1	汇总5.1-31日	18870000	67410000	借	1460000

图 9-183 生产成本总分类账

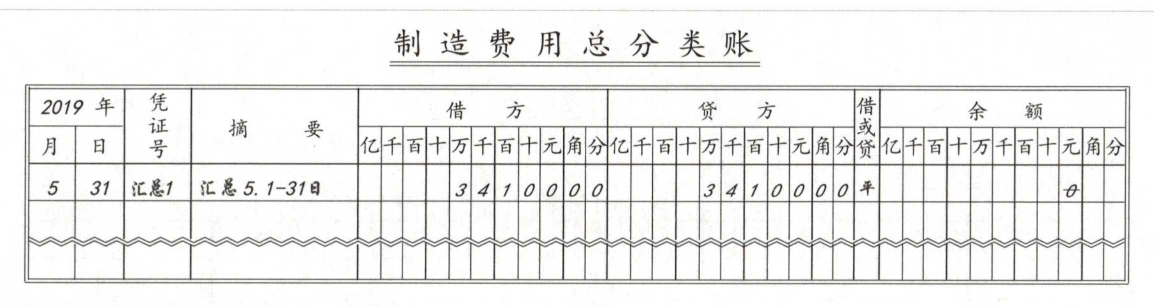

制造费用总分类账

2019年 月	2019年 日	凭证号	摘要	借方	贷方	借或贷	余额
5	31	汇总1	汇总5.1-31日	3410000	3410000	平	0

图 9-184 制造费用总分类账

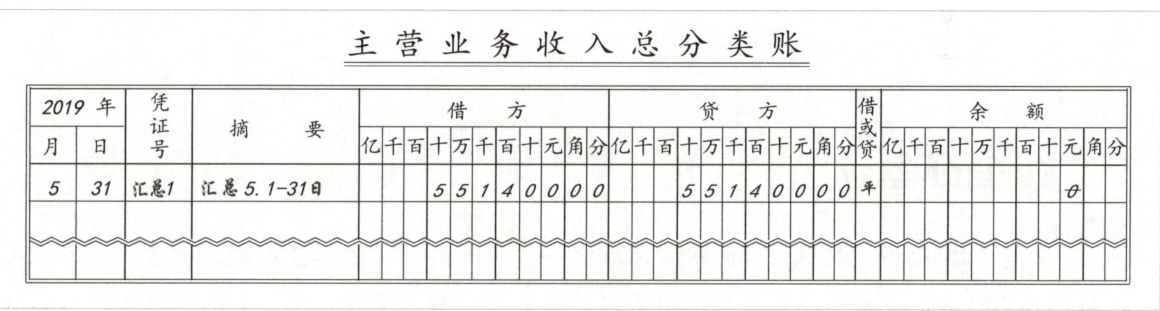

主营业务收入总分类账

2019年 月	2019年 日	凭证号	摘要	借方	贷方	借或贷	余额
5	31	汇总1	汇总5.1-31日	55140000	55140000	平	0

图 9-185 主营业务收入总分类账

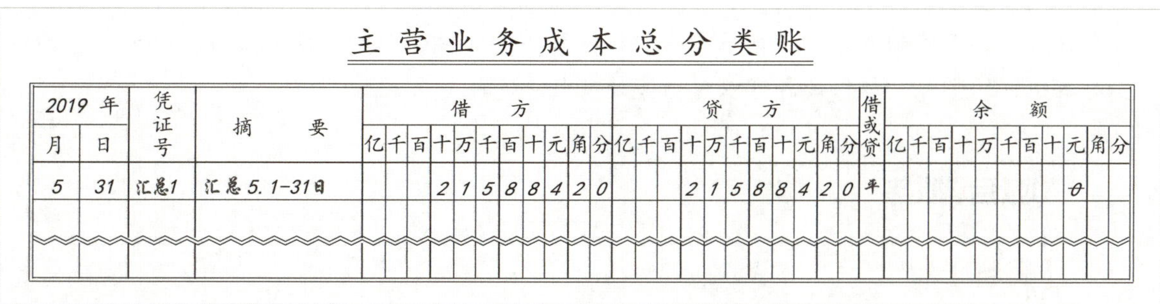

主营业务成本总分类账

2019年 月	2019年 日	凭证号	摘要	借方	贷方	借或贷	余额
5	31	汇总1	汇总5.1-31日	21588420	21588420	平	0

图 9-186 主营业务成本总分类账

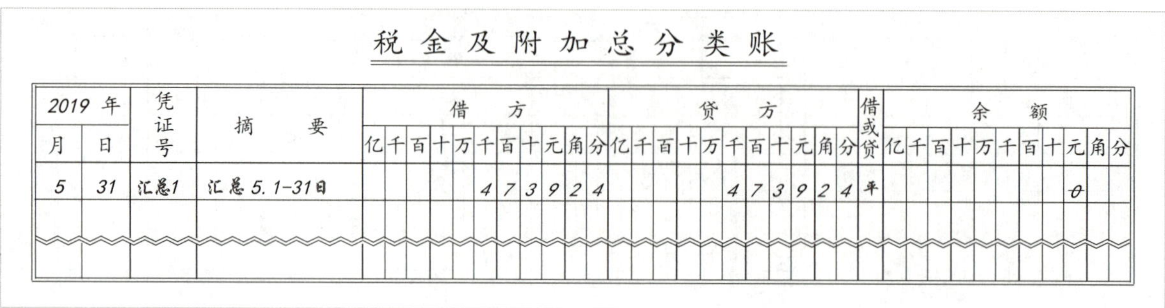

税金及附加总分类账

2019年		凭证号	摘要	借方											贷方											借或贷	余额										
月	日			亿	千	百	十	万	千	百	十	元	角	分	亿	千	百	十	万	千	百	十	元	角	分		亿	千	百	十	万	千	百	十	元	角	分
5	31	汇总1	汇总5.1-31日						4	7	3	9	2	4						4	7	3	9	2	4	平									θ		

图 9-187　税金及附加总分类账

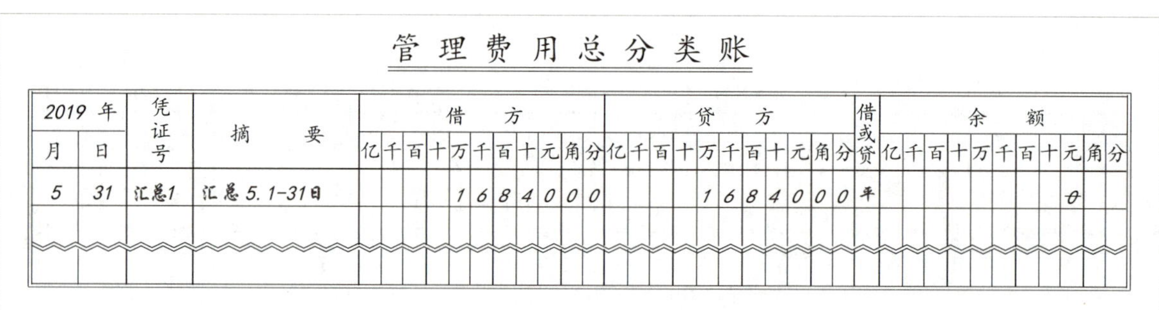

管理费用总分类账

2019年		凭证号	摘要	借方											贷方											借或贷	余额										
月	日			亿	千	百	十	万	千	百	十	元	角	分	亿	千	百	十	万	千	百	十	元	角	分		亿	千	百	十	万	千	百	十	元	角	分
5	31	汇总1	汇总5.1-31日					1	6	8	4	0	0	0					1	6	8	4	0	0	0	平									θ		

图 9-188　管理费用总分类账

项目小结

账务处理程序是组织核算的核心问题之一，关系会计记账的效率和正确性。不同账务处理程序的区别在于登记总账的依据不同。账务处理程序要求在保证会计核算工作质量的前提下，力求简化核算手续，节约人力物力，降低会计信息成本，提高会计核算的效率。账务处理程序的作用包括：有利于会计工作程序的规范化，提高会计核算资料的质量，提高会计核算工作的效率，减少不必要的核算环节和手续，有利于发展会计监督职能。通过对本项目的学习，相信读者可以对账务处理程序有一个大致的了解。

项目训练

【资料】

北京市鼎盛股份有限公司 2019 年 6 月发生如下几笔现金业务：

（1）6 月 3 日办公室孙美娇出差预借差旅费 2 600 元，用现金支付。

（2）6 月 12 日开出现金支票 4 000 元，提取备用金。

（3）6 月 15 日购买办公用品，用现金支付 320 元。

（4）6 月 18 日报销职工的医疗费用 2000 元，用现金支付。

（5）6 月 25 日颁发给财务部门王晓亮 1 000 元 奖金。

【要求】

根据以上现金业务编制现金汇总收款凭证和现金汇总付款凭证。

参考文献

[1]《中华人民共和国现行会计法律法规汇编》编委会. 中华人民共和国现行会计法律法规汇编 [M]. 上海：立信会计出版社，2020.

[2] 朱峰，李铭元. 零基础学做账 [M]. 北京：电子工业出版社，2017.

[3] 陈国辉. 基础会计 [M]. 6 版. 大连：东北财经大学出版社，2018.

[4] 程之议. 浅析会计师事务所审计质量的影响因素 [J]. 中国管理信息化，2014（18）: 3.

[5] 冯延超，梁莱歆. 上市公司法律风险、审计收费及非标准审计意见——来自中国上市公司的经验证据 [J]. 审计研究，2010（03）：77-78.

[6] 赖丽娜. 上市公司审计失败影响因素研究 [J]. 财会通讯，2010（05）：25.